日本人の宗教とは何か

―その歴史と未来への展望―

山折哲雄 編著

太陽出版

はしがき

このところ、不思議なことに気がついて、それが念頭を去らない。

たとえば政治家の汚職が摘発され、それがマスコミの話題になると、まずモラルの退廃といったことがもちだされる。すると巷の井戸端会議などから、やっぱり無宗教の日本だからね、といった嘆息まじりの噂話がきこえてくる。

また世の親たちの非行が発生し、われわれの心胆を寒からしめるような事件が明るみにでると、神も仏もない、寒々とした日本の風景が眼前にあらわれてきて、つい救いのない気分になってしまう。信仰なき国の末路、といった声が、そんなときにもきこえてくる。

学校現場でも、例外ではない。教育委員会関係の集まりにおいても、その声がきこえてくる。研修会、シンポジウム、講演会などにおいて教育の現状をどうしたらよいのかという問題が提起され、議論が重ねられ、いろいろな解決策が提案される。そんなとき、最後の最後になってもらされる吐息のような反省の言葉が、宗教教育の欠如、宗教的情操教育の不在ということであり、そのことをめぐる嘆き節である。とりわけ六十以上の年代にそのような傾向がいちじるしいが、最近ではそれが五十代、四十代にまで及んできているようにみえる。

ところがここであらためて胸をつかれるのは、そのような宗教教育の不在、宗教的情操教育の欠如についての嘆き節が、いつもヒソヒソ声でいわれているということである。それはけっして声高に主張されているのではない。それどころかつねに抑圧されたような低い声で、おそるおそるもちだされているという感じなのである。

公的な場面で宗教のことを論ずるのは、長いあいだタブー視されてきましたからね、という自制の言葉がそれにつづく。みんな心の中ではそう思ってはいても、それをあからさまに議論の場にはもちださない。もちだすことができない。そこから自然に、一つのルールのようなものができあがっていった。「宗教の教育」というかわりに「心の教育」という言葉をもちだすパターンである。それによって、長いあいだタブー視されてきた「宗教」という領域をカバーすることができるという計算がはたらいているのであろう。

いつのまにか、わが国では「宗教」は「心」にその席を譲ってしまったのである。しかしよくよく考えてみれば、「心」はむろん「宗教」とは同じ水準の言葉ではないだろう。それどころか、「心」が直面するさまざまな困難な問題にたいして答えるもの、答えようとするものこそが、まさに「宗教」という領域にほかならないからである。

われわれはおそらく、宗教の教育というかわりに心の教育といい逃れることで、ふたたび宗教の問題を闇から闇に葬り去ろうとしているのであろう。「宗教」という言葉の言葉狩りによって、もう一つの迷路に入りこもうとしているのではないだろうか。そのためであろう。教育現場におけるさきの嘆き節をきいているうちに、その人びとのいう「心の教育」がじつは宗教教育の不在、宗教的情操教育の欠如にたいする抑圧された感情のハケ口としていわれているということに気づかされるのである。

この、今日の大方の日本人がひそかに抱いている感情のねじれ現象、すなわち宗教という事柄にたいする抑圧された二重意識こそ、本当のところは救いがたいモラルの退廃現象なのではないだろうか。

本書は、このような日本社会の現状にくさびを打ち、日本人の宗教とはいったい何であったのか、その歴史と特質を明らかにし、あわせて現代日本人の意識改革の一助にしようとして企画されたのである。執筆者はいずれも私の信頼する専門家の方々であり、それぞれ個性的な文章をお寄せいただくことができたことを何よりも喜んでいる。

二〇〇七年十二月十日

山折　哲雄

◉目　次

第6章　明治・大正・昭和・平成

第1章 縄文、弥生、古墳時代

はじめに　習合文化が花開いた土台

日本の宗教は日本列島という自然と風土の上に花開いた。宗教もそれを支える自然・風土なくしてありえない。

それでは日本の自然・風土にはどのような特徴があるのだろうか。東アジア地域の中で大陸（中国）や半島（韓国・朝鮮）と異なるところはどこなのか。一言で言えば、日本の自然・風土の特徴とは、南北東西に細長く伸びた島嶼《とうしょ》列島ゆえの多様性にある。狭い面積の割にたいへん複雑で多様な列島の自然・風土が、やがて神仏習合などの、異質な他者を絶妙なかたちに結びつけ、インターフェースする複雑微妙で多様多彩な習合文化を作り上げていく土壌となった。

国立科学博物館編『日本列島の自然史』（東海大学出版会、二〇〇六年）などによれば、現在、南北東西に三〇〇〇キロメートルもの距離を持つ日本列島には、亜寒帯から亜熱帯までの実に多様で豊富な動植物が生息している。大小合わせて六八〇〇を超える島々から構成される島嶼列島の周囲には、南方からは暖流の黒潮と対馬暖流が流れ込み、北方からは寒流の親潮とリマン海流が流れ込んでいる。太平洋側からも日本海側からも暖流と寒流のぶつかり合う対極性を内包しているのである。

のちにこの日本列島に花開くことになる「習合文化」の基盤は、地質学的な特質であるプレート集合にある。実は日本列島は、世界中でも稀なるプレート複合の上に位置している。日本列島には、ユーラシアプレート（西方）、北米プレート（北方）、太平洋プレート（東方）、フィリッピンプレート（南方）がぶつかりあうという地質学的・自然地理学的特性がある。これはきわめて特異な事態である。世界中でこれほど複雑にプレートが重なり合う地域は他にはない。

このように、地質学的なプレート集合や海洋学的な海流集合のさらにその上に、半島的要素（北方）、大陸的要素（西方）、南島的要素（南方）を持つ歴史地理学的条件が加わる。すなわち、朝鮮半島や中国大陸や太平洋諸島などからの人々と文化・文明の流入により、きわめてハイブリッドな習合文化が生じ、それが宗教にも直接間接に反映しているのである。このような多層多元的な習合構造の中に、習合的宗教文化としての神道や神仏習合や神儒仏習合が成立してきたのである。

この習合的宗教は、しかし単なるごった煮や雑居ではなく、独自の理論（本地《ほんじ》垂迹説《すいじゃくせつ》や反本地垂迹説など）と美的様式と洗練を持ち、そこでは美と聖と霊性がかたちを通して緊密に結びついている。そのかたちが、たとえば寺社建築や祭りや庭園や能楽や茶道や華道などに現われ出ている。

ここでは、このようなわが国特有の宗教文化史の流れとかたちを時代を追って跡付けていくことにしよう。

1 縄文時代の宗教

今からおよそ一万二〇〇〇年前から二三〇〇年前ごろまで、一万年もの長きにおよぶ縄文時代は、縄文土器と呼ばれる独特の土器の型式上の区分によって、草創期、早期、前期、中期、後期、晩期の六期に分けられる。この時代には縄目模様の土器がつくられ、人びとは弓矢を使って狩猟や植物採集や漁労をしながら竪穴《たてあな》住居に住み、時には三内丸山遺跡に見られるような長期にわたる大規模な集落を作って定住した。縄文人の意外なほど豊かな食生活は貝塚や人骨の歯の分析などからもうかがえる。

一万年前に最終氷期（ヴェルム氷期）が終わって氷床が溶けると、海面水位が上昇し、それによってユーラシア大陸とつながっていた半島は列島となり、縄文時代が始まる。縄文時代にはさらに縄文海進が進行し、海面水位が現在よりも三～五メートル高くなり、約六〇〇〇年前にピークを迎えた。そのため海が内陸まで入り込み、気候は温暖・湿潤で今より気温が一〜二度高かったとされる。

縄文土器の特徴

長い縄文時代においては、気候の変化に伴い、日本列島の植生や生息する動物も大きく変化してゆく。温暖化が進むと、針葉樹林に代わってブナやナラなど落葉広葉樹林が広がり、さらに西日本には照葉樹林が中心となっていくにつれて、ヘラジカやナウマンゾウやオオツノジカなどの大型獣は姿を消し、代わってイノシシやニホンジカが獲物とされ、またナラやカシなどになるドングリや、クリやクルミやトチなどの実が採集された。

この縄文土器は主にドングリのアク抜きや煮炊きや保存に用いられたが、その過剰ともいえる土器の装飾が持つ呪術性をするどく指摘したのは岡本太郎である。

岡本は『美の世界旅行』（みすず書房、二〇〇〇年）の中で次のように述べている。「分厚く、激しく、執拗にうねり、渦巻く流線紋、なまなましく、鋭く、しかも純粋である。世界でもこれほど凄みのある、強烈な美観は少ないのではないか。／装飾ではない。あれほど濃密でありながら、余分なものは何一つつけられていないのだ。何か大地の奥底にひそんだ神聖なエネルギーが、地上のあらゆるものをゆり動かす、そんな超自然の力がここに圧縮され、あふれ、凝集しているような気がした。／太い線が混沌の中から浮びあがり、逞しく、奔放に、躍動し、旋回する。幾重にも幾重にも、繰りかえし、のたうち廻り、ぎりぎりとうねって、またとんでもないところにのびて行く。この無限に回帰するダイナミズム。深淵をはらんだ空間性。凄まじいとしか言いようがない」。

岡本太郎は縄文土器に「激しい、猛烈に渦巻く『縄文』の生命感」を感じとり、それが「自分の根源に相通ずるものであることを確信した」という。その「『縄文』の生命感」とは、「大地の奥底にひそんだ神聖エネルギー」や凄まじい「超自然の力」である。縄文人はそのような「神聖エネルギー」や「超自然の力」を感受し、それを畏怖畏敬し、祈りを凝らしながら生きていたということであろう。

さらに岡本太郎は『日本の伝統』（みすず書房、一九九九年）の中で、「原始社会においては、すべてが宗教的であり、呪術的です。（中略）まったく偶然性に左右される狩猟生活は、未開な心性に超自然的な意志のはたらきを確信させます。すべてに霊があり、それが支配している。その好意と助けにすがらなければならない。この見えない力に呼びかけるのが呪術なのです。…呪術によって獲物に魔力をかけ、猟場におびきよせます。（中略）呪術は最大の条件であり、狩猟そのものであるとも言えるのです。狩猟後もまた結びの呪術がおこなわれます。それによって、殺した動物の精霊をなだめ、その復讐をさけ、またつぎの猟に獲物があるように加護を祈るのです」

と述べている。狩猟行為とは実際にいのちを賭けた、生きるか死ぬかの摂食行動であった。ラスコーの壁画にもバッファローと祈りを捧げるシャーマンの姿が描かれているが、それは狩猟行為が同時に呪術的な行為であったことを示す証拠である。岡本太郎は縄文時代人の世界観と宗教観をこのような「呪術」と超自然的信仰に見てとっているのである。

ところで、青森市で発掘調査された三内丸山遺跡はこれまでの縄文像を一新した。そこに長期定住集落跡が見つかったからだ。約五五〇〇年前の縄文初期から中期にかけて、一五〇〇年も続いた大規模な縄文集落が作られていた。膨大な量の縄文土器や石器や土偶など祭祀遺物のほか、装身具、木器、骨角器、大型竪穴住居跡、大人の墓、子どもの墓、環状配石墓、大型掘立柱建物跡、貯蔵穴、粘土採掘坑、捨て場、道路跡などが発掘され、集落の構造や周りの自然環境も明らかになった。

とりわけ、衝撃的だったのは、直径と深さが約二メートルの柱穴を六個掘り、そこに直径約一メートル、高さ約十六メートルものクリの六本の柱を建てた大型掘立柱建物跡であった。しかもクリの巨木の柱は四・二メートルの間隔を置いて建っていた。それは約三十五センチの長さの単位でできていた。そこにはすでに測量の技術があったのだ。

この六本柱の長方形の建造物が何であるかについて、物見やぐら、神殿、灯台、倉庫など諸説が提示されているが、決め手はない。その中で、縄文考古学者の小林達雄は、日の出や日の入りに関係する宗教的施設だと主張している。小林は、かねてより『縄文人の世界』（朝日新聞社、一九九六年）などにおいて、縄文時代に大きな生活革命がなしとげられたと指摘し、それを「縄文革命」と位置づけている。そこにおいて、遊動的生活様式から定住的な集落＝ムラを営む「縄文姿勢方針」の大転換が起こり、技術革新、社会文化革新が進んだという。それによって、ムラの中に住居や食物の貯蔵穴や倉庫やゴミ捨て場や公共的な広場や共同墓地が作られ、人工性を強め、人間の住むムラと周囲の自然＝ハラとの対立的関係が生まれたとする。しかしその対立関係は、けっして自然を征服の対象とするような敵対関係でなく、むしろ自然の秩序から距離を置くことで自然との揺るぎない新しい関係構築に向かう転換だったととらえている。すなわち、自然＝ハラはヒトームラにとっての倉料庫や資材庫となり「共存共栄の場」となったとする。

いずれにしても、そこでは巨大建造物を造るために必要な測量技術や建築技術はもちろんのこと、それを支える宗教的なコスモロジーが存在したと考えられる。縄文人は三内丸山遺跡のような大規模な集落を作り上げる際に、大地に巨大な穴を開け、柱を建て、大自然のエネルギーを集落の中に取り込んだのだ。六本の柱列が冬至の日の出の方角を意識して造られているという小林の指摘が正しければ、そこには明らかに死と再生（復活）を願う宗教的コスモロジーが存在したと考えられるだろう。

そしてそのような死と再生の象徴回路は、縄文のヴィーナスと呼ばれる、尖石《とがりいし》遺跡から出土した豊満な臀部や腰部や腹部を持つ土偶や妊娠土偶などにも読みとれる。あえて土偶に損壊を加えてあることや胎児の姿勢に似せた屈葬にも再生への祈願を見てとることができよう。また、尖石遺跡や井戸尻遺跡など八ツ岳の麓にたくさんの遺跡群が点在することや、青森県の亀ヶ岡遺跡や三内丸山遺跡などから岩木山が望見できることから、縄文人がすでに山岳信仰や強い自然信仰を持っていたであろうことがうかがい知れる。いわゆるアニミズムやトーテミズムやシャーマニズムなどの原始宗教形態を縄文の宗教は備えていたといえるだろう。

縄文土器がかたる「モノ性」

これに関連して、縄文土器の制作に内包されるモノ性（霊性と物質性の総体）について、縄文考古学者の石井匠は次のように述べている。「水と火がせめぎ合うアンビバランスな境界に立ち、食の豊穣をもたらす土器の存在は神秘的である。そして、その神秘の器は縄文人の生命線であった。彼らは境界的存在の土器の腹から産み出される食べ物をエネルギーとし、命を繋ぎ生き抜いたのである。／現代に生きる私たちとは違って、彼らは自らの手で土器を生み出すことで、土が土の器に変身し、温かい食べ物を産み出す過程を日常的に目の当たりにしていたのだから、縄文人が土器に対して特別な感情や価値観を抱いたとしても不思議ではない。彼らにとって土器は単なる『物』を超え、ひとつの命を持つ『モノ』であったに違いない。／彼らは、単なる道具にしては過剰なほどの装飾文様を土器に付与した。それだけでなく、土器に顔や背を用意して、非対称な螺旋という奇妙な要素まで盛り込んでいる。この非対称な螺旋は、縄文土器のモノ性を解くひとつの鍵となる」（「縄文人のモノ感覚」『モノ学・感覚価値研究会』第1号、京都造形芸術大学科研＝モノ学・感覚価値研究会刊、二〇〇七年三月）。

縄文土器が単なる「物」ではなく、霊的な「モノ性」を持つものであることを石井は指摘している。そして、そのモノ性が「蛇」と結びつくことを次のように考察する。「縄文土器の文様を考える上で、重要な動物のひとつが蛇である。中部・関東地方に分布する縄文時代中期の勝坂式土器様式では、具象的な蛇が土器に貼り付けられたり、蛇が土偶の頭でとぐろを巻いたりするようになる。また、蛇を連想させるような渦巻文などが器面にリズミカルに描かれたりする。この時期の土器は縄文時代の中でも最も造形性に富み、装飾が華美になり、観る者を圧倒する迫力をもっているが、この時期の縄文人が蛇に対して特別な畏敬の念を抱いていたことは確かだろう。／蛇は威嚇時にとぐろを巻き、交尾をする際には雌雄が絡み合う。形状は螺旋そのものだ。また、蛇は世界中の神話に登場し、多くの民族でシンボルとしても使われるが、その表現形態は具象的なものから抽象的なものまで幅広い。民族事例を参考にすると、蛇をシンボライズした文様としては菱形文、（連続）三角文、格子目文、波状文などが主体をなす」と。そして、「重要なのは、縄文土器は蛇や蛙のシンボルを単に纏っている器なのではなく、器形も文様も一貫して蛇を表象しており、とぐろを巻いた『丸呑みする器』であるということだ」と結論づける。

実はこのような石井の推論を傍証するような事例がある。注目したいのは、縄文人が自然崇拝の発露として根深い動物神信仰を持っていたと思われる点であり、それは弥生時代にもその後にも日本文化の基層信仰として底流しているものではないかという点である。

『常陸国風土記《ひたちのくにふどき》』に記載された次の伝承はその推論を証明するものと考えられる。――継体天皇の時代に、箭括氏《やはずうじ》のマタチという男が葦原を開墾して田んぼを作った。この時、ヤトの神が群れを率いてやってきて田を作るのを妨害した。このヤトの神とは蛇のことで、頭に角があり、郊原にたくさん棲んでいた。ヤトの神の妨害に対し、マタチは大いに怒り、甲鎧《かっちゅう》を着けて矛《ほこ》を持ってヤトの神を打ち殺し、山の上に追いやった。そして山口に杭を建て、堺の堀を作り、ヤトの神に「この土地より上は神の地とすることを許すが、これより下は人の田とする。これよりわれは神の祝《はおり》となって永代に敬い祭るので、願わくば祟《たた》ることも恨むこともなきように」と宣言し、社殿を作って祭りを行ない、マタチの子孫が代々祭祀を継続して今日に至っているという伝承である。

このヤトの神は稲作農耕以前の縄文から続いている神信仰であろう。先住土着の国つ神を代表する大和の三輪山の神（大神《おおみわ》神社の祭神・大物主神《おほものぬしのかみ》）も蛇の姿で現われるし、縄文のヴィーナスは頭にマムシを戴いている。石井が指摘するように、縄文の土器の装飾や土偶にも蛇を描いたものが少なくないどころか、縄文土器そのものが「丸呑みする」蛇と見立てられる。これらを総合してみると、縄文時代から蛇や熊や猪や狼などの動物を神として崇拝する根強い動物神信仰やトーテミズム的信仰があったことが推測されるのである。

もう一つ、日本の地質学的かつ自然地理学的特性として特筆しておかなければならないのは、日本列島がプレート複合によって形成された火山列島であるという点である。国土の七十パーセントを占める山岳や森林が豊富な清流を育み、急峻な地形から温泉が噴き出た。国文学者の益田勝実は『火山列島の思想』（筑摩書房、一九六八年、『益田勝実の仕事2』ちくま学芸文庫に収録）の中で、日本を「火山列島」と捉え、「列島生えぬきの神々」の中でも「オオナモチ」とか「大国主」とか「天の下作らしし大神」と呼ばれている「日本固有の神」に探りを入れている。たとえば、「大隈《おおすみ》の国の海中に神ありて、島を造る。その名を大穴持の神と曰ふ。ここに至りて官社となす」などの古記録から益田は「海底噴火の神がオオナモチと呼ばれた」と推測し、それは「大きな穴を持つ神」であり、「噴火口を擁する火山そのものの姿の神格化以外ではない」と、火を噴き上げる「猛威の神」の荒ぶる姿を大胆に描き出した。

益田によれば、出雲大社の祭神となるオオナモチとは、「大穴持の神として、この火山列島の各処に、時を異にして出現するであろう神々の共有名」で、「火山の国に固有の神」、「噴煙を濛々《もうもう》とあげ、火の灰を降らす火山神」である。そして、「原始・古代の祖先たちにとって、山は神であった。山が清浄であるからではなく、山が神秘不可測な〈憤怒《ふんぬ》〉そのものであったからである。山は、まず火の神であることにおいて、神なのであった」と日本の神の原像を提示し、「火山神は忘れられても、日本の火山活動が活発であった時代に、マグマの教えた思想、マグマの教えた生き方は、驚くほど鞏固《きょうこ》にこの列島に残っていったらしい」と指摘している。縄文時代の晩期、弥生時代の草創期に稲作農耕が入ってきて、やがて日本は「葦原中国《あしはらなかつくに》」とか「豊葦原瑞穂国《とよあしはらみずほのくに》」とかと呼称されるようになるが、それ以前に日本列島が火山列島であったことの記憶と痕跡が日本の神々と神社の中に刻み込まれているのである。

2　弥生時代の宗教

ところで、縄文時代には植物栽培が行われていたことが実証されている。先に述べたように、縄文後期から晩期にかけて稲作が行われたということが近年の遺伝子考古学によってわかってきた。そこで弥生時代の始まりについては、従来の定説より遡って紀元前八世紀ごろとか紀元前五世紀中ごろという説も出てきている。いずれにせよ、これまでの定説より数百年ほど遡ると考えられてきており、稲作農耕を中心とした弥生時代が三世紀ごろまで続くのである。

弥生土器と稲作

弥生時代の特徴は、土器の型式が弥生式土器であるのはもちろん、稲作農耕を生産方式とした集落が生まれ、西日本から急速に東日本へと拡大し、農耕社会が形成されたことである。そしてムラは次第に大きくなり、環濠《かんごう》集落が営まれ、ムラの首長の墓と思われる墳丘墓《ふんきゅうぼ》が各地に築造された。住居の近くに埋葬した縄文時代の墓に対して、弥生時代になると集落の近くに共同墓地が作られている。道具類も従来の石器や土器や木器ばかりでなく、青銅器や鉄器が用いられるようになり、製造技術の革新が進んだ。

稲作の伝来ルートについては、朝鮮半島から北九州へ伝わったとする説、中国大陸の揚子江流域から対馬暖流に乗って北九州へ伝わったとする説、中国南部の江南から琉球弧を伝って南九州に伝来したとする説など諸種あるが、最近は稲の遺伝子を調べる遺伝子考古学の手法が開発され、中国山東省や江南から黒潮に沿って南九州に熱帯ジャバニカが伝来したという説が注目されている。

この稲作農耕は、生産様式の変化ばかりではなく、集落構造や生活形態や環境の大きな変化をもたらした。なぜならそれは、『常陸国風土記』のヤトの神とマタチの伝承のように、原生林を切り拓いて田んぼを作り、水を引き、苗代を作って種籾《たねもみ》を撒き、それが育ったところで田植えをし、雑草を抜き、稲刈りをして収穫するという、数ヶ月におよぶたいへん手の込んだ工程と道具と労働の集約が必要になるからである。その変化は生活革命とも環境革命ともいうべき大変革であり、同時にそれは世界観革命を伴うものであった。

こうして原始火山列島文化は、「葦原中国」とか「豊葦原瑞穂国」と呼ばれるような弥生水穂列島すなわち稲作農耕列島文化に大変化していったのである。

そして、稲作農耕を大規模に維持管理運営していくための政治組織、社会組織が整備され、やがて中国から「倭」とか「倭国」と呼称され、小国家（クニ）が一〇〇以上も林立する時代が来る。

卑弥呼と箸墓

二世紀初頭には倭国連合が形成され、盟主は倭国王を名乗るが、二世紀後半には激しい内乱が起こり、それを平定するかたちで邪馬台国《やまたいこく》の女王の卑弥呼《ひみこ》が倭国王となって倭国連合体を結成した。卑弥呼は『魏志倭人伝《ぎしわじんでん》』によれば、「鬼道を事とし、能《よ》く衆を惑わ」したと記録されている。この卑弥呼には弟がいて、政治を掌っていた。

しかし、卑弥呼という名の女王は、日本側の最古の主要文献である『古事記』や『日本書紀』や『風土記』には一切出てこない。中国の古代文献『魏志倭人伝』にのみ出てくる謎の女王である。この「卑弥呼」という名は、「日の御子」ないし「日の巫女《みこ》」の意味であろう。「日の御子」

とは「太陽の子供」、「日の巫女」は「太陽神を祭る女祭司」という意味である。
『魏志倭人伝』にいう「鬼道」とは神霊や霊魂を祭り、それと交信する業であったと考えられる。つまり、シャーマニズム的な霊的交信技術に基づく祭政一致体制である。とすれば、卑弥呼は神がかりとなって、神意を占い、国の大事を決定し、弟が政治を治めたということであろう。姉が祭祀を司り、弟が政治を司るというヒコ・ヒメ制の原型を体現していたのが邪馬台国であったのだろう。

この卑弥呼が『古事記』や『日本書紀』に出てくるどの人物に一致するかについて、古来、卑弥呼＝神功《じんぐう》皇后説や熊襲の女酋長説や倭迹迹日百襲姫命《やまとととひももそひめのみこと》説や天照大神《あまてらすおおみかみ》説など諸説があったが、私は卑弥呼と倭迹迹日百襲姫命を結びつける説を支持している。ということは、もちろん邪馬台国畿内説ということになる。

このヤマトトトヒモモソヒメは、古代日本の首都であった「大和」と「鳥」を名に持つシャーマン的女性であったと考えられる。ヤマトトトヒモモソヒメは、「未然のことを識る」能力、すなわち未来を透視する超能力を持っており、神体山として尊崇される大和の中心をなす三輪山の神・大物主の神の神妻となった女性である。

この三輪山の神は、先に記したとおり、蛇の姿になって正体を現わした神である。そこで、鳥のようなシャーマン的飛翔力を持つ女が土着の古来の蛇の神を祭るという構造になるが、これが

『日本書紀』では次のようにたいへん神秘的でドラマチックな伝承に彩られているのである。

――第十代崇神天皇の時代のことである。崇神天皇の「姑《おば》」で「聡明叡智」と「能未然識」を持つ美しいヤマトトトヒモモソヒメは大物主神の「妻」となった。しかし「夫」は決して昼間には姿を現わすことはなく、夜だけ通ってくるのでその「尊顔」がわからない。そこで、ヒメはしばしここに留まって、明日の朝、あなた様の「美麗《うるわ》しき威儀《みすがた》」を見せてくださいと懇願する。そこで大物主神は、「さもあろう。それでは明くる朝、貴女の櫛箱の中に入っているから、わたしの本当の姿を見てもけっして驚かないように」と念を押して承知する。翌朝、女が櫛箱の中を覗くと、そこには光り輝く美しい小さな蛇「美麗しき小虵《こをろち》」がいた。その長さは衣服の下紐《ひも》ほどであった。それを見てヒメは、「アッ！」と声を上げて驚いた。そこで神は「恥」てたちまちに「人の形」になり、「お前は約束を守ることができずに声を上げて驚き、わたしに恥をかかせた。そこでわたしは自分の本拠に立ち返り、今度はお前に恥をかかせよう」と、大空を踏み、神の山である三輪山に登り帰っていった。ヒメはそのさまを仰ぎ見、事の経緯を悔いて、箸で自分の女陰《ほと》を突いて死に、遺体は「大市《おほち》」に葬られた。だがその死を痛み、大坂山の石を運んで、昼は人が墓を作り、夜は神が墓を作った。そこでその墓を「箸墓（箸の墓場）」と呼ぶようになった――。

実に面妖な話である。現在、この「箸墓」は三輪山の西南麓にあり、三輪山がよく見渡せる位置にある。この三輪山西南麓に、箸墓のある纏向《まきむく》遺跡があり、ここに日本列島最初期の巨大な前方後円墳群が出現したのである。ここには桜井から天理・奈良方面に向けて古代の道である山の辺の道が南北に走っているが、その道筋に南から箸墓、ホケノ山古墳、崇神天皇陵（行燈山古墳《あんどんやま》）、景行天皇陵（渋谷向山古墳）の順に並んでいる。

従来、この全長二八〇メートルもの大きさを持つ巨大な前方後円墳である箸墓の築造年代は、三世紀後半から四世紀初頭と見られていた。『魏志倭人伝』などにより、卑弥呼が死去したのが三世紀中葉の二四七年か二四八年であるので、築造年代が合わず、考古学的な遺物と文献資料の一致が認められないことが卑弥呼＝倭迹迹日百襲姫命説の難点になっていた。しかし近年、放射線炭素法による年代推定などにより、箸墓の築造年代が三世紀中葉から後半にかけてと考えられるようになり、年代の不一致は解消され、箸墓＝倭迹迹日百襲姫命の墓＝卑弥呼の墓という説が有力になってきている。

ともあれ、この箸墓をめぐる伝承として、鳥の女が古き蛇の神を祭ることに最終的に失敗し、自分の女陰を突いて死ぬという凄惨な物語が『日本書紀』に伝えられているのである。弥生時代から古墳時代に転換する時期に王権の確立や首長葬送儀礼の変化が見られる。この時代に青銅器や鉄器などの武器や道具の製作技術の向上と、巨大墳墓築造技術の向上などが、強大な政治・軍事権力の確立とともに進行したのである。こうして土着の八百万《やおよろず》の神々の世界にも階層序列化が始まることになった。

3　古墳時代の宗教

従来、縄文時代には戦争は行われず、弥生時代や古墳時代になって集落や小国家間の戦争が頻発したと考えられてきた。集落の周囲を濠で囲む環濠集落や高地集落は、稲作農耕生活に必要であるばかりでなく、そこに集落間の抗争や倭国大乱などがあったためだと考えられた。また受傷人骨の発掘例からしても、弥生時代に入って頻繁に戦闘が起こったことが確認できる。それはより強力な武器の製作や政治組織の発達を促し、同時に、政治を支える祭祀組織や巨大墳墓や神殿の建造をも促したのである。

ヤマト王権の確立

さて、卑弥呼の死後の三世紀中葉から七世紀ごろまでを古墳時代と呼ぶ。この時代には、畿内を中心に前方後円墳が日本列島の各地に広まり、大和盆地を中心にヤマト王権が確立してゆく。ホケノ山古墳や箸墓や崇神天皇陵や景行天皇陵などはその先駆けであり、そのことを示す文献資料が、『古事記』や『日本書紀』の第十代崇神天皇、第十一代垂仁天皇、第十二代景行天皇とヤマトタケルの記事である。

墳丘墓は弥生時代前期から作られていたが、3世紀後半になると、西日本一帯に首長の墓である墳丘墓が作られ、その後さらに円墳や大型方墳が築造され、やがて大和盆地に著墓などの巨大前方後円墳の出現を見る。遺体は竪穴式石室に納められ、副葬品として鏡や玉や剣などが多く作られた。

『古事記』や『日本書紀』の記事で注目すべきは崇神天皇の御世である。この天皇は初代神武天皇と並び、「初国《はつくに》知らす天皇《すめらみこと》」（『古事記』）「御肇国天皇《はつくにしらすすめらみこと》」（『日本書紀』）と称される。この天皇の行なったことで最も重要なのは、天社《あまつやしろ》・国社《くにつやしろ》を定めて天神地祇《てんじんちぎ》を祀ったことにある。『古事記』には、大物主神の子オホタタネコに大物主神を祭らせ、「天神地祇の社」を定めたとある。またその御陵は「山辺の道の勾《まがり》の丘の上」にあると記されている。

『日本書紀』には、「識性聡敏《みたましひさかし》」で、幼いころから「雄略《ををしきこと》」を好み、長じて「寛博謹慎《ひろくつつしみ》」にして「神祇崇重《あまつかみくにつかみをかたてあがめ》」たとある。崇神天皇の五年に国内に疾病が流行り、大勢の民が死に、翌六年には百姓が流離したり背いたりしたので「神祇」に祈りを捧げ、このとき初めてそれまで宮中に祭られていた「天照大神・倭大国魂神《やまとおほくにたま》」の二神を宮外に祭った。「天照大神」については天皇の皇女トヨスキイリヒメに「託《つ》」けて倭の笠縫邑《かさぬいのむら》に祭らせ、そこに「磯堅城神籬《しかたきのひもろき》」を立て、「日本大国魂神」についても同じく天皇の皇女ヌナキイリヒメに「託」けて祭らせたが、ヒメは髪が抜け落ち体が痩せ細ってしまったので祭ることができなかった。

その翌年の七年、あまりに災いが多く発生するので「神祇」に祈り、「命神亀《うらへ》」をしてその災いの原因を探ったところ、後に箸墓に埋葬されることになるヤマトトトヒモモソヒメが「神憑《かみがか》り」して、「もしよく我を敬ひ祭らば、必ず平らぎなむ」との託宣があった。そこで崇神天皇がいかなる神かと問いかけると、「我は是、倭国の域内に居る神、名を大物主神といふ」とのたまったので、この「神語」の教えに従い、祭祀を行なったが、いっこうに「験《しるし》」がない。そこで天皇は「沐浴斎戒」、「殿内潔浄」して祈りを凝らし、夢の中で教えを得ることを懇願したところ、その夜、夢の中に「一貴人」が現われてこう告げたのである。「天皇、また国の治まらざることな愁へましそ。是れ吾が意《こころ》ぞ。もし吾が児大田田根子を以て吾を祭らしめたまはば、立ちどころに平らぎなむ。また海外の国ありて、おのづからに帰伏《まうしたが》ひなむ」と。

天皇はこの夢告によって、大田田根子命を神主にして「大物主大神」を祭らせ、同様に市磯長《いちしのなが》尾市《をち》を神主にして「倭大国魂神」を祭らせ、さらに「他神《あたしかみ》」を祭ることを占って「八十万《やそよろず》の群神《もろかみ》」を祭り、「天社・国社また神地《かむどころ》・神戸《かむべ》」を定めたところ、ようやくにして疾病が止んで国内が鎮まり、五穀も稔り、百姓も豊かになったという。つまるところ、崇神天皇の事績とは神々を祭祀し、天神地祇を祀る神社制度を定めたということにある。

このような記事が崇神天皇の段にある。この記事がそのまま事実かどうかは議論の余地がある。

しかし、『古事記』や『日本書紀』が政治的統一を果たした「神武」天皇に続き、祭祀的統一を果たしたのが「崇神天皇」だと位置づけ、両天皇を共に「ハツクニシラススメラミコト」と呼称していることは注目されていい。そして何よりも興味深いのは、このとき、国内にさまざまな災いがあった原因は三輪山の神「大物主大神」を敬い祭らなかったからであるとしている点も見逃せない。つまりそれは、先住土着の神である三輪山の大物主神がそれほど重要であったということを意味するからである。

続いて、『古事記』も『日本書紀』も、崇神天皇の次の垂仁天皇の御世に、垂仁天皇の皇女ヤマトヒメに天照大神を「託」け、鎮まる場所を探させて、ついに伊勢の五十鈴川の川上の地に斎宮を建てて「磯宮《いそのみや》」としたとされる。またこの天皇の時代に、タジマモリが「常世国《とこよのくに》」に渡り、「非時香菓《ときじくのかぐのみ》」を持ち帰ったと記されている。

続く、景行天皇の御世にはヤマトタケルが熊襲や出雲や東の地を平定したことが記録されているが、東の地に赴く途中、伊勢に立ち寄り、叔母のヤマトヒメより三種の神器の一つである草薙《くさなぎ》の剣《つるぎ》を拝受する。だが、最後に伊吹山の神の気に当たり、それがもとで病に倒れ、死んで白鳥になって空を翔け、河内国の志畿まで飛んでいった。

このヤマトタケルノミコトは『古事記』に「倭建命」、『日本書紀』に「日本武尊」と表記されている景行天皇の皇子であるが、大和朝廷側の最大の英雄にして悲運の皇子として描かれている。

興味深いのは、伊吹山に登って山の神と出会ったことが『古事記』にも『日本書紀』にも描かれているのだが、その神の姿が『古事記』では「白猪《しろきい》」、『日本書紀』では「大蛇《をろち》」となっていて異なることである。ここには、先住土着の民の持つ縄文時代から受け継がれた動物神信仰が描かれていると考えられる。

重要なのは、ヤマトタケルがこの「白猪」も「大蛇」も共に神の使いだと見間違うところである。『古事記』には「白猪」は「神の使者にあらずで、その神の正身」であると割注が付き、『日本書紀』には「主神の虵に化れる」と記されている。ということは、「白猪」も「大蛇＝虵」も神の「正身」そのものであるのだが、ヤマト王権の世界観においては、神観もより人間化が進んでおり、動物は神の「使者」とはなっても、神そのものではないと考えられていたことが推測できる。三輪山の神・大物主神が「小虵」の姿になったことも併せ想い起こそう。『常陸国風土記』のヤトの神の伝承と同様、動物神信仰の世界の強烈さがまだヤマトタケル伝承には色濃く残っているのである。

『日本書紀』にはこの伊吹山の神が「雲を興《おこ》し、氷を零《ふ》ら」せて（『古事記』には「大氷雨《ひさめ》を零らせた」とある）、ヤマトタケルを死に至らしめたのであるが、それは荒ぶる自然の力に太刀打ちできなかったことを意味している。おそらく、マタチと同様に、ヤマトタケルは稲作農耕を携えて大和朝廷の支配体制を拡大させようとしたのであろう。しかし、厳しい自然の息吹を放つ伊吹山の神はその朝廷の王化の力に屈しなかった。むしろそれを撥ね返した。ヤマトタケルの熊襲征伐や出雲や東の制圧とは、同時に、先住土着の神々の馴化《じゅんか》と組み込みを意味していた。

天つ神と国つ神

ここに、ヤマトタケルに代表されるヤマト王権＝高天原・天つ神の系統と、三輪山や伊吹山の神々に代表される先住土着の国つ神の系統との対立・対決と馴化の過程がよく表されている。伊勢は確かに神話地理学的には常世国と境なす国ではあったが、政治的には東国支配の前線であり拠点でもあった。そこは東に睨みをきかすアマテラス支配の橋頭堡《きょうとうほ》だったのである。そしてその地はもともと先住土着の国つ神「猿田彦大神」とその子孫太田命の勢力圏にあった。それを太田命がヤマトヒメに献上することによってアマテラスの国となっていったのである。

さて古墳時代中期の五世紀初頭の四一三年（東晋・義熙九年）、国外に目を転じると、『晋書』安帝紀に倭国が貢ぎ物を献じたことが記されている。また四二一年（宋・永初二年）の『宋書』倭国伝に、「倭王讃」についての記事が出てくる。そして、讃に続き、珍、済、興、武と続くが、これがいわゆる「倭の五王」とされる。五王の最後の「倭王武」は雄略天皇と見做されるが、この葛城山の一言主神と対決した第二十一代雄略天皇の作った「籠《こ》もよ　み籠もち　ふぐしもよ……」に始まる長歌が『万葉集』の冒頭の歌とされているのも興味深いことである。武勇に優れた英雄神スサノヲもヤマトタケルも雄略天皇＝倭王武もみなともに歌においても優れた能力を発揮したことが記録されているということの意味をどう理解すればよいのか。古代における真の英雄とは、単に武力行使において優れただけでなく、歌詠みとして情の発露においても人心を惹き付け、文武両道に優れていたということであろうか。

古墳時代の末期、欽明天皇の御世の五三八年に仏教が百済から伝わり、用明天皇の時代に初めて「仏法」に対して「神道《しんとう》」があることが『日本書紀』に明記され、神仏関係が日本の宗教の骨格を作っていったのである。そして時代は古墳時代から飛鳥時代へと入り、大和朝廷の権力機構と政治体制が整備されるとともに、古墳時代に全盛を誇った前方後円墳は姿を消してゆき、蘇我馬子の墓と見做されている石舞台古墳や四神相応図が描かれた高松塚古墳やキトラ古墳が築造されてくる。

4　『古事記』『日本書紀』『風土記』と古代日本人の神観念

ここで、八世紀初頭に編纂された日本最古の文献である『古事記』と最初の正史である『日本書紀』について概観しておこう。

『古事記』と『日本書紀』の違い

七一二年に編纂された『古事記』と七二〇年に編纂された『日本書紀』は日本で最も古い書物と二番目に古い書物で、ともに神話や歴史を記録しているが、その中身は大きく異なっている。まず、その名称が端的に物語っているように、『古事記』は『ふることぶみ＝古事記』で、神話や英雄伝説の部分に意が注がれている。特に伝説を記した「旧辞《きゅうじ》」と歴代天皇の事蹟を記した「帝紀《ていき》」に焦点が当てられている。つまり、伝承の書なのである。それは稗田阿礼《ひえだのあれ》が口承伝承していたものを太安万侶《おほのやすまろ》がまとめたとされる。いにしえぶりの語りの書、それが『古事記』である。そのストーリーは物語性や伝承性が強く一貫性がある。上巻・中巻・下巻に分れ、最後は推古天皇の世の帝紀で終わっている。「推古」すなわち「いにしえをおしはかる」という称号を持つ女帝の記述で終わっていることは象徴的である。この書は勅撰ではなく、あくまでも私的な、秘密文書的な性格を持つ書物である。

それに対して、『日本書紀』は日本の公式文書である。中国や朝鮮半島などの東アジア情勢を意識して書かれた日本最初の公式文書なのだ。それゆえ「日本」という国柄を強く意識して書かれている。先に述べたように、ヤマトタケルについても、『古事記』では「倭建命」、『日本書紀』では「日本武尊」と表記されていたことからもそれを知ることができる。

このように、『日本書紀』は「日本」の成り立ちと現代への展開に焦点が当てられているのである。全体は三十巻に分れ、巻第一と巻第二は「神代　上・下」とされ、最終巻の巻第三十は女帝・持統天皇の事蹟で終わっているが、この『日本書紀』の最後に記録される天皇が「持統」の称号を持つことは象徴的である。それは神代から現代までのつながり＝持統に照準が合わされているからである。

二つの書の決定的違いの一つの例として、冒頭に登場する宇宙開闢《かいびゃく》の最初の神が異なる点があげられる。『古事記』では「天之御中主神《あめのみなかぬしのかみ》」であるのに対して、『日本書紀』では「国常立尊《くにのとこたちのみこと》」である。天の中心の神と国の中心の神という神観の違いが両書に現れている。また、『日本書紀』には、「一書に曰く」という形で複数の伝承が記載されているが、『古事記』ではそのようなスタイルはまったく採られていない。

本居宣長《もとおりのりなが》は『古事記』はいにしえの心をもっともよく表現した大和心の書だと考えた。が、むしろ総体的に言って、『日本書紀』の方が遥かに特殊日本的であると考えられる。『古事記』には高天原《たかまのはら》を聖なる軸とする明確な政治神学、すなわち「高天原」神学がある。『古事記』には、「高天原」と「天照大御神」を中心とした神学的要請があるのだ。

しかし、『日本書紀』では「本文」と「一書曰」が併記されているので、そうした神学的一貫性は妨げられ、全体の流れを摑むことは容易ではない。なぜこれほど多種多様な異伝を内包するような複雑怪奇な書物を作ったのか。『日本書紀』は冒頭部分から読者を混乱させ困惑させる書物である。もし権力が一元的な中央集権制を目指すならば、このような多元的な構造を最初に据えることは権力の弱体化につながるのではないかとさえ思われる。

しかしそれは、逆から見ると、八百万の神々の個性や多声をできるかぎりそれ自体として採録しようとする姿勢の現われでもあり、そこにはさまざまな考えや伝承を汲み取り兼ね備えようと働く、一元性と対極にある八百万的な思考の表出があるといえる。『古事記』には伝承としての、ストーリーテリングとしての一貫性があるが、『日本書紀』にはポリフォニック（多声）な混声の響きがある。

日本国家の「正史」は一種の〝混声合唱〟から始まっている。それは神話や歴史書として甚だ異形である。このような異形の書を日本は始まりの書として掲げている。それは、中国の王権にも朝鮮半島の王権にもみられぬ特異な神話表現の形態である。

具体例を挙げよう。『古事記』と『日本書紀』は、その冒頭から登場してくる神が違う。『古事記』冒頭では、「天地初発《あめつちはじめてひらけし》」の時「高天原」に①天之御中主《みなかぬし》神、②高御座巣日神《たかみむすひのかみ》、③神産巣日神の三柱の神々が「独神《ひとりがみ》・隠身《みをかくす》」として成り現われ出る。それに対して『日本書紀』冒頭の本文では、「天地未剖《あめつちいまだわかれず》・陰陽不分《めをわかれざる》」の時に、①国常立尊、②国狭槌尊《くにのさつちのみこと》、③豊斟渟尊《とよくむねのみこと》の三柱の「神聖《かみ》」がみ在《あ》れする。

これをさらに仔細に見ていくと、『日本書紀』では、この本文の後に、六つの「一書曰」が併記される。そこに登場する神々を列記すると次のようになる。

（1）第一の一書　①国常立尊（国底立尊）、②国狭槌尊（国狭立尊）、③豊国主尊（別称、豊組野尊・豊香節野尊《とよかぶのみこと》・浮經野豊買尊《うかぶのとよかぶ》・豊国野尊・豊囓《とよかぶ》野尊・葉木《はこ》国野尊・国見野尊）

（2）第二の一書　①可美葦牙彦舅尊《うましあしかびひこぢのみこと》、②国常立尊、③国狭槌尊

（3）第三の一書　①可美葦牙彦舅尊②国底立尊

（4）第四の一書　①国常立尊、②国狭槌尊、また曰く、①天御中主尊、②高皇産靈尊《たかみむすひのみこと》、③神皇産靈尊

（5）第五の一書　①國常立尊

（6）第六の一書　①天常立尊、②可美葦牙彦舅尊、また①国常立尊

これを見ると、五つの一書に「国常立尊」の名が見える。また、第一の一書にあるように、この「国常立尊」の別称が「国底立尊」であるとするなら、第三の一書にその名が見えているので、この六つの一書のすべてに「国常立尊＝国底立尊」の名が見えるということになる。つまりここには、古事記の「高天原＝アマテラス神学」に対して「国常立神学」がある。実際、『日本書紀』では神代巻に「高天原」という語は二回しか使用されていない。つまり、「高天原」を主宰する「天照大御神」という『古事記』の位置づけとは異なる記述が『日本書紀』にはあるのである。

さまざまな『風土記』が語るもの

次に『風土記』について見ていく。現存する『風土記』は、『常陸国風土記』『播磨国風土記』『出雲国風土記』『肥前国風土記』『豊後国風土記』の五つである。その他に「風土記逸文」と総称する断片がある。

『風土記』とは土地の「風土」、神話・伝説、風習・習俗、自然、風物、地名、産物、歴史などについて書かれた古代の郷土史的書物で、律令国家体制下の八世紀前半、元明天皇の時代に各国（現在の都道府県の元となっている各地方の単位）の地方誌史としてまとめられた。現存する五つの『風土記』は『古事記』や『日本書紀』とは異なる独自の土地の伝承を多く収めていて、古代史の第一級の資料となっている。特に、古代に大和朝廷に匹敵する勢力を誇っていたと思われる出雲の国の風土記には、記紀神話と異なる神話が数多く記載されていて、たいへん興味深い。このことは、記紀神話以外にもさまざまな豊富な神話伝承が日本列島内に息づいていたことを示している。

たとえば、記紀神話に見られるイザナギ・イザナミによる「国生み神話」と違う「国引き神話」が記載されているのはその一例である。それによると、出雲の国は朝鮮半島の方から八束《やつか》水臣津《みずおみつね》野命《のみこと》が「国来《くにこ》、国来《くにこ》」と引き寄せたとされる。また、大国主神のことを「所造天下大神大穴持命《あめのしたつくらししおおかみおおあなもちのみこと》」と特別に称え、その異伝承も多く記載されている。猿田彦大神と同一神とされる佐太大神の誕生神話も載せられている。『風土記』や平安朝に記された『古語拾遺』や『旧事記』の神話伝説と記紀神話を比較検討するとさらにその差異が浮き彫りになり、古文献がどのような編纂意図を持って編まれたのかが見えてくる。

さて次に、「神」や「霊」や「霊異」や「霊威」について整理しておこう。いつ頃からか、日本人はある神聖感情を抱くものを「カミ」（神）と呼ぶようになった。その「カミ」の種類を大きく

①雷や石や海や山や地震など自然現象や自然物を対象とする自然神
②蛇や猪や鹿などの動物を対照とする動物神、杉や楠や桂などの植物を対象とする植物神
③神功皇后やヤマトタケルや菅原道真や徳川家康などの英雄的活躍をした人物を対象とする人間神

と三類別することができる。

本居宣長は『古事記伝』において、「世の常ならず、すぐれたる徳《こと》のありて可畏《かしこ》きもの」と「カミ」を定義した。要するに、尋常ではなく偉大なるものは、どんなモノでも神になる可能性があるというのだ。また、どのようなものでも祀ることによって「カミ」となる。「八百万の神」

とはそのような融通無碍《むげ》な多様な存在次元や存在形態を含んでいる。たとえていえば、「神」とは「フォルダ」のような一種の容れ物ないしカテゴリーである。神聖エネルギーにかかわる様々な情報や状態や形態を統合しまとめ束ねる結集点であるフォルダが「カミ」と呼ばれるようになったのである。

かくして、日本人が抱いてきたある特定の神聖感情や情報や力や現象を取り込んだフォルダが「カミ」であり、そのフォルダの中に、さまざまな「霊」や「霊威」や「妖怪」や「怪異」や「霊異」を表わすファイルがある。そのファイル群の中に、たとえば「チ」「ミ」「ヒ」「モノ」「ヌシ」「タマ」「オニ」「ミコト」などなどの八百万ファイルが入っている。それらが神威、神格、霊性を表す言葉である。

①「イカヅチ」（雷）、「カグヅチ」（火の神）、「ミヅチ」（水の神、蛇）、「ヲロチ」（大蛇）「ノヅチ」（野の神）の「チ」

②「ヤマツミ」（山の神）、「ワダツミ」（海の神）の「ミ」

③「ムスヒ」（産霊）、「ナオヒ」（直日）、「マガツヒ」（禍つ日）の「ヒ」

〈以上、一音節で表される霊威・霊格〉

④「オオモノヌシ」（大物主神）、「モノザネ」（物実）の「モノ」

⑤「オオクニヌシ」（大国主神）、「コトシロヌシ」（事代主神）、「ヒトコトヌシ」（一言主神）、「ミチヌシノムチ」（道主貴）の「ヌシ」

⑥「オオクニタマ」（大国魂神）の「タマ」

⑦「オニ」（鬼、荒びうとび来る鬼）

〈以上、二音節で表される霊威・霊格〉

⑧「イザナギノミコト」（伊邪那岐命）、「イザナミノミコト」（伊邪那美命）などの「ミコト」

〈以上、三音節で表される霊威・霊格〉

このように、神威、神格、霊威、霊格、霊性を現わす語群を整理することができる。

宮崎駿監督の人気アニメ『となりのトトロ』ではトトロを指して「森のヌシ」と呼び、アカデミー賞を受賞した『千と千尋の神隠し』ではヘドロに取り巻かれた神を「名のある川のヌシ」と呼んでいた。『古事記』には比叡山の神を「大山咋神《おほやまくひのかみ》＝山末大主神《やますゑのおほぬしのかみ》」と記し、『日本書紀』神代巻には宗像三女神を「道主貴《みちぬしのむち》」と記している。すなわち、山のヌシ、海のヌシの神性と考えられているのだ。こうして、プラス的イメージであれ、零落したり災厄をもたらしたりするマイナス的イメージであれ、「すぐれたるコト」のある「カシコキモノ」が総称されて「カミ」と呼ばれるようになったのである。

『万葉集』が語るもの

また、『万葉集』では「カミ」に掛かる枕詞は、「ちはやぶる」であるが、その「ち」は先に述べた「イカヅチ」などの「チ」の霊威・霊格と同じ語である。つまり、「ち」という霊威のある神聖エネルギーが、猛烈な速さ〈はや〉で、振動し運動している〈ふる〉状態が「カミ」と呼ばれるにふさわしいもの・ことなのである。

さらにまた、『万葉集』では「いのち」に掛かる枕詞を「たまきはる」と呼んだ。「たまきはる」とは、「魂・極まる」、「魂・来・経る（膨る）」の意味を持つ。とすれば、「いのち」とは、「いのち」をして「いのち」たらしめる「たま」が体に入り込んで成長をとげ、やがて極まりゆくことを内包している。その「いのち」の「ち」も「ちはやぶる」の「ち」も同語である。

こうして日本列島に神聖エネルギーの渦巻きを「神」と呼ぶ文化が培われてきたのである。

さて、日本の神は「八百万の神」とか「八十万の神」とかと総称される。この「八百万の神」とは、数え切れないほどたくさんの神々がいたということの定型的な表現である。

同じ「神」という語を使っても、ユダヤ教やキリスト教やイスラム教の神はこの自然界・万物すなわち被造物を創造した超越的な唯一絶対の最高神で全知全能の善神とされ、日本の「神」の概念とは戸惑うほどに異なる。ヤハウェー、エホバ、アラーなどと呼ばれる「神＝Ｇｏｄ」は、日本人がいうところの「カミ＝神」とはまったく概念的に異なっているのである。

先に分析したように、日本の神は多種多様・複雑怪奇・変幻自在な存在である。太陽や月や星や風、水、石、火、雷など、自然および自然現象も神の現われとはたらきとされ、たとえば太陽の神は天照大神、月の神は月読尊《つくよみのみこと》と呼ばれ、自然万物それぞれに固有の神々がいる。そしてそれら神々は伊勢の神宮や月山神社などに実際に祀られている。神社は神を祀る社であり、聖地である。それらの八百万の神々の中には、熊、猪、鹿、蛇、猿、兎、蛙などの動物も含まれる。このような、自然万物に神宿り神のはたらきがあるとする信仰や考えは、宗教学や文化人類学や哲学の領域ではアニミズムとか汎神論と呼ばれてきた。日本の多神教的八百万信仰は、アニミズムやシャーマニズムやトーテミズムなどの原始宗教形態を色濃く保持しているのである。

5　記紀神話の要点

記紀神話の要点は、天（高天原）から天降りしてきた天つ神の子孫（天皇家の先祖）が「葦原中国」とか「豊葦原瑞穂国」と呼ばれる日本国を統治する使命（天命）を持ち、さまざまな困難と戦いと絆の締結の中で統治を完遂するというストーリーである。それゆえ、この神話群は個々の部族や氏族によって口承伝承されてきた部族神話とは次元の異なる国家神話であるといえる。

「国生み」――イザナギとイザナミ――

そこで、まず「国」がどのように生まれ（国生み神話）、どのように配分され（三貴子分治神話・天岩戸神話）、どのように開発され（出雲神話）、どのような統治の形が約束され（国譲り神話）、どのように支配され（天孫降臨《てんそんこうりん》神話・日向《ひゅうが》神話・神武東征伝承）たかが物語られる。こうしてまず記紀神話の冒頭では、世界の開闢と神々の化成と国生み神話が記録される。それは日本列島の島々（大八島国）がどのようにしてできたかを物語る神話である。

それによると、日本列島の島々はイザナギ（夫）・イザナミ（妻）の夫婦神がお互いを称えあい、「みとのまぐはひ」、つまり性交をすることによって生み出された。日本の島々は神々の祝福と期待の中で、母神・イザナミの子宮から出産された子どもたちだと物語られるのである。

この「国生み」で最初に生れた島＝子どもは「蛭子《ひるこ》」である。次に、「淡島」が生れる。しかしその二人の子どもは不完全な姿であったので、子供の数に入れず、葦舟に乗せて海の彼方に放ちやったと記されている。それは、女神イザナミが最初に言葉掛けをしたからだという説明がなされているが、これは中国から入ってきた儒教の男尊女卑思想の影響によるものと考えられる。日本列島文化は縄文時代以前より一貫して女神信仰の盛んな国だった。

ともあれ、今度は男神のイザナミが最初に言葉掛けをして生れた三番目の島＝子どもが淡路島であった。淡路島とは、「アワへの道筋の島」という意味であろう。その「アワ（淡）」とは、

「アオ（青）・オオ（大）・アワ（阿波・粟）」などの言葉と共通の語源であっただろう。それは「青く光り輝く神聖な魂の島」という意味を内包させている。

こうして、イザナギ・イザナミは次々と島々＝子どもたちを生んでゆくが、最後に火の神カグツチを産む。しかし火の神を産んだために母神イザナミは女陰《ほと》を焼いてしまい、そのことが原因で身体が衰え、病となり、嘔吐や糞尿をもらす。その嘔吐の中から生れたのがカナヤマヒコ・カナヤマヒメという金属の夫婦神である。またその糞から生れたのが、ハニヤスヒコ・ハニヤスヒメという土ないし粘土のペア神で、尿から生れたのがミズハノメノという水の女神である。興味深いのは、このイザナミ女神の糞尿や嘔吐が土や水や金属に変容したと物語られている点である。これらの神の汚物はけっして単なる汚物ではなく、神の生命エネルギーの変容したもので、それ自体がさまざまな養分を持ち、いのちや生活を支える原料となっていると考えられていたということだろう。

このイザナミの嘔吐や糞尿などから金属や粘土や水の神が誕生する物語は、益田勝実が言うような火山列島日本の噴火造山活動の表現とも考えられる。夫のイザナギは、妻の死を悲しみ、火の神であるわが子のカグツチに怒りをぶつけ、母を死に至らしめたとして切り殺してしまう。そのとき、飛び散る血糊からまた神々が生まれ出る。

こうしてイザナミは火の神を生み、ホト（女陰）を焼き、病み衰えて黄泉の国にみまかった。

ここまでのイザナミは産む神であり、島々や神々をたくさん生み出し、生命力を付与する。が、次の場面でイザナミは破壊の神に反転する。黄泉の国に行ってからのイザナミはおどろおどろしく醜い屍体の姿をみせたり、夫の神を追いかけて、一日に千人の人間を殺すと呪詛の言葉を夫のイザナギノミコトに投げつけたりする恐ろしい神として描かれる。産む神から殺す神へ、生命付与の神から生命剥奪の神へ、生の神から死の神への大転換が語られる。そしてその名も、黄泉津《よもつ》大神《おおかみ》あるいは道敷大神《ちしきのおおかみ》と変わる。

こうして、イザナミノミコトは霊界あるいは死者の国の主的な存在になる。このイザナミの生と死の両方を司る力、また千人の人間を一日で殺す呪詛の言葉など、恐るべき破壊力を発揮する。夫のイザナギノミコトはこの妻の姿に怖れおののき、穢れを祓おうとして、筑紫の日向の小戸の阿波岐原に至って禊を行ない、川の流れに身を注ぎ、左目を洗ったときに天照大神、右目を洗ったときに月読命、鼻を洗ったときに須佐之男命が生まれ出たので、「三貴子」が誕生したと喜び、アマテラスには高天原を、ツキヨミには夜の食国《をすくに》を、スサノヲには大海原を治めよと命じたのである。

スサノオとアメノウズメ

ところが、三貴子の末っ子のスサノヲは母神イザナミを恋い慕って泣き喚き、その泣き声で青山を枯れ山に変えてしまった。そこで父のイザナギはスサノヲを根の堅州国《かたす》に追放した。そこで、スサノヲは姉のアマテラスに別れを告げに高天原に赴き、身の潔白を証明したとして有頂天になり、田畑を壊したり、大嘗殿《おほにえ》を糞をして汚したり、乱暴狼藉を重ね、ついに馬の皮を逆剥ぎに剥いで、血まみれの皮を天の機織《はたお》り女が神の衣を織っている部屋に投げ込み死に至らしめた。このスサノヲのあまりの乱暴狼藉を恐れ、怒り悲しんで、姉の日の神アマテラスは天の岩戸にさし籠もってしまう。そのため、世界は暗黒に閉ざされたのだ。

そこで、神々は知恵を出し、この難局を打開するために祭りを行なうことを決する。神々は鏡や玉を造り、榊の神籬《ひもろき》を立て、祝詞《のりと》を奏上し、神楽《かぐら》を舞って神懸りとなる。このとき、神懸りしてアマテラスをふたたびこの世界に引き戻し、光を蘇らせる功績を上げたのがアメノウズメミコトである。この女神アメノウズメは、天の岩戸に隠れてしまった——それは象徴的な死を意味する——日の神（太陽神であり、天皇家の祖先神）アマテラスをふたたび岩戸の外に招き寄せ、復活させた。天の岩戸という女陰を象徴する空間で、身体中に植物のつたや葉っぱを巻きつけ、飾り、手に竹笹の葉を持ち、舞台を踏みとどろかして踊りをおどり、自分の乳房と女陰を露出する所作によって、太陽神の復活を実現したのがアメノウズメであった。

アメノウズメは「神懸る身体」を持つという点で憑霊型《ひょうりょう》のシャーマン神であり、同時に「わざをぎ」すなわち「俳優」の振る舞いをするという点でプリースト（祭司）神であり、アクトレス（女優）神であり、ダンサー（舞踏者）神である。この「わざをぎ」とは、本来、神を呼び出す（をぎ）業＝技＝術＝伎（わざ）であったが、次第に滑稽な振る舞いをも伴い、芸能化し、原初のシャーマニズム的な狂騒の身振りを失っていった。

アメノウズメの神話で面白いのは、この女神が神懸りになったとき、その場にいた神々が皆その振りに合わせて踊りはじめたことである。神々は、喜び、楽しみ、「天晴れ（天が晴れたよ）。あな、面白（ああ、面白い）。あな、手伸し（ああ、楽しい）。あな、さやけ（ああ、さわやかに笹葉が鳴るよ）。おけ（草木も楽しくなびいているよ）」と口々に囃し立てたという。これは平安時代に斎部広成《いんべのひろなり》によって書かれた『古語拾遺』に記載された斎部（忌部）系の伝承であるが、同時に「神楽」の始まり、あるいは日本の神事・芸能の起源を告げる物語でもある。興味深いのは、この「神懸り」が『日本書紀』には「顕神明之憑談《かむがかり》」とも「俳優《わざをき》」とも記されている点である。つまり、神懸り行為は俳優の起源なのだ。

アメノウズメは後に天孫降臨に同伴する天つ神系の女神であるが、この降臨の際に、天の分れ道（アメノヤチマタ）に立っていて天の神々を出迎え、道案内したのが列島の先住土着の神・猿田彦大神である。サルタヒコは、背と鼻が高く、目はらんらんと赤く輝き、力あふれる男神である。不思議なことに、アメノウズメはこのサルタヒコの前に立って、性器を露出する。

容貌魁偉《かいい》なサルタヒコが「天の八衢《やちまた》」に雄雄しく立ちはだかって高天原から天降りしてくる天照大神の孫ニニギノミコトたち一行を遮ったので、「眼勝《まかつ》神・面勝《おもかつ》神」のアメノウズメが遣わされたのだ。サルタヒコは異貌の神であったが、ウズメもまた異相・異貌の持ち主であった。アメノウズメはサルタヒコの眼力に負けなかったのだから。つまり、アメノウズメはサルタヒコに負けない邪視・邪眼を持っていた。そのアメノウズメがサルタヒコの前で、天照大神の前でしたのと同様に女陰を露わにし、ついにサルタヒコを屈服させたのである。

アメノウズメは女陰を見せることでアマテラスを復活させ、同時にサルタヒコを屈服させた。この時、女陰開示は太陽神の復活に欠かせない鎮魂《たまふり》機能を持つ儀礼的所作であった。このアメノウズメの天岩戸の前での神懸りと性器露出は、死と再生を願い祝う冬至の祭りの神話的表現であろう。

この性器露出（女陰開示）は、シャーマン神アメノウズメがもう一人の古い太陽神を呼び出す儀礼だと考えられる。サルタヒコは古い土着の太陽神で、天皇家の祖先神・天照大神は、新しい新来の太陽神だったのではないか。ここで太陽神の交替が起こり、古い太陽神を屈服させ、新しい太陽神を呼び出したのがアメノウズメではないか。

アメノウズメはサルタヒコと結婚し、夫婦になったとも伝承されている。そして、アメノウズメの子孫は、猿田彦の名前を採って「猿女《さるめ》」氏を名乗り、神事と芸能を司る祭司一族になったとされる。

注意しておきたいのは、『古事記』『日本書紀』の両書を通して、サルタヒコの神だけがその身体・容貌が極めて具体的に記されている点である。たとえば、背の高さは七尺、鼻は七咫《あた》、眼は「八咫鏡《やたのかがみ》の如くして、絶然赤酸醤《てりかがやけることあかかがち》に似れり」と『日本書紀』に記されているように、八咫の鏡の如く照り輝いて赤ほうずきに似ていて、口尻もまた赤く輝いているという。日本の正史にこれほど具体的に描写された神はサルタヒコの神を措いて他にいない。

とりわけ興味深いのは、眼についての形容だ。その眼は、二種類の形容で描写されている。一つは、「アカカガチ」すなわち「赤いほうずき」のようだという描写。この記述は、八俣の大蛇の眼についての記述とまったく同じである。つまり、サルタヒコの眼は八頭八尾の大蛇ヤマタノヲロチと同じ赤い色と輝きを持っているのである。

もう一つは、その眼が天照大神の霊威を象徴する「八咫の鏡」のように光り輝いているという描写。この「八咫の鏡」は天皇家に伝わる三種の神器の筆頭に挙げられる神聖無比の神器である。ということは、サルタヒコは八俣の大蛇や天照大神と同じくらいの恐るべき霊威を秘め持っているということであろう。怪物性と最高至貴の神性の両方の特性を秘め持つ神がサルタヒコの神なのである。

さて、話をスサノヲに戻そう。アマテラスの復活後、高天原を追放されたスサノヲは出雲の地に降り立ち、そこで怪物ヤマタノオロチを退治して、わが国最初の短歌「八雲立つ　出雲八重垣妻籠《つまご》みに　八重垣作る　その八重垣を」を作って歌う文化英雄神となる。このスサノヲに退治される八頭八尾の怪物ヤマタノオロチは、眼が真っ赤でその身体には苔《こけ》、檜《ひのき》、杉が生い茂り、その身の丈は八つの谷にまたがるほどの巨大さで、年毎にやって来ては麗しい乙女を食い殺す。そのさまは、伊吹山の神の姿である大蛇にも似て、恐ろしくも巨大な怪物である。

スサノヲはまた、口や尻から食べ物を差し出した大気都比賣神《おおげつひめのかみ》を殺し、八俣大蛇《やまたのおろち》を殺してしまう。日本神話の中で最も暴力的で残虐な神はスサノヲの神だといえるだろう。

民俗学者の折口信夫は神の性質として残虐と無垢をあげているが、「ちはやぶる」のが神の特性だとすれば、凄まじいエネルギーにあふれたスサノヲはたとえ粗暴で暴力的ではあってもきわめて典型的な「ちはやぶる」神だといえよう。

「国譲り」——大国主神と出雲大社——

このスサノヲの子孫が出雲大社に祀られることになる大国主神である。出雲が古墳時代にたいへん栄えていたことは荒神谷《こうじんだに》遺跡などによって知られる。出雲は高天原から降りてきた天孫一族(天皇家の祖先)やそれを支える「天つ神」に対して、「国つ神」の最大の拠点地だった。そして、八百万の「国つ神」を束ねる神々の中の主の神が「大国主神」だった。

大国主神は、オオナムヂとかアシハラシコオとかヤチホコとかウツシニタマなど多くの別名を持つ神である。大国主神はスクナビコナの神と協力して「国づくり」に励み、国土形成を行なったが、最後には天から降りてきた天孫族（天皇家の祖先神）に「国」を譲ってしまう。それが日本神話のクライマックスである国譲り神話である。日本はこの大国主神の国譲りによって、さらに敷衍《ふえん》して言えば、天つ神々と国つ神々の協力によって成立した「国」である。そして、「国譲り」の見返りとして、出雲に大きな神殿を建てることになるが、それが大国主神を祀る杵築大社（出雲大社）である。

注記すべきはその巨大さである。その大きさは、神社建築としては奇想天外で、一番初めは三十二丈、つまり約九十六メートル近い高さの社殿だったという。それが平安中期に半分の十六丈、約四十八メートルに建て替えられ、江戸時代には現在と同じでその半分の八丈、約二十四メートルに建て替えられたというのである。つまりだんだんと半分の大きさに縮小されてきたというわけだ。二〇〇〇年四月、平安時代の社殿の約四十八メートルの柱の一部が境内から出土し、一挙にこの伝承の真実性が高まった。伝承が事実だとすれば、古代には一〇〇メートルもの巨大神殿が建っていたということになる。なぜそれほど大きな、ピラミッドのような神社が必要だったのか。それはまさにそこがピラミッドと同じように古代の神聖王権の墓であったからではないか。

大国主神を祀る神社とは、「主神」と崇められた「大国主」という偉大な存在を顕彰し、慰め、称える神社である。その主神の巨大さに比例して神殿も巨大である必要があったのだ。

その出雲では古来、十月「神無月《かんなづき》」を特別に「神有月《かむありづき》」と呼んでいる。毎年十月に日本国中の神々が出雲の地に集まって一年間の計画を練るからと伝えられているからだ。そこで出雲だけ十月を「神有月」と呼び、その他の土地では「神無月」と呼んだという。

ホトの力

この後、記紀神話は天孫降臨神話・日向神話と続き、やがて神武東征伝承につながってゆく。この節の最後に、神武天皇の皇后について記しておこう。

初代天皇とされる神武天皇の皇后は、ホトタタライススキヒメとかヒメタタライスケヨリヒメという。このホトタタライススキヒメは実は大物主神の娘であった。このホトタタライススキヒメの伝説で重要なことは、その名前の頭に女性性器をあらわす古語の「ホト」がつけられている点である。

ホトタタライススキヒメの出生をめぐる伝説は、次のようなものである。

――ある日、美人の女性セヤダタラヒメが厠（便所）に入って糞をしていた。その時、その女性を見初めた神が赤い矢（丹塗り矢）に変身して、川を流れていって厠に入り、その女性の性器を突いた。驚いたその女性は赤い矢を家に持って帰り、床の辺に飾ると、それは忽ちに麗しい男性に変わった。こうして二人は結ばれて生まれたのがホトタタライススキヒメである。神が赤い矢になって美人の女性の性器（「ホト」）を突いて生まれた女の子なので、その名の一番初めに「ホト」の語を冠したのである。

この『古事記』に記された神話は大変面白い。大物主神は古代日本の首都となった大和の土着の代表的な神である。その神と人間の娘との間に生まれた「神の子」にして「半神半人」である娘を初代皇后として迎えたのである。これが意味するところは、神武天皇が大和の神の娘を妻に迎えることによって古代国家を政治的にも宗教的・祭祀的にも統一することができたということであろう。神武天皇は天の神の子孫であった。その天の神の子孫が地の神の子孫と結ばれることによって、天と地を統合したと物語るのである。その統合に際して、地の神の娘の名前に女陰を意味する「ホト」の名が冠されていることは象徴的である。この「ホト」の名を持つ娘は地の神の子供であると同時に、アメノウズメと同様に、自分たちの神を祭る巫女でもあったのだ。

6 「神道」とは何か

ここで、「神道」とは何かを考えておこう。「神道」の語は『日本書紀』に三度出てくる。『日本書紀』用明天皇の段に「天皇、信佛法、尊神道」（天皇、仏法を信じ、神道を尊びたまふ）とあるのが初出である。この段では、「神道」は「仏法」に対置されている。用明天皇は個人の信仰としては「仏法」を信じたが、伝統的な祭祀として「神道」を尊んだということである。注意したいのは、「仏法」は信仰の対象であるが、「神道」は信仰の対象ではなく尊ぶか軽んずるかの対象である。つまり、すでに共同体ないし国家の宗教として生活習慣化されていたということである。

もともと「神道」という語は『易経』や『晋書』に出てくる。ここではしかし「神《あや》しき道」という意味で使われていて、神祇信仰の体系を表わすものではない。日本の「神道」は外来宗教である「仏法」に対置させる形で、古来の神祇信仰を意味することになったのである。『日本書紀』における「神道」の第二の用例は、孝徳天皇の段に「尊仏法、軽神道」（仏法を尊び、神道を軽《あなず》りたまふ）と出る。ここで注目すべきは、「神道」をあなずるとは具体的に何かと言えば、次のような割注で「軽神道」の内容が示されている。すなわち、「生国魂社《いくくにたまのやしろ》の樹を斮《さ》りたまふ類《たぐひ》是なり」というのである。つまり、孝徳天皇が命じて、摂津の国の古社の生国魂神社の境内の神木を伐ってしまったということ、それが「神道」を軽んずることになるということである。いいかえると、神木に宿る神霊を畏れ敬うことがなかったということである。

第三の用例は同じく孝徳天皇三年の条に、「惟神《かむながら》とは、神道に随ひて亦自から神道有るを謂ふなり」と出る。これは、「惟神」という語の割注として説明される章句である。「惟神」すなわち「神ながら」とは何か。それは「神道」に従ってそこにおのずから「神道」があることを意味するという。つまり、神に随う「神道」という大道がひろびろとふかぶかと広がり続いているという事態を示すものである。

「神ながらの道」

このような『日本書紀』の「神道」という語の用例を見るなら、そこに「神ながらの道」としての「神道」を明示する意識があったことが見えてくる。柿本人麻呂は『万葉集』の中で、わが国の特質を「神ながら言挙《ことあ》げせぬ国」（「神在随事擧不為國」第十三巻三二五三）と歌ったが、それは「神道」がおのずからある「道」だと理解されていたからであって、その存在が不確かでも不明だったからでもない。

かくして、神道とは、ユーラシア大陸の東の果てにある日本列島の風土の中で自然発生的に生まれ、外来思想や外来文化の影響を受けながら歴史的に形成され、洗練されてきた日本列島民の信仰と生活の作法・流儀であるといえる。それは「カミ（神）」と呼ばれてきた聖なる存在に対する畏怖・畏敬の念に基づく祈りと祭りの信仰体系であり、生活体系である。神道はまた日本人がこの宇宙・万物の偉大さ・大きさ・尊厳を感じ取り、それに感応してきた道の伝統でもある。それは、日本人の宇宙の神聖さの感じ方であり、万物への祈り方なのである。神道はそれゆえ日本を離れて存在しない。神道が具体的にこのような形態・形式・内容を持つに至ったのは、日本という風土と歴史があったからである。

「神ながらの道」とは、「おのずからなる神のはたらき」とか、「神々の御心のままに」とか、「神々の御業のままに」という意味であろう。要するに、「神の意志に従う道」という意味である。それは、「神からの道」すなわち「神々から子孫への恵みと生成発展の道」と、「神への道」すなわち「人々が神々へ感謝と信仰を捧げる祈りと祭りの道」と、「神との道」すなわち「神人協働の業《わざ》を行う道」という三つのベクトルを内包している。その三方の道が立体交差し、交わるところに「神ながらの道」としての「神道」が息づいているのである。

五三八年に日本に伝来した仏教は、のちに「山川草木悉皆成仏《さんせんそうもくしっかいじょうぶつ》」とか「草木国土悉皆成仏」とかいう成仏観を掲げるようになったが、そこには「神ながらの道」としての「神道」の神観や自然観や生命観が溶け込んでいると考えられる。山川草木や国土に至るまで皆ことごとく仏になるというのだから、それは「すべてが神であり、仏である」という理解であろう。

遠藤周作は遺作『深い河』の中で、カトリックの修道士の主人公の青年大津に「神とは人間の外にあって、仰ぎみるものではないと思います。それは人間のなかにあって、しかも人間を包み、樹を包み、草花をも包む、あの大きな命です」と語らせているが、ここにも、「山川草木悉皆成仏」「草木国土悉皆成仏」と類似の思想が見てとれる。大津のキリスト観はほとんど作者遠藤周作のキリスト観だったと言ってもよいであろう。しかしそれは、修道院のヨーロッパ人の先輩神父に「汎神論的な考えかた」だと徹底批判される異端思想であった。しかし大津はその神観を変えることができなかった。それは彼の感性の奥深くからにじみ出てくる神のリアリティだったからだ。

遠藤周作のキリスト理解においては、神道の神も仏教の仏もキリスト教の神もその区別はさほど大きくはない。それは万物を包み込む「大きな命」という表現でとらえられている宇宙生命、すなわち「かみのいのち」なのである。

古語で神を形容する言葉は「ちはやぶる」と言ったが、それは霊や風や血液や母乳や道などの多義的意味を持つ「チ」がものすごい速さと力で運動するさまを表している。その意味で「チ」は神性や霊性から身体性や物質性までを貫き、動かす力と命の源泉だった。そもそも「命」とは「生きたチ、息をするチ」を意味する言葉である。

とすれば、神とは万物を万物たらしめ、それに命を吹き込む力の源、生命力と創造性の根源とその諸相を指す言葉である。『古事記』という日本の神話と歴史を記した日本最古の文献には冒頭部に宇宙開闢神話が語られているが、神々の中で二番目と三番目の神の名に「むすび」（産巣日、産霊）という語がつけられている。これは万物の生成力や自然成長力を表した言葉だった。

つまり、宇宙や自然の生成力・創造力に対する畏怖・畏敬の念や信仰が「むすびの神々」の神話や信仰となって伝わっているのである。

その自然の生成力を寿ぎ称え、感謝し、喜び合って、神々と人々が一緒になって交わり遊ぶところに神道の祭りがある。「むすび」にも自然の生成力と結合の二つの意味があり、それは多産・豊穣を称える言葉でもあった。神道の祭りは季節ごとに自然の恵みを祈り感謝する祭りであり、神々と祭りは人々の日々の生活に直結していた。

このように、神道の神とは、命の根源、存在の根拠、万物を万物たらしめる力とそのあらわれのことである。

この神信仰、すなわち神道は、仏教のような教えの宗教や哲学ではなく、日本列島に根付いてきた神祈りと神祭りの伝承文化だった。それは神話と儀礼と日々の暮らしに溶け込んだ祈りによって支えられ、伝えられてきた先祖伝来の祈りの道だったのである。

神道の感覚

明治時代に日本に来て、西洋人として初めて出雲大社を昇殿参拝したラフカディオ・ハーン（小泉八雲）は、いろいろな事象の中に神を見出す神道の神感覚を次のように表現している。「この大気そのものの中に何かが在る——うっすらと霞む山並みや怪しく青い湖面に降りそそぐ明るく澄んだ光の中に、何か神々しいものが感じられる――これが神道の感覚というものだろうか」と。

空気の中にも、太陽の光の中にも、水や海や山や森や風の中にも「神々しい何か」の存在を感じとるのが「神道の感覚」というのである。そして続けて、「仏教は何世紀にもわたる変容と衰退の末に、やがては日本から消え去る運命にあるように思える。所詮は一個の外来の宗教なのである。しかし神道は、形も変えず勢いも衰えず、今なおこの神々の生まれ故郷を支配している。そして、これからもその力と権威をいよいよ増してゆくかに見える。仏教には万巻に及ぶ教理と、深遠な哲学と、海のように広大な文学がある。神道には哲学はない。体系的な倫理も、抽象的な教理もない。しかし、そのまさしく『ない』ことによって、西洋の宗教思想の侵略に対抗できた。東洋のいかなる信仰もなし得なかったことである。（中略）現実の神道は書物の中に生きているのではない。儀式や戒律の中でもない。あくまで国民の心の裡に息づいているのである。そして、その国民の信仰心の最も純粋な発露、けっして滅びず、けっして古びることのない表象が、神道なのである。古風な迷信、素朴な神話、不思議な呪術――これら地表に現れ出た果実の遥か下で、民族の魂の命根は、生々と脈打っている。この民族の本能や活力や直観も、またここに由来している。したがって、神道が何であるのか知りたい者は、よろしくこの地下に隠れた魂の奥底へと踏み分け入らねばならない。この国の人々の美の感覚も、芸術の才も、剛勇の炎も、忠義の赤誠も、信仰の至情も、すべてはこの魂の中に父祖より伝わり、無意識の本能にまで育まれたものなのだから」（『神々の国の首都』小泉八雲著、平川祐弘編、講談社学術文庫、一九九〇年）と続ける。

ハーンは神道には教祖も教団も教義も教典も仏教のような大哲学も大文学もないが、まさにそのないことによって西洋思想の侵略にも屈することのない独自の文化を保持しつづけたのだと主張している。キリスト教も仏教も偉大な神学・哲学・文学を生み出した。しかし神道にはそのような偉大な神学も哲学も文学もない。けれども、そのないことがいろいろなものを包含し、包み込み、育み、変容させる母胎や触媒のような役目を果たしたのだと指摘するのである。

民族宗教としての神道

神道は、世界宗教あるいは普遍宗教である仏教ともキリスト教ともまったく違う日本人の歴史と文化の中で発生してきた民族宗教である。神道は神々として畏れ崇められてきた存在を畏怖・畏敬する祈りと祭りの道だが、仏教は悟りを開いて仏陀になる信仰と実践の体系である。その神道と仏教の原理的違いを次のような三つの対比によって浮かび上がらせることができる。

①神は在るモノ／仏は成る者
②神は来るモノ／仏は往く者

③神は立つモノ／仏は座る者

第一に、神は在るモノであるのに対して、仏は成る者であるという違い。つまり、神は存在そのものの威力であるのに対して、仏は人間が悟りを開いて成った者であるという違い。第二に、神は来るモノであるのに対して、仏は往く者という違い。神は人間の祈りや祭りに感応してその場に立ち現われて来る霊であるのに対して、仏は迷いと苦悩の俗世間すなわち此岸を離れて、悟りの世界である彼岸へ往く者であるという違い。第三に、神は立つモノであるのに対して、仏は坐る者という違い。日本語で神々を数える数詞は「柱」と言うが、仏を数える数詞は「座」と言う。つまり、神々は柱のように立ちあらわれる霊であるのに対して、仏は悟りを開くために坐禅をし瞑想をして坐る者であるという違い。たとえば、諏訪の御柱祭や伊勢神宮の心の御柱や出雲大社の忌柱に対して、東南アジアによく見られる寝釈迦像や奈良の大仏や鎌倉の大仏の座像などは、立ち現われる神々のちはやぶる凄まじいエネルギーと、涅槃寂静《ねはんじゃくじょう》に静かに座す仏陀の不動の精神との鮮やかな対照性を示しているといえるだろう。

このような原理的違いを持つ神と仏が、また神道と仏教が、日本では神仏習合という宗教複合、宗教融合をとげることになる。どうしてそのようなことが可能になったのか。それは、神も仏も共に自然の中に、また万物の中に神性や霊性や仏性を持って存在しているという自然認識や存在認識が生れたからである。神と仏を共に存在せしめる何ものかの存在性と力を神道も仏教も共に認めることができた。そしてそれが、多様な姿・形で現われ出ることに対する共通の感覚と認識を持ちえたのである。

そうした過程で、「神道曼荼羅」と呼ばれるようになる神仏習合的宇宙図が描かれるようになった。有名なものとしては、雄壮なる滝を御神体として崇拝する那智参詣曼荼羅や水の神を龍神として描いた天河秘曼荼羅などがある。いずれにせよ、神と仏、神道と仏教を結びつけたのは日本の風土・自然だった。

このようにして、日本の仏教は神道と相互に影響し合い、ある部分は融合しながら共存してきた。そうした中で修験道という日本独自の宗教体系が形成されてくる。修験道は古来の山岳信仰と神道と仏教がミックスした習合的宗教である。次章で、日本特有の神道がどのように儒教や道教や仏教や修験道とかかわりを持ちながら、それぞれの独自の宗教文化を習合させていったかを見てみよう。

第2章　奈良、平安時代

1　外来宗教としての仏教

ここで比較宗教学的な観点から、神道と仏教とキリスト教を比較しておこう。

一般によく言われるように、仏教を「悟りと慈悲の宗教」とし、キリスト教を「愛と赦しの宗教」だとするならば、神道は「畏怖と祭りと美の宗教」だといえる。ブッダとは悟りを得た者、覚者の意であり、その悟りを覚心として衆生済度に立ち向かうことが慈悲の発露であった。それに対して、キリストとはメシア、すなわち救世主を意味し、神の意思と愛が人間に受肉した存在とされ、その神の愛の結晶であるキリスト＝イエスの生命の言葉が人類の罪の赦しを伝える福音となる。

ところで、「宗教」の指標として、①教祖、②教義、③教典、④教団の存在を挙げることがある。それに倣って言えば、仏教は、①ゴータマ・シッダルタ（釈迦・釈尊・仏陀）やその弟子たちが、②無我・無常・縁起・空・菩薩などの教義を説き、③『スッタニパータ』や『法句経《ほっくぎょう》』や

『法華経《ほけきょう》』や『般若心経《はんにゃしんぎょう》』などの経典を編纂し、④各宗祖の体験と判断に従って天台宗、真言宗、浄土真宗などの教団を組織し活動してきた。また、キリスト教は、①イエスとその弟子たちが、②神の愛と赦しと神の国の到来を教義や信条とし、③『新約聖書』を最高の教典として、④ローマン・カトリック教会やプロテスタント教会やギリシャ正教会などの教団活動を行なってきた。さらにまたイスラームは、①ムハンマド（マホメット）とその弟子たちが、②六信五柱を教義とし、③『クルアーン（コーラン）』を最高の聖典として、④スンニ派、シーア派、スーフィズムなどの教団活動を行なっている。このようなものが多くの現代人の一般的な「宗教」理解であり、イメージであろう。

神道とは何か

そうした観点から見ると、「神道」は、いみじくもラフカディオ・ハーンが指摘したように、①教祖はいない、②教義はない、③教典はない、④教団はない、という四無主義の「宗教」らしからぬ「宗教」である。もちろん、『古事記』や『日本書紀』や『風土記』には神話的な記述はあるし、神社ではさまざまな祭祀が今も行われている。が、それは教祖が作ったものでもなく、教義が説かれたものでもなく、教典として宗教的活動の拠り所とされているものでもなく、教団としての統一した組織と活動を持つものではない。とすれば、神道は「宗教」ではないのだろうか。

宗教には「伝え型の宗教（伝承系宗教）」と「教え型宗教（説教型宗教）」の二種があるが、神道は「教え型宗教」ではなく、典型的な「伝え型宗教」である。仏教やキリスト教やイスラームなどの世界宗教・創唱宗教は開祖（教祖）を持つが、神道は起源も不明で開祖も持たない、神話や儀礼として部族や民族の伝承の中に伝えられてきた「伝え型の宗教」であり、「伝承」という共同性に支えられている。

この「伝承」という共同性を支えている基台は言語であるが、たとえば「ちはやぶるカミ」という言葉はそのような共同伝承性をもっとも深いところから支える根源語である。そのような神道の根源語の一つに「まつり（祭り・祀り）」という語がある。「まつり」には、①待つ、②奉る、③服《まつら》うなどの語源説があるが、総合して言えば、祭りとは、神霊の到来を待ち、神饌《しんせん》や奉納芸能などを奉り、神々の意思に従い、存在の大いなる調和・釣り合い・バランスを実現しようとする行為であり、神道的世界観の集結点をなすものである。

神道的世界観を具体的に表現したかたちが「まつり」である。この「まつり」がすべての生活と制度の基本であったから、「祭《まつり》」も「政《まつりごと》」もともに「まつり」と呼んだのである。「祭」を先とし、その実施に基づいて「政」が行われた。古代のヒコ・ヒメ制や沖縄のオナリ・エケリ制は、祭祀を司どる卑弥呼と政治を治めるその弟との相互補完体制と同じように、祭政の協力・相補作業の重要性を示すものである。

以上のように、神道に「教典」はない。神道は教えの宗教ではなく、「まつり」の業を踏み行う道として先祖代代伝えられてきた伝承文化だからである。それゆえに、神道は「神教」ではなく、「KAMI―WAY」、すなわち「神の道」あるいは「神ながらの道」と呼ばれたのである。日本民族の神話や歴史をある意図を以って記した『古事記』や『日本書紀』はしたがって神道の「教典」ではなく、「いにしえぶり」を伝える先祖伝来の物語の記録として尊重された。もちろん、そこにはその神話物語を記録にとどめた人々の編纂意図があり、その中にはかなり明確な政治的意図や政治神学があった。だとしても、日本の「正史」の第一にあげられる『日本書紀』が「一書に曰く」という書き出しで、一つの伝承に本文とそのヴァリエーション、つまり複数の神話伝承を載せていると言う事実は重要である。なぜならそこには権力による一元支配ではなく、複数の伝承の公共性が重んじられているからだ。確かに、『日本書紀』「本文」と、一種の各論併記の「一書」のランクの違いはあるかもしれない。しかし、『古事記』冒頭で語られている宇宙開闢神話が六つの「一書」の中の第四の「一書」の中の、それも「又曰く」という異伝として語られていることを考えれば、『日本書紀』はそれぞれの地域や家々につたわる伝承文化を最大限尊重するというスタイルで書かれていることが明らかとなろう。『日本書紀』以外にこのようなスタイルで書かれた神話が世界にあるだろうか。それは日本的公正さを表わしているといえないか。その複数の伝承を併記する根本精神は「いにしえぶり」を大切にする心であろう。古人の伝承文化と知恵に最大限の敬意を払うということである。

仏教とは何か

神道と仏教は、本来何の関係もなかった。もともと、仏教の創始者であるゴータマ・シッダールタはインド古来の伝承体系である神話や呪術や民間信仰を否定し宗教改革を実践した革命的人物であった。彼は伝承の中に生きた人ではなく、「真理＝法（ダルマ）」に覚醒した人物、悟りを開いた人物である。それがブッダ（仏陀）である。かくしてブッダの道は仏教、すなわち悟りを開いた人の説く真理の教え（仏法）であり、悟りを求めて修行するブッダへの道、すなわち仏道である。ブッダは神話的思考を否定して、あるいは超えて、世界の現象をありのままに見つめるところから真の人の道、悟りないし解脱《げだつ》の道を実現しようとした宗教の革命児なのだ。ここに、伝承文化としての神道と、伝承文化への批判と超越としての仏教の原理的違いがある。

ブッダは霊的世界観や欲望の霊的実現ともいえる現世利益信仰に決定的な切断を入れた。彼は呪いや占いを決然と否定した。仏教の最初期の経典『スッタニパータ』には、次のように古来の神聖伝承体系である『ヴェーダ』的呪術を否定する教えが述べられている。「魚肉や鳥獣の肉も、断食も、裸体も、剃髪も、結髪あるいは汚物〔にまみれること〕も、粗い羊皮衣〔を着ること〕も、あるいは火神への献供にしたがうことも、あるいはこの世における不死〔を得るため〕の多くの苦行も、〔ヴェーダ聖典の〕呪句と祭祀も、供犠も、季節の行事も、疑惑を超えていなければ、それらは人を清めない。」(二四九)、「吉凶占い、天変地異占い、夢占い、〔ものに表われた吉凶の〕相の占いを除去し、彼は吉凶占いの誤りを捨てたのである。かの行乞者《ぎょうこつ》は正しくこの世に遍歴するであろう」(三六〇)、「呪法、夢占い、占相、また星占いを行なってはならない。また〔動物による〕声占い、懐妊術や治療を、わたしの弟子は行なってはならない。」(九二七、宮坂宥勝訳『ブッダの教え――スッタニパータ』法蔵館、二〇〇二年)

ここではバラモン教的な『ヴェーダ』祭式は明確に否定されている。特に九二七の章句の「呪法」は、中村元訳の岩波文庫版では「アタルヴァ・ヴェーダの呪法」となっており、『アタルヴァ・ヴェーダ』的な世界観や呪術的実践をはっきりと拒否していることがわかる。

ゴータマ・ブッダは、呪術や卜占《ぼくせん》の使用がどのような人間と社会を形成していくかをはっきりと見透したのである。観念が欲望を孕み、欲望の水路が観念を生み出し、強化してゆく悪循環の理、すなわち輪廻転生《りんねてんしょう》の連鎖の仕組みと実態を見透し、シャーマンや祭司が行うであろうあらゆる呪術・宗教的身振りを超えて出てゆくことを通して、観念と欲望の脱神話化・脱権力化をはかったのだ。

こうして、ブッダはバラモン神学の知と権力と制度を、すなわち「この世とかの世とをともに」超え出てゆこうとする。ブッダ的知とは、呪術からも宗教からも、アニミズムからもシャーマニズムからも、もっとも遠いところへ跳躍し、超え抜けてゆく知なのである。かくして、ブッダはバラモン教的な旧来の呪術―宗教を知悉した上で、「脱呪術化」の路線に踏み出した確信犯であった。

ブッダはさらに、バラモンに生まれればバラモンであるという旧来の階級主義や血統主義を否定し、人は生まれによってバラモンになるのではなく、その行為によってバラモンになるのだと主張する。彼は「真のバラモン」あるいは「バラモンの完成」を主張しながら、バラモン教的なバラモン観を否定し超出する道を指し示した。

たとえば、『スッタニパータ』の「賤民《せんみん》の経」の章では、「賤《いや》しい者」の特質が次のように列挙され、そうした行為を行わず乗り越えた者こそが「真のバラモン」であると説かれている。すなわち、「賤しい者」とは、①すぐに怒ったり、怨んだり、偽善者で、誤った見方をし、偽る者、②この世でもろもろの生きものを殺害し、生きものに対して憐れみがない者、③村々や町々を破壊し、占領する者（圧制者）、④村や町や都市の中や林の中で、他の者たちが我がものとする（＝所有する）ものを盗んだり、与えられないのに取る者、⑤借財があるのに、返済を迫られても「お前からの借りはない」という者、⑥ほんのわずかなものが欲しくて、路行く人を殺害し、わずかなものを取る者、⑦証人として尋問されて、自分のため、他人のため、そして財物のために嘘をいう者、⑧暴力で、あるいはたがいに愛しあって、親族たちあるいは友人たちの妻と交わる者、⑨扶養することができるのに、若いときが過ぎて年老いた母や父の面倒をみない者、⑩母あるいは父、兄弟、姉妹、姑を打ち、荒々しい言葉で身内を怒らせる者、⑪ためになることを問われても、相手のためにならないことを教えたり、隠しごとをして曖昧に話す者、⑫悪いことをしておきながら、「わたしのしたことがばれないように」と願い、自分の行いについて隠しごとをしている者、⑬他人の家に行っておいしい食物を食べながら、自分の家に来た者に対しては礼を尽さない者、⑭バラモンや沙門《しゃもん》、または他の物乞いに嘘をついて欺す者、⑮食事のときが来ても、バラモンもしくは沙門を言葉で罵って食事を与えない者、⑯この世において、愚かさによって覆われ、わずかばかりのものを求めて、真実ならざることをいう者、⑰自分を誉め上げようとし、他人を蔑み、自分の慢心で卑劣になった者、⑱他人を悩まし損ない、欲張りで、悪事を好み、物惜しみをし、狡く、自分に対して恥知らずで、他人に対しても恥じることがない者、⑲目覚めた者を誹《そし》り、あるいはまた彼の弟子の遍歴行者（＝出家者）や在家者を誹る者、⑳実際は供養を受けるに値しない者なのに、値する阿羅漢《あらかん》（＝聖者）だと自称したり、梵天を含む世界の盗人であるような者、をいう。

実に個別具体的な例示である。もともと「賎民（賎しき者）」とは、バラモン教的な氏姓制度の最下層に位置づけられた被差別者であった。しかしブッダはそのようなバラモン教的な社会常識を真っ向から否定し、乗り越え、転回し、その本質的意味を問い詰めてゆく。これを見ると、ゴータマが「賤しい者」を生まれや身分によって見ているのではなく、その行為によって判断していることがわかる。怒らず、怨まず、盗まず、嘘をつかず、恥と礼儀を知る者、つまり心と行為を制御しえた者がここでは「真のバラモン」となる。ブッダは、生まれでなく行為が重要であり要諦であることを被差別民の悟達の例示を通して強調した。これはバラモン的な階級制度を内側から突破する、革命的な思考と実践であった。

このように、ブッダが示す道は徹頭徹尾反バラモン教的・反ヴェーダ的である。つまり、非伝承的で、非伝統的である。これを日本に置き換えてみると、インド古来の民間信仰やバラモン教やヒンドゥー教は神道と共通する特質を多く持っているといえる。すなわち、伝承的・伝統的・神話儀礼的・呪術的・祭祀中心主義であるという点で。

またのちに、五戒として規定される「不殺生・不偸盗《ふちゅうとう》・不妄語《ふもうご》・不邪婬《ふじゃいん》・不飲酒《ふおんじゅ》」の戒律にも、反バラモン的な要素が含まれる。とりわけ、第一の不殺生戒はバラモン教的な動物供犠を批判し禁ずる戒律となる。また、不飲酒戒は、火神アグニにソーマ酒を捧げ飲み、酩酊や陶酔やトランスを誘引するバラモン教的な儀礼行為を否定する。こうした意味において、仏教はシャーマニズム的な呪術的かつ霊的世界観からはっきりと距離を置いている。

ブッダの教えはきわめて明確でありシンプルである。人は生まれ（血統）ではなく、行い（行為）だという。そして、「真理」によって自らを制御し、欲望を捨て、慢心や貪りや執着がない者を「憂いの垢を除き去ったバラモン」とし、煩悩を滅して「最後身」を保持する「如来」とした。

さて、「三宝」とは「仏法僧」を意味する。先述したように、「仏」とは悟りを開いた者、「法」とはその悟りの内容であるところの「真理」。では、「僧」とは何か。「僧」とは本来悟りを求めて出家修行し、仏教の道＝真理を求める求道者《ぐどうしゃ》の集団「僧伽《そうぎゃ》（サンガ）」の意味であった。神道における「神主」はあるときには「神の妻」でありそれはシャーマニスティックなエクスタシーや性的豊穣儀礼と密接にかかわるものであったのに対して、「僧」は性に対して禁欲的な態度をとることを通して、性を超越し、欲望やとらわれ、すなわち煩悩および執着を取り去ろうとした。のちに仏の相好《そうごう》として三十二の福相があると伝えられるようになるが、その中の一つに、「馬陰《めおん》蔵相《ぞうそう》」と呼ばれる相がある。それは、ブッダの男性性器が馬の性器のように隠れていて見えないという相である。その相が性と欲望の超越を表しているとされる。ブッダはシャーマニズムも呪術も否定した。それはシャーマニズムが人間の欲望や苦悩を倍化させることがあるのをよく知っていたからである。シャーマニズムによっては人間の苦しみは根本的に解決されることがないということをブッダは悟ったのである。

ブッダの悟りは、「無我」とか「無常」とか「縁起」とか「無自性《むじしょう》」とか「空」とまとめられる。要するに、人間は一般的に物事を実体としてとらえ、それに執着するところに欲望の自縄自縛や業《ごう》が生起して、結局、輪廻の鎖から脱け出せないのだという考えである。したがって、おのれの欲望の根っこに何があるのかを「正見」し、徹底的にその実体のなさに気づくことが根本的に大事になる。こうして、仏教で説く「無我」も「空」も単なる無ではなく、関係性の相対性・相依性・仮象性をあらわす概念となる。

このようなブッダの宗教革命は、仏教教団の発展や各宗派の分立や諸種の経典の編纂などをとおして、実に多様な展開をとげ、貪欲にインド古来の民間信仰やバラモン教やヒンドゥー教を取り込んでゆく。そうした過程で成立してきたのが大乗仏教と密教であり、それらが朝鮮半島や中国からわが国に伝えられたのである。その仏教はブッダ的仏教というよりも、インドの民間信仰的な要素を含み持ち、さらに中国で漢訳されて中国化した習合仏教であった。特に空海の将来した密教にはそのような特性が強い。

2　7世紀の宗教革命

さて、古墳時代が終わるころ、都は三輪山周辺や飛鳥の地に置かれていた。特に六世紀後半から藤原京が造営された七世紀後半ごろまでを飛鳥時代と呼ぶのは、天皇の住まいが飛鳥の地に集中していたからである。

仏教の受容と変容

この飛鳥時代に、日本に仏教が根付き始める。五三八年に仏教が百済より伝来し、その後、物部氏と蘇我氏との排仏・崇仏論争が起こり、蘇我氏が勝利を収め、仏教が国政に大胆に取り入れられていった。

注意したいのは、『日本書紀』では、欽明天皇十三年（五五二）十月に百済の聖明王より「釈迦仏《ほとけ》の金銅像一軀《かねのみかたひとはしら》、幡蓋若干《はたきぬがさそこら》、経論若干巻」が献上されたと記録されていて、『上宮聖徳法王帝説』や『元興寺縁起』に欽明天皇七年（五三八）に伝来したとする記録との食い違いがあることだ。両者の記録では元号年代の違いもみられ、この食い違いは『日本書紀』編纂者の意図によるものと考えられている。

仏教が最初、日本人にどのように捉えられていたのかを示す面白いエピソードが『日本書紀』欽明天皇十三年十月と十四年五月の条にある。欽明十三年の記述には、蘇我氏と物部氏との仏教受容をめぐる対立点が記されているが、天皇の前で公論をたたかわし、まず蘇我稲目が「西蕃《にしのとなり》の諸国《くにぐに》、一《もはら》に皆之を礼《うやま》へり。豊秋日本《とよあきつやまと》、豈《あに》独り背かんや」と主張したのに対して、物部尾輿《をこし》が「我が国家《みかど》の天下《あめのした》に王《きみ》とましますは、恒に天地社稷《あまつやしろくにつやしろ》の百八十神《ももあまりやそかみ》を春夏秋冬に祭り拝むことを事《わざ》と為したまふ。いま改めて蕃神《あたしくにのかみ》を拝まば、恐らくは国神の怒りを致しまつらむ」と反論し、結局天皇が「宜しく情《ね》願《が》はむ人に付《さづ》くべし」と蘇我稲目に試みに礼拝させたと記録するのである。興味深いのは、「仏」が「蕃神」として捉えられている点だ。要するに、物部尾輿は、この国の神々を差し置いて隣の国の神を拝んだらこの国の神々の怒りを買うと主張し、仏像を奪って捨てたり、蘇我氏の建てた寺を焼き討ちしたりと激しく攻撃したのである。

さて、欽明十四年の記述には、わが国最初の仏像の製作の経緯が神秘的な霊験譚として物語られる。――摂津の国の泉の郡《こほり》の茅淳《ちぬ》の海で、あるとき、不思議な「梵音《のりのおと》」が響き渡った。その音は「震響雷《ひびきいかづち》の声《おと》」のようで、光り輝くそのさまは「光彩《うるわ》しく晃《て》り曜《かがや》くこと日の色《ひかり》」のようであった。天皇はこれを不思議に思い、使者を遣わして様子を見に行かせた。するとそこに巨大な「樟《くす》木《のき》」の流木が海中に「玲瓏《てりかがや》」いていた。天皇は画工に命じて、その奇しびな「樟木」から仏像二体を造らせ、吉野寺に安置させた。それがわが国で最初に造った仏像である。

これが国産第一号仏像の伝承である。この記録を見ると、わが国最初の仏像が「樟木」すなわち奇すしき木としての神木（霊木）信仰を背景にして造られたことが明白である。摂津の海に浮んでいた流木は不思議な光と音を発していた。それはまさに「ちはやぶる神」の顕現・示現であり、そのような神の臨在を刻印された「神木」がわが国で最初に仏像を刻むに相応しい素材として選ばれた。つまり、すでにその素材そのものに神力・霊力が宿っていたということである。

先に述べたように、『日本書紀』の用明天皇や孝徳天皇の段には、「信仏法、尊神道」（用明天皇紀）、「尊仏法、軽神道」（孝徳天皇紀）という、天皇の「仏法」や「神道」に対する態度が記されていた。「仏の法《みのり》を受けたまひ、神の道を尊びたまふ」とは用明天皇が「仏教を信仰し、神道を尊んだ」ということだった。ここでは、神道は尊敬すべきものであって信仰の対象ではない。しかし仏教は信仰の対象であった。

それが六十年経って孝徳天皇の時代、大化の改新の頃になると、「仏の法を尊びたまひ、神の道をあなづりたまふ」、つまり、「神道を軽んじて、仏法を尊んだ」というように、仏教が定着してきていることがうかがえる。仏教が着実に地歩を占め、その段階になって初めて仏法を尊び神道を軽んずるという態度が生まれてくるのである。

興味深いことは、欽明天皇の子の敏達天皇十三年二月、日本で最初の出家者が十一歳の少女であったことである。蘇我稲目の子・馬子が家臣の司馬達人に命じて娘の嶋を出家させ、善信尼と名乗らせたのだが、この善信尼はわずか十一歳の少女であった。なぜ最初の出家者が壮年男性でも、青年でもなく、少女であったのか。

これは、おそらく古代の神道祭祀のありよう、つまり、天皇や豪族の娘が巫女となって神に仕えるという神道祭祀の奉仕のあり方を模倣したものであろう。たとえば伊勢神宮では皇女が斎王となって天照大神に奉仕し、また平安京の地主の神とされる上賀茂神社や下賀茂神社でも皇女が斎院となって賀茂の神々に奉仕した。また阿蘇神社や春日大社などの有力古社も一族の中からシャーマン的な女性が選ばれて神に仕える女＝神の妻となった。このような聖少女が中心的な祀り手となり、それを管理監督する男性神主である禰宜《ねぎ》や宮司が支えた。そういう神祭りの風習が規範となり模範となりモデルとなって、最初の出家者に少女が選ばれたと考えられる。このように、最初の出家者が十一歳の少女であったということは、それが神を祀るような心性・心意をもって仏を祀ったということになろう。そしてそれは蘇我氏の邸内でまず祀られたのである。

また日本仏教の日本的変容のありようとして、仏舎利信仰が米の信仰と結びついたことにも現われている。仏舎利とはもともとゴータマ・ブッダの遺灰のことであるが、日本ではやがてシャリ（舎利）とは米を指すようになる。握り寿司のご飯のことをシャリというのはその例である。とすれば、日本の仏舎利信仰には米の中に神あるいは穀霊を見る信仰が溶け込んでいるということになろう。本来の仏の遺灰としての仏舎利信仰ではなく、米という日本独自の神霊の宿った穀物と結びついた仏舎利信仰に変形していったのである。

さてこの日本の宗教文化には八世紀前後と十二世紀前後に大きな変化が起こっている。具体的には律令《りつりょう》体制の確立とその崩壊の過程の中で生起した宗教文化の変化である。この二つの節目を支える神話ないしイデオロギーを古代神話および中世神話と呼んでおく。

古代神話とは、『古事記』や『日本書紀』が編纂されて、いわゆる唐の律令をモデルとした律令体制的な中央集権国家ができてくる奈良朝前後を支配した神話とイデオロギーをいう。それは

『古事記』や『日本書紀』に表され、天皇の先祖が高天原という天上世界から地上世界に降りてきて、その国にたくさんいた先住の神々やその子孫を治めていくという物語となる。そうした神話によって古代天皇制国家が成立し、儀礼と制度が固まり、神道と仏教の相互補完的鎮護国家体制が確立する。中世神話とはそのような律令体制を支えた神話・神学が機能しなくなり、政治経済体制の変化の中で新たな基盤や根っこ（元・本・源・一・専）を求め定める神話・神学や教学が編成されてきたことをいう。

端的に言えば、中世神話とは『古事記』以前の神、原初の根源の神を探究し定立する衝動と運動して現われ出る。それは「本＝元＝源」および「正」を希求する神話と神学や教学であった。そこから記紀神話を超える神話や神学の創出としての伊勢神道（外宮神道）や吉田神道などが生まれてくる。表の神話とは国家の神話だが、それは律令体制を支える『古事記』や『日本書紀』や『続日本紀《しょくにほんぎ》』といった公式文書に表現されたいわゆる記紀神話に対して、「裏の神話」とも「別の神話」とも「家の神話」ともいえる『神道五部書』や『唯一神道名法要集』などの偽書群が生み出されてくる。そして始源神を水徳の神・豊受皇大神とする伊勢神道や、元々本々の道を求める神学が吉田神道（卜部《うらべ》神道、唯一宗源神道）として登場してくるのである。

伊勢神道が生まれてくる時代は、神道の新しい神学運動が展開してきた時代である。その時代に、仏教ではすでに末法の時代に入っていると認識され、地獄が身近にリアルに感得されて、末法の時代を凡夫として生き抜いてゆく阿弥陀如来への信心を法然や親鸞が説いたのである。

聖徳太子と信仰

話題を元に戻そう。六世紀後半、五九三年に聖徳太子（厩戸皇子《うまやどのおうじ》）が摂政となり、仏教と天皇を中心にした中央集権国家を作り上げようとする。その根本理念は「和を以て貴しと為す」という憲法十七条によく示されている。聖徳太子は六世紀末に中国統一を果たした隋に遣隋使を派遣し、中国を中心にした東アジア諸国の中での日本の位置づけと差別化をはかった。聖徳太子は冠位十二階や憲法十七条の制定を試みたが、豪族層の抵抗は根強く、充分にその思いを果たせなかった。

聖徳太子は叔母の推古天皇の治世に際し摂政として大胆な政治・宗教改革を行なった。改革の基盤となったのは仏教であるが、仏教の精神に基づきつつ、儒教的な道徳や社会儀礼や社会制度を取り入れ、神神習合的な神道構造に接ぎ木し、それらを総合化していく宗教国家を聖徳太子は構想した。そして、「国記」とか「天皇記」などの歴史書を編纂しようとした。しかし、聖徳太子の死後、政争により太子一族は滅亡し、すべての資料が焼き尽くされたという。

ところで、聖徳太子の事績を『日本書紀』をもとに跡づけることには注意が必要である。聖徳太子非実在説がある今日、『日本書紀』の記事が信用できるかどうか問題があるからである。とはいえ、『日本書紀』に聖徳太子がどのように描かれているか自体を確認してみることも重要である。そこには、聖徳太子が日本の宗教の基盤づくりをしたというふうに描かれている。というのも、第一に聖徳太子自身が神道の根本にあるシャーマニズム的な現象をよく理解していたと考えられたからだ。そのことを示す記述がある。聖徳太子の特殊能力として、「未然のことを知る」ことができると書かれているのである。未然とは、まだ起こり得ていないこと、つまり未来に起こってくることを予知することができる能力を聖徳太子が持っていたということである。

実はこの「未然のことを知る」能力をもう一人のシャーマン的な女性が持っていた。その女性とは、先にも触れた倭迹迹日百襲姫《やまとととひももそひめ》である。大物主神の妻となった倭迹迹日百襲姫が「未然のことを知る」能力を持っていると『日本書紀』には書かれている。それと同じ能力を聖徳太子が持っているということは、聖徳太子には古代世界最高のシャーマンであった倭迹迹日百襲姫のようなシャーマン的能力があったということを意味している。この二人には共通するシャーマニスティックな予知能力があった。ということは、倭迹迹日百襲姫のように、神を祭る、あるいは神道の重要な要素であったシャーマニズム的な力を聖徳太子自身が持っていたということであろう。

聖徳太子はこうした直観知に加え、外典《げてん》、内経を学んでいる。内典・内経とは仏教および仏教の経典のこと、それに対して外典・外経とは儒教のことである。つまり、当時の最先端の知識であった儒教と仏教をともに学び、それをもとにしながら日本の政治的、宗教的改革を行ったのである。

　こうして憲法十七条を制定するが、その第一条は「和をもって貴しとなし、さかふることなきを宗とせよ」という。聖徳太子は国内統一を「和」と「天皇」という概念と構造によってはかり、日本を仏教精神に基づく中央集権的な統一平和国家にしようとした。それは精神性の高い国家理念としての「憲法」の提示であり、日本の政治構造の土台の確立でもあった。続く第二条には、「篤く三宝を敬え」とある。「三宝」とは先に言及したように、「仏法僧」を指す。聖徳太子は仏教が、日本の国家統治において非常に重要な新構造になるという見通しを持っていた。これなくしては人心の安定はない。神道だけでも儒教だけでも弱いと考えていた。なぜなら儒教は人間の行動の規範を道徳によってつくり上げていこうとする。だが、人間の意識そのものの変革や深まりについては、それだけではまだ未熟である。仏教の方がはるかに人間の意識の深層まで変容させていく力を持っている。憲法十七条の中では、その仏教を「四生《ししょう》の終帰、万国の極宗」とまで讃えている。こうして、仏教をベースに置いて初めて真の平和、「和」が成立すると考えたわけである。

　豪族間のさまざまな争いを目の当たりにしてきた聖徳太子にとっては、平和を構想するためには、社会的なルールを取り決め、その基盤に道徳を置くだけでは足りなかった。そのさらに中核に仏教という精神基盤を置くということが重要だった。この路線はその後も長く形は守られ、日本の宗教文化の基本路線となってゆく。仏教と儒教と神道という三つが相互に共存しながら今日まで続いているのが日本の宗教文化の骨格であるが、その骨格を聖徳太子が定め、精神的なインフラ整備をしたのである。

続いて、冠位十二階の制定。冠位十二階の制度は最初に徳が上位に来る。大徳、小徳の次に、仁、礼、信、義、智というういわゆる五常の位がそれぞれ大小二つずつある。つまり徳、仁、礼、信、義、智という六つの徳を大小に二分割して、十二の冠位を作り、有為な人材を登用しようとした。家柄や門閥《もんばつ》主義ではなく、才能と人格と徳、すなわち倫理、道徳、性、人柄、仕事の内容に応じて人材を配属していこうとする政治改革を行なったのである。しかしこの政治改革は急進的過ぎて、蘇我氏を始め抵抗勢力が非常に強力で、その結果聖徳太子は孤立し、政治改革は挫折した。

藤原氏の台頭と天武天皇

が、その聖徳太子の構想は、次の大化の改新（六四五年）以降、藤原氏などの勢力によって偏った形で換骨脱胎されていった。いわば新興勢力に乗っ取られ、改革の一番本質的なところが忘れられて外形だけが残った。その外形が律令体制期の神道である。この律令神道の骨格は、中臣・藤原氏などの勢力ある立場にとって非常に有利な体制になっている。

六四五年、大化の改新を起こし、中大兄皇子《なかのおおえのおうじ》と中臣鎌足《なかとみのかまたり》は共謀して豪族の中核をなして権勢をほしいままにしていた蘇我氏を倒した。中大兄皇子は後に即位して天智天皇となり、近江に都を移し、近江令を制定して律令体制化に着手した。六七二年、壬申の乱に勝利を収めて即位した天武天皇は飛鳥浄御原令《あすかきよみはらりょう》に基づく律令体制の確立を進め、伊勢神宮の整備や国史の編纂に着手した。この頃、「天皇」の称号が初めて用いられ始めたと考えられる。

七〇一年、文武天皇の御世に大宝律令が制定され、律令体制はひとまずの完成を見る。奈良に平城京が建設され、王土王民思想に基づいて編戸制や班田制や租庸調制などの政治経済体制が整えられ、軍事再編も行われた。これに並行して、『古事記』や『日本書紀』や『風土記』や『万葉集』が編纂され、古代律令国家の歴史認識を固めてゆく。遣唐使が招来した大陸文化の影響が色濃い天平文化が栄え、鎮護国家としての仏教が国家政策に取り込まれ、聖武天皇の発願で総国分寺としての東大寺や各国の国分寺の建立が国家プロジェクトとして推進された。東大寺の大仏建立《こんりゅう》はその象徴となった。

こうして、天皇と仏教を中核とした体制は極めて日本的な政体制度となってゆく。それは中国の権力構造や政治体制とも朝鮮半島の政体とも異なり、古い部族体制や首長体制の名残を土台に伝来の新興思潮を取り込みながら古代日本の天皇制律令体制にまとめ上げられたのである。この『古事記』、『日本書紀』ができ上がっていく時代に勢力を拡大したのが中臣・藤原氏である。天智天皇を支えた藤原鎌足、持統天皇・文武天皇・聖武天皇を支えた鎌足の息子の藤原不比等《ふひと》、不比等の娘で聖武天皇の后となった光明皇后。そして聖武天皇と光明皇后の内親王で孝謙天皇（重祚《ちょうそ》して称徳天皇となる）。また不比等以降の藤原四家の隆盛。このように天皇家の外戚になることで権力の中枢を掌握したのが藤原氏で、それが平安時代の摂関政治まで、また日本の政治風土の基本構造にまでつながってゆく。実際、その後天皇の外戚や皇后や中宮を藤原一門が占めてゆく。さらには、『日本書紀』の代表編者は舎人《とねり》親王であるが、実務は藤原不比等が掌握していたと考えられるし、その後のすべての正史の編者の中心を藤原氏が務めている。藤原継縄が『続日本紀』（七九七年）、藤原冬嗣が『日本後紀』（八四〇年）、藤原良房が『続日本後紀』（八六九年）、藤原基経が『日本文徳天皇実録』（八七九年）藤原時平が『日本三代実録』（九〇一年）の編者を務めているのである。これを見ると、日本の正史とは藤原氏を中心にして「歴史認識」された「正史」であることがわかるだろう。

修験道の開祖・役小角

鎮護国家仏教の確立期に、独自の修行に基づき呪術的宗教体系を形成しようとしたのが、修験道の開祖とされる役小角《えんのおづぬ》（六三四年―七〇六年伝）である。「役行者」とも呼ばれる役小角は、『続日本紀』に文武天皇三年（六九九年）に伊豆島に流されたと記録されている。役小角は葛城山に住して呪術を行使したが、弟子の韓国連広足《からくにのむらじひろたり》の讒言《ざんげん》により伊豆に遠流《おんる》となった。役小角は鬼神を使役して水を汲ませたり、薪を採らせたりし、命令に従わない時には呪力により鬼神を縛ったと伝えられる。

これが後の『日本霊異記』になると、役小角は仏法を敬う神秘的な行力を持つ優婆塞《うばそく》（在家信者）として登場することになる。上巻の「孔雀王の咒法《じゅほう》を修持して異《け》しき験力を得、以て現に仙と作《な》りて天を飛びし縁　第二十八」には、役優婆塞という在俗の僧が、大和国葛城上郡茅原の高賀茂朝臣の系統の出で、生まれつき賢く博学にして、仏法を心から信じて修行に明け暮れたとある。岩屋に住み、葛で作った粗末な着物をまとい、松の葉を食べ、清泉で身を清める修行をして欲望を絶ち、仙境に遊んだ。また『孔雀経』の呪法を修め、不思議な験力を発揮する仙術を身につけ、鬼神を使役して金峯山《きんぷせん》と葛城山《かつらぎさん》との間に橋を架けさせた。そこで神々が恨みを抱き、文武天皇の御世に葛城山の一言主の大神が役優婆塞は陰謀を企んで天皇を滅ぼそうとしていると讒言した。そこで天皇は優婆塞を逮捕しようとしたが、験力で逃げ、逮捕できなかったので、身代わりに母を捕らえ、自首した優婆塞を伊豆に遠流した。伊豆では昼間は勅命に従い島内で修行し、夜は富士山に飛んで修行を続けたという。この『日本霊異記』にはさらに役行者の験力の記述が続くが、それはたいへん神秘化されている。

役小角は平安時代には「役行者」と親しみと尊敬を持って呼称されるようになり、寛永十一年

（一七九九年）、光格天皇により「神変大菩薩」の諡号を賜ったが、実際には大宝律令の確立期に伊豆大島に遠流になった。この役行者は謎の多い象徴的な人物である。

役行者は吉野山中に籠もって修行したと言われるが、結局この事件後、山林に入って修行することは禁止される。反体制分子が山中で霊力や勢力をつけることを国家は恐れたのである。つまり、第二、第三の役行者が出てくるのを封じたのである。

この役行者の宗教というのはどのような特徴を持っているのか。それを古代の文献資料をもとに跡付けることは容易ではないが、役行者の出自が大和の葛城の高賀茂氏の出身であるとすると、その高賀茂氏はヤタガラスの祖先伝承を持つ古代祭祀一族であったと考えられる。

『新撰姓氏録』には、「鴨県主《かものあがたぬし》、賀茂県主と同じき祖《おや》、神日本磐余彦天皇《かむやまといわれひこのすめらみこと》、中洲《なかつくに》に向でまさむと欲《おほ》しし時、山中嶮《さが》絶しくて、迷ひたまひき。是に、神魂命《かみむすびのみこと》の孫・鴨建津身命《かもたけつみのみこと》、大なる烏と化如《な》りて、翔飛《とびかけ》り導き奉りて、遂に中洲に達りたまひき。時《そのとき》に、天皇、其の有功《いさお》を喜《め》でたまひて、特に厚く褒《ほ》賞めたまひき。八《や》咫《た》烏《がらす》の号《な》、此より始れり」とあり、神武天皇が山中で迷った時に、大きな鳥に化身して飛び巡り、「中洲」に導き至り、その功績によって「ヤタガラス」の「号《な》」を授けられたという。

「ヤタガラス」は本当の名前を「鴨建津身命」といい、出雲系の神・神魂命の孫であるとされる。このように、鴨建津身命は神の子孫でもあり、かつまた人間でもあり、さらに「大きな鳥」

に化身することができる超能力的存在ということである。その姿は、鬼神を従え、天空を飛んだという役行者そのままではないか。

この「鴨建津身命」の名を文字通り解釈するなら、「強く猛々しい鴨の身体を持っている者」の意味である。「鴨の身体」には「神の身体」という含意があるから、まさにちはやぶる神の勢いと力を持った存在であったことがうかがい知れる。その「カモタケツミノミコト」に「ヤタガラス」という称号を与えたのである。「ヤタ」は大きさと尊貴を表わす言葉である。その名は、「偉大なる神の力を持つ鳥」の意味である。このヤタガラス伝承には人間が鳥に変身して旅をするという鳥シャーマニズムの名残や、鳥を先祖として持つ鳥トーテミズムの名残があるのではないかとも考えられる。

このヤタガラスは那智大社の正月儀礼の「迎水秘事」や七月十四日に行なわれる「火祭り」でも重要な役割を果たしている。「迎水秘事」は新年の新たな魂すなわち「あらたま」を迎え、生命を新たに更新する祭りであるが、その神事の中心は、ヤタガラスの仮面(帽子ともいえる)をかぶった神職が、元旦の寅の刻に地下から湧く神聖な水を汲む神事である。また「火祭り」では、御神体である那智の大滝の前でヤタガラスの仮面をかぶった宮司が、扇御輿《おうぎみこし》に取り付けられた太陽を象る鏡に新しい魂を入れるために打つ所作をくりかえす「扇褒め」を行なう。いずれの神事においても、ヤタガラスが水にも火にも魂を吹き込み、いのちをしていのちたらしめる創造者の役割を果たしているのである。

ところでヤタガラスは、『古語拾遺』には「加茂県主人《かものあがたのぬし》の遠祖先八咫《やた》烏は宸駕《いでまし》を導き奉りて、瑞《みず》を菟田《うだ》の径《みち》に顕はしき」と記されている。「宸駕」を導き奉るとは神霊や王などの来臨を導いたということであろう。その道引きの烏は、加茂（賀茂、鴨とも記す）の県主の遠祖《とおつおや》とされる。「加茂」は古くは「鴨」の字を宛て、神の意味を表わす「かみ・かむ・かも」は同語源と考えられる。

役行者はこのようなヤタガラス的な神話伝承を仏教や道教の修行によって再編成した人物ではないだろうか。役行者は日本列島に古くから住んでいた山の民や国つ神の末裔《まつえい》なのだろう。その古代からのアニミズム的シャーマニズム的トーテミズム的な宗教文化を基盤にしながら、新たに導入された道教や仏教、とりわけ密教的仏教を取り込みながら修行し、蔵王権現や弁才天を感得し、それを山上ヶ岳や弥山《みせん》に奉安したのであろうか。

こうして、日本の伝統的な神観と仏教的な仏菩薩および天部の神の表象が融合を遂げて独自の造形表現となったのが、大峰修験道の本拠地・吉野蔵王堂の本尊の蔵王権現である。蔵王権現は役行者が大峰山の山上ヵ岳で修行していた時に示現し、修験道の本尊として祀られることになったとされる神である。その神の像は、右足を上げ、今にも空を飛んで天空を駆け巡り、また地上に飛来し下降していきそうなダイナミックな躍動感に満ちている。

この蔵王権現の片足を上げた姿は日本の神の姿と仏像的造形との絶妙な融合を示す好例である。

この蔵王権現は、振り上げた右手には密教法具の三鈷杵《さんこしょ》を持ち、剣印を結んだ左手を腰に添え、金峯山山頂の涌出岩の上に立って、右足を高く踏み上げ、今にも飛んでいきそうである。一面三目二臂《ひ》の仏像であるが、仏典には記載されておらず、日本独自の神として顕現し、造形されたと考えられる。

『役行者絵巻』には、役行者小角が吉野の金峯山に籠もって修行し、迷える衆生を救う神々の示現を祈ると、最初に釈迦牟尼仏、次に千手観音菩薩、次に弥勒菩薩《みろくぼさつ》が顕れたが、役小角は厳しい修行の地においてはもっと強い神の示現と守護が必要とさらに祈りを籠めると忿怒形の蔵王権現が顕現したので、この威力ある雄姿を自ら桜の木に彫って造ったと伝えられている。

興味深いのは、蔵王権現の示現の順番についていろいろと異伝がある点だ。たとえば天河大弁財天社などの社伝では、役行者が祈りを凝らすと最初に弁才天女が現れたが、役行者は破邪・修行の神としては優しすぎると考え、もっと強い神が欲しいと更に祈ったところ、次に現れたのは地蔵菩薩だった。地蔵菩薩もまた慈悲・救済の菩薩なので、それを捨てると川上の地に飛んで行き、彼の地に捨て地蔵のお堂が建てられた。役行者はさらにもっと荒々しく厳しい修行に相応しい仏がほしいと祈ると、突然凄まじい雷鳴が鳴り響き、三番目に、憤怒の形相の仏が炎の中から現れ、これこそ厳しい修行の守護神に相応しいと本尊と祀った。この仏ないし神が蔵王権現であるという。全長七メートルに及ぶこの秘仏は日本一の大きさと威容を示している。これは、大自然の「ちはやぶる神」の凄まじいエネルギーの発現であり、魔の降伏の威力と衆生救済の慈悲を表すものである。

このようにして古来の伝統的な神道と新来の仏教と山岳信仰とがミックスした独自の神仏習合思想としての修験道が形成されていったのである。七世紀は日本の宗教文化の大転換期であったのである。この山岳修行の開拓が、八世紀以降になると、白山を開いた泰澄、日光男体山を開いた勝道、英彦山《ひこさん》を開いた忍辱（藤原恒雄）、戸隠山を開いた学問行者などにより次々となしとげられていったのである。

3 最澄と空海

東大寺の大仏の建立は鎮護国家の祈願を込めた国家事業であったが、その後も不穏な情勢が続く。たとえば、孝謙天皇が重祚して称徳天皇となった時代の神護景雲三年（七六九）、称徳天皇の寵愛を受けた道鏡が宇佐八幡の神託を騙《かた》って皇位に就こうとし、和気清麻呂の託宣の再奏により妨げられて失脚、天皇は失意のうちに翌年没した。またその直前の五月に、押坂・石田の二女王が塩焼王の子の志計麻呂を天皇に擁立しようと画策して、称徳天皇の呪殺を図り、天皇の髪の毛を佐保川の髑髏《どくろ》に入れて、厭魅《えんみ》の呪法を行ったと『続日本紀』の宣命に記録されている。さらにまた宝亀三年（七七二）、光仁天皇の皇后の井上内親王は厭魅の呪法を行なった科で廃后となっている。呪術仏教と学問仏教の狭間の中で、平城京から長岡京を経て平安京に遷都した桓武天皇は新しい時代の鎮護国家仏教を求めていた。それに応えつつ、八世紀後半から九世紀初頭の変動期に、その後の日本宗教史の大枠を作った仏教者が最澄（七六七〜八二二）と空海（七七四〜八三五）であった。

『山家学生式《さんげがくしょうしき》』を著し、比叡山延暦寺に大乗戒壇を造ろうと奔走した日本天台宗の開祖最澄と、高野山金剛峰寺と東寺を拠点にして幅広い活動を展開した空海の二人は日本の宗教文化の大枠と土台を作った仕掛け人であった。とりわけ、平安京の鬼門に当たることになった比叡山という地を日本天台宗の修行の地に選んだ最澄の地政学的センスは注目すべきである。最澄は延暦七年（七八八年）、比叡山に一乗止観院を創建しのちにそこでの仏道修行を、天台（法華）・密教（台密）禅・戒律の四門と定め、そこから法然を始め、親鸞、栄西、道元、日蓮など、時代の新しい地平を切り開く世直し仏教を産出せしめた。

宗教界の改革者・最澄

弘仁八年（八一八）に定めた『山家学生式』は次のような文章で始まる。「国宝何物　宝道心也　有道心人　名為国宝（国宝とは何物ぞ。宝とは道心なり。道心ある人を名づけて国宝となす）」。

「道心」こそが「宝」で、その「道心」を持って生きる人こそが「国宝」だと宣言するのである。そして十二年も、山を降りずに一心不乱に比叡山で修行することを義務づけた。こういう教育方針を立てたこと自体が、百年・千年の計を持っていたというべきであろう。比叡山はこの最澄の「山家学生式」のマニフェストによって世界に冠たる学道の府となってゆく。もちろん、比叡山はその後僧兵を持ったり、権力闘争に耽ったりもし、僧侶集団の堕落も見られたが、同時にそれを内部から批判し、突き抜けていく自浄力・昇華力・止揚力もあった。ただし、そうした批判者の多くは比叡山を飛び出し、市井の中で新しい仏教の布教活動を行なったのであるが。

興味深いのは、最澄と空海が同時期に遣唐使として派遣されたことである。延暦二十三年（八〇四）、最澄は還学生《げんがくしょう》として入唐求法《にっとうぐほう》の目的で唐に渡り、天台山で道邃《どうずい》と行満《ぎょうまん》から天台教学、脩然《しゅくねん》から禅、順暁《じゅんぎょう》から密教を学び、道邃より大乗菩薩戒を受け、翌年帰国する。帰国後の八〇六年、天台業二人（止観業一人、遮那業一人）が認可され、日本天台宗が開宗された。

最澄は、南都六宗の一つである法相宗の僧徳一《とくいつ》と三一権実論争をたたかわせた。この三一権実論争とは成仏をめぐる思想対立である。南都仏教を代表した徳一は『仏性抄』を著し、成仏の根拠は仏性にあるが、その仏性には、菩薩定性、縁覚定性、声聞《しょうもん》定性、不定性、無定性の五性格別があり、それらは菩薩乗と縁覚乗と声聞乗の三乗に帰着すると「三乗真実」を主張し、最澄の法華一乗による成仏を唱える「一乗真実」論を批判した。最澄はこれに対して、『照権実鏡』『法華去惑』『守護国界章』『決権実論』『法華秀句』などを著して悉有仏性観に基づく一乗成仏の道を説いて反論したのである。最澄はまた、『顕戒論』『内証仏法血脈譜』を著した。成仏に三種の別のあることを主張する徳一は、即身成仏を説く空海にも論争を仕掛けたが、空海はこれに応えなかった。この徳一と最澄との間の論争は両者の生存中に決着はつかず、没後、最澄の弟子たちが勝利宣言をして論争を打ち切った。

ヒッピー僧・空海

最澄が「山家学生式」を定め、大乗戒壇を設立したのに対して、空海は東寺と高野山を密教修法と修行の拠点とする一方、天長五年（八二九）、「物の興廃は必ず人に依る。人の昇沈は定んで道にあり」という宣言を掲げ、「綜藝種智院《しゅげいしゅちいん》」を庶民教育の機関として藤原三守の邸内に開校した。空海、五十四歳の冬のことであった。「綜藝」とは、各種学芸の意味である。

空海は十八歳で大学に入学し、貴族の門閥主義に嫌気がさし、大学を中退して虚空蔵求聞持法《こくうぞうぐもんじほう》を修する私度僧《しどそう》となった経験を持っており、当時の大学教育の問題点を誰よりもよく知っていたのである。当時の中央の教育機関であった大学は五位以上の貴族の家柄主義を支える機関と化し、地方の教育機関である国学も地方官吏の郡司の子弟教育をする機関で、身分制度に支えられており、そこで学ぶ学問は儒教中心だった。空海は理想に燃えて、人の身分に関係なく学ぶことのできる学校を設立し、学問的にも儒教ばかりでなく、仏教や道教や諸技術も学ぶことのできるような教養と実用の機関とした。しかし、その綜藝種智院も財政的な困難によって、空海の死後十年ほどで廃校となる。空海は何百年も続く学問の府を作ることはできなかったのである。

確かに、現在も高野山は真言宗の本拠地として続いている。しかし、高野山が比叡山に較べてどれほど優れた人材を輩出したかを考えるとその差は歴然としている。空海と最澄の二人だけを較べるならば、その活動の幅広さと密度においては空海が圧倒的に優れていると言えるだろう。けれども、彼らの死後約一二〇〇年を含めて比較すると、高野山人脈と比叡山人脈とでは、比叡山に軍配を上げねばならない。最澄の「山家学生式」の「国宝」観はのちに回峰行などの独自の荒行をも生み出す未来を明確に構想するものだったと言える。

ところで、空海は役行者的な呪術師としての側面を持っていた。空海は讃岐の地方長官を務めていた佐伯氏の生まれで、幼名を真魚《まお》と言った。当時身分の低い地方官吏の子供は大学に入る資格がなかったが、阿刀大足《あとのおおたり》という母方の叔父が漢学者で、宮廷で漢学を教えていたという縁により、空海は三年遅れで大学に入学し、明経道を学んだ。普通十五歳で平城京にあった大学に入るが、空海は十八歳のときに大学に入ったのである。

周りには自分より年下の貴族の高位高官の子供たちがうようよといる。だが、その子供たちは勉強しなくても、卒業したら高位の任官を得、労せずして出世してゆく。それに対して、自分の将来はどうであろうか。そのような貴族の子弟たちと一緒に大学で勉強することに耐えられなくなり、一年でドロップアウトする。そして、十九歳で吉野の山に分け入り、四国を回って虚空蔵求聞持法を行じた。そのころ、阿波の太龍嶽や土佐の室戸岬の洞窟や吉野の金峰山や四国の石鎚《いしづち》山などで修行を重ねたと、後に『三教指帰《さんごうしいき》』の冒頭に記している。虚空蔵求聞持法とは、その法を満行成就すると、すべての経典を記憶する能力ができるという超記憶増進術で、「ノウボウアカシャキャラバヤ　オン　アリキャマリボリ　ソワカ」という真言を百万遍、百日間唱え続ける。

この修行は役行者が行った修行に共通するところが多く、この修行を通じて空海は山の部族たちや水銀鉱脈を掘る金属技術者のネットワークと接触を重ねたと思われる。空海が中国に渡ることができたのも、そういう人たちのサポートがあったからであろう。

最澄は、国費で唐に留学し一年で帰国する還学生だった。最澄は南都仏教から出て、仏教界の改革者として将来を嘱望されていた。桓武天皇に重用され、新時代の仏教界のリーダーであった。それに対して空海は苦労して大学に入ったものの、一年足らずしてドロップアウトして山の中に入ったヒッピー僧である。そういう海のものとも山のものとも分からぬ妖しい男が最澄と同じ遣唐使船に乗り込んで中国に渡ったのである。日本宗教史上の大変スリリングなエピソードである。

空海の生涯はある意味で裏工作に満ちている。それが謎と神秘化を増大している。大学入学の経緯、中退後の十一年間、入唐のいきさつ、これらは不明のまま、空海の神秘化に力を貸している。大学に入るときには相当に金も積んだであろう。政治力も発揮しただろう。また、遣唐使船に正式に名簿に載っていなかったのが、途中から名簿に加わったときにも裏工作がなされたのであろう。遣唐使船は摂津を出て太宰府で休憩した後、東シナ海を渡るが、空海は太宰府でようやくにして乗り込むことができた。だから、最澄と同じ時期に出発したのではなくて、何日も遅れて出発した。彼は公式の遣唐使のメンバーの中に最初の段階では入っていないのである。

空海は私度僧で、最澄のような官僧ではなかった。国費の還学生であった最澄と違って私費留学の留学生《るがくしょう》である空海は入唐して二十年学ばなければいけないのが規定であった。

しかし、真言宗第八祖として長安の恵果阿闍梨《けいかあじゃり》より伝法灌頂を受け、わずか一年半で帰ってくる。ところが、そのころ平安京になっていたが、都に戻ることが許されず、太宰府で一年半、謹慎状態に置かれる。

やがてそれが解け、京都に戻ってきて、中国から持ってきたさまざまな経典や論書や、受け継いだ真言宗の法が非常に高度なものであるということがだんだんと周りに伝わっていった。『請来目録』には「空しくいきて充ちて帰った」空海の成果が満載されているが、最澄もその請来品には驚き、自分も密教の灌頂を受けたいと空海に申し出て、自分の最愛の弟子の泰範《たいはん》を送り込んで密教を学ばせた。しかしその泰範は最澄のもとを離れて空海の側についてしまう。そのやりとりが有名な「風信帖」という手紙の文書で今でも残っている。最澄は空海から真言や悉曇《しったん》や華厳の典籍を借り、さらに『理趣釈経』の借用を申し出た。しかしこのとき空海は、文献（教相）からではなく実践（事相）によることが大事であるとして要求を断り、交流が絶えた。

青年空海が二十四歳のときに著した『聾瞽指帰《ろうこしいき》』（三教指帰）を読めば、空海の学識・表現力は同時代の知識人の中でも図抜けていたことが一目瞭然でわかる。一族の期待を裏切り、せっかく入学できた大学を中退して私度僧となった空海は、みずからの思想判断と覚悟と決意をこの一書に込めた。聖徳太子の冠位十二階の制からはほど遠く、貴族の子弟は人柄識見ともに優れていなくとも、ただ貴族の生まれであるというだけで大学を出てたちまち高位高官に就き、宮廷内で確固たる地歩を築いていく時代。そこでは、いかに優れた人物であっても出自により出世の道は途絶えてしまう。この非合理で理不尽な社会体制の中で、実力だけで評価される分野がどこにあるのか。

空海と密教

空海はここで、仏教に着目する。仏教の世界ならば、学識・人柄がその人の実力で評価される道が拓けている。仏教の哲理に魅かれただけではなく、空海は当時の門閥主義の悪弊が及んでいなかった領域としての仏教界に目をつけたのである。空海の若い頃には玄昉《げんぼう》や道鏡が天皇の寵愛を受けて宮中で力を持ち、失脚するという事件が起こっている。空海は注意深くそのような事態を考察したであろう。
仏教界で一番明確に実力主義が通用するのは「法力」である。知識はそれを評価する側の学識が問われる。優れた知識人を正当に評価することは簡単ではない。しかし「法力」であれば即効性と即時評価がありえる。多くの人がそれに幻惑され、正しい評価とはいえなくとも、何かを感じ取り、それに畏怖を感じ、評価せざるをえない。学識よりも「法力」である。学問仏教よりも「密教」である。知識仏教よりも呪術仏教である。

当時、雑密《ぞうみつ》と呼ばれる密教が民間に浸透し始めていた。さまざまな呪術的修法によって病気を治したり、予知予言をしたり、相談悩み事に応える民間仏教者が活動していた。空海は官僧ではなく、私度僧の群れの中に身を投じることを決意する。そのことは、空海がいかに「官」の体制に不信と疑問を抱いていたかをものがたっている。「官僧」ではだめだ。そこにも門閥主義が巣食っているから。本当の「仏力・法力」は私度僧の中にある。

けれども、そのような空海の認識と行動が周囲にどれほど理解されたであろうか。空海が期待されていればいるほど、その時の空海の判断と行動は周囲に失望と怒りをもたらしただろう。一族の期待を敢然と断ち、十一年もの間、社会の表に出ることなく修行と学問に明け暮れた長き血の出るような修行期間の密度と集積を、青龍寺の恵果阿闍梨は見抜いたのであろう。

地方出身ゆえの、下級豪族ゆえのいわれなき差別を空海はいやというほど味わったに違いない。

都に対する、そして貴族に対する空海の戦略的なスタンスはこの大学入学と中退の中から生れてきたと考えられる。そしてあの緊張感に溢れた見事な文体と内容の『聾瞽指帰』もこの時の反発と覚悟をバネにして生れてきたものであろう。

なぜその三巻構成の書の最初に、蛭牙公子《しつがこうし》という不良少年が出てきて一族郎党を嘆かせ、その性根を叩き直すために儒学者亀毛先生《きぼうせんせい》の説く倫理道徳の話を聞かせたのか。まず、儒学とそれが支えている社会体制批判から『聾瞽指帰』は始まる。そして、虚亡隠士《きょぼういんし》の説く道教の幽遠に誘われ、最後に「仮名乞児《かめいこつじ》」の説く仏教世界に至る。この構成も見事だが、そこには若き空海のリアルな社会認識と思想判断と決意表明が三つ巴となって並ぶもののないテンションの高さをこの書に与えている。

この「仮名乞児」は姿格好は醜くボロボロで、村人から石もて追われるほどの汚い乞食僧として描かれている。それは間違いなく、若き頃の空海の自画像である。頭は銅の盆、顔は瓦の堝《なべ》、足は骨ばって鷺のよう、頸は筋ばかりで泥の中の亀に似、鼻柱はつぶれ、眼は落ち窪み、顎は尖り、目は角ばっているという風体のため、町中では人々に瓦や石や糞を投げつけられる。

だがこの貧乏僧がひとたび声を発して仏法を説き始めるや、その声は、「喈々《かいかい》たる玉の声」で朗朗と響き渡る。「振鈴鈴之金錫。馳喈々之玉声」。すなわち、玲々たる鈴の音を響かせて金の錫杖を振り、「玉の声」で法を説く。こうして仮名乞児は、「写懐頌」「観無常賦」「生死海賦」「詠三教詩」の四つの詩を歌うのだが、それはまことにすばらしい言霊と法力に満ち溢れた「金錫・玉声」だった。その〝金魂声〟を聴いた蛭牙公子たちは、その声と説法に痺れ感涙に咽び泣き、仏法帰依を心から固く誓ったのである。

この『聾瞽指帰』(三教指帰)は凄まじい気迫が絢爛《けんらん》たるレトリックと明晰《めいせき》なるロジックを霊妙に結びつけている稀有の書である。空海はこうした著作を著したり、私度僧になって山林修行していく過程で、役行者が弾圧されたことの内実と背景をはっきりと掴んだと思われる。私度僧であろうと、国家権力に刃向かって目をつけられて弾圧されることのないやり方をするとなれば、それは「鎮護国家」を掲げるしかない。それも新しい形式を有した密教による「鎮護国家」を実現するという一歩踏み込んだ形の仏教になっていく。

反社会性を持たない仏教のありようを空海は役行者という先例に学び、国家と仏教との関係を親和性のある形に作り上げ、後に空海は嵯峨天皇と親密に交流するようになる。天皇の心を掴み、真言宗を認知せしめ、修行の道場として高野山を造り、東寺を賜る。一方で都を守護し、もう一方で都から離れたところで仏教を学ぶ法灯を伝えようとした。高野山の方は、丹生津姫や高野明神など地主神信仰を取り込み、シャーマニズム的な民間信仰や神祇《しんぎ》信仰が流れ込む要素を持っていた。しかし、東寺は鎮護国家仏教の代表的な寺となった。この両面作戦は巧妙だった。宗教家としてばかりではなく、空海は経営者として非常に高度な能力とノウハウを持っていたのである。

特筆すべきは、空海は密教的身体論と新しい身体技法をもたらしたことである。その密教的身体論とは「即身成仏」という成仏身体論である。長期にわたる修行の末に成仏するのではなく、この身このままで仏となる道と技法を空海は理論化し、実践のプログラムを示した。

このとき空海は、阿字観や月輪観《がちりんかん》などの図像的イメージを豊富に用いる瞑想技法を導入した。それらは、瞑想とイメージないしヴィジュアリゼーション（視覚化・視像化）を結びつける技法であり、イメージをふんだんに活用する坐法である。空海の提唱した密教の坐法と瞑想法は、ヨーガあるいはヒンズー教の坐法と瞑想法と共通する。チベット仏教も基本的に密教であるから、空海の提唱する坐法や瞑想法と同じタイプである。

空海はイメージを活用することによって自己を変身させようとする戦略をとったのである。空海は自己身体を、たとえば不動明王やその本体である大日如来と一体化させるようなヴィジュアリゼーションをフル活用した。衆生の身口意の三業を如来の身口意の三密に同化させる瞑想法を身体技法と瞑想法の根幹にすえたのである。「三密加持すれば速疾《そくしつ》に現る」とは空海の主著『即身成仏論』の中の言葉である。空海は、その名のとおり、自己を空と海に、また宇宙大に拡大しようとした宗教家であった。

空海は『即身成仏義』のほか、『声字実相義《しょうじじっそうぎ》』『吽字義《うんじぎ》』『秘密曼荼羅十住心論』『秘蔵宝鑰《ひぞうほうやく》』『文鏡秘府論《ぶんきょうひふろん》』『篆隷万象名義《てんれいばんしょうめいぎ》』等、教理書や文章理論書や書を多く遺し、また行基と同様、満濃池などの土木工事を行い、神泉苑で祈雨法を修し、霊験を現した。また南都の拠点寺である東大寺に灌頂《かんじょう》道場として真言院を建立し、平城上皇には潅頂も授けている。

平安時代の仏教は、国家体制に寄り添う面と、仏教本来の修行の道を探究・成就するという両面性を持っていた。最澄もそのことを明確に自覚していたために、「山家学生式」という仏道修行のありようを定めた規定をつくっていく。それは、奈良時代までの仏教とは異なる新しい仏道修行のあり方を示したものだった。

そういう意味で、平安仏教は、単なる貴族仏教ではなく、国家との親和性を持ちながらも同時に距離を作ろうともする、新しい仏教改革運動であったといえる。

ところが、都に隣接する比叡山中の延暦寺は、より国家をサポートする体制に利用されていく。また天皇家の皇子皇女が門跡として関連寺院に入るなど、宮廷や公家文化と密接な関係を持つようになる。

『源氏物語』や『紫式部日記』に語られているように、紫式部が仕えた藤原道長の娘の彰子が出産するときには生霊などが飛び交っていたので、比叡山や東寺の僧侶が呼ばれてその修験の験力で物の怪《け》を封じ込める密教的な修法を行ったりした。またもやマジカル・モンクや陰陽師《おんみょうじ》が活躍するようになってゆくのである。そういう意味では、平安仏教はやはり朝廷や貴族の方に向いていたのである。

4 霊的国防都市としての平安京

『源氏物語』と「もののの怪」

平安京の精神世界をなまなましく描いた文献は、平安時代の宮廷の雅の世界を描いた小説『源氏物語』である。この『源氏物語』を「もののあはれを知る」文学と位置づけたのは江戸時代の国学者本居宣長であるが、それは事の半面で、表の側。裏の側はもののけの怖さに翻弄される生活が描かれている。そのため『源氏物語』には密教の修法の場面が頻出する。例えば「葵」の次のような場面。

「大殿には、御物の怪《け》めきて、いたう、わづらひ給へば、誰も〳〵思し嘆くに、御ありきなど、便《びん》なき頃なれば、二条の院にも時〳〵ぞ渡り給ふ。さはいへど、やむ事なき方《かた》は、殊に思ひ聞え給へる人の、珍しきことさへ添ひ給へる御悩みなれば、心ぐるしう思し嘆きて、御修法《みずほう》や何やと、わが御方にて多く行はせ給ふ。物の怪、生霊《いきすだま》などいふもの、多く出で来て、さま〴〵の名のりする中に、人に更に移らず、たゞ、みづからの御身に、つと添ひたるさまにて、殊におどろ〳〵しう、わづらはし聞ゆる事もなけれど、また片時離るゝ折もなきもの、一つあり」

ここにいう「大殿」とは葵上のことであるが、妊娠した葵の上に「物の怪」が取り憑いて病気になった。そこで密教の「御修法」を行なうと「物の怪」や「生霊」が沢山出てきて依り代の童子を通じて名乗りを上げる。しかしそこで、片時も離れない霊が一つあった。それがどうやらこれまた病気にかかっている六条御息所《みやすどころ》の生霊であるらしい。やがて葵上は男の子（夕霧）を出産するが、とうとう病を深くして息絶えた。

その葵上の死のいきさつは「物の怪」の仕業と信じられ、それを真剣に祓うための修法が繰り返し行なわれた。「御物の怪の、度〳〵とり入れたてまつりし」と記されるくらい、たびたび「物の怪」が葵上に取り憑いたから。しかし修法の甲斐なく、葵上は黄泉路を辿る。修法よりも「物の怪」の力が強力だったのだ。こうして父の左大臣や源氏は悲嘆に暮れつつ、葵上を鳥辺野に葬ったのである。

このような過程が『源氏物語』の「葵」の巻には記されている。作者の紫式部はこうした「物の怪」現象を日常生活の節々につぶさに見てとり、それを物語の中に記述すると同時に『紫式部日記』にも次のように記している。

「今とせさせ給ふほど、御物怪のねたみののしる声などのむくつけさよ。源《げん》の蔵人《くろうど》には心誉《しんよ》阿闍梨、兵衛の蔵人にはそうそといふ人、右近の蔵人には法住寺の律師、宮の内侍のつぼねにはちそう阿闍梨をあづけたれば、物怪にひきたふされて、いといとほしかりければ、念覚阿闍梨を召し加へてぞののしる。阿闍梨の験《げん》のうすきにあらず、御物怪のいみじうこはきなりけり。宰相の君、をぎ人に叡效《えいこう》をそへたるに、夜一夜ののしりあかして声もかれにたり。御物怪うつれと召しいでたる人々も、みなうつらで、さわがれけり」

この場面は、紫式部が仕えていた一条天皇の中宮である藤原彰子が出産する時に、「物の怪」に取り憑かれたので、それを阿闍梨の験力で祓いやろうとして手こずる様子をなまなましく記録したものである。彰子は藤原道長の長女で、後の後一条天皇を出産する。

これによると、「物の怪」は女官の蔵人を憑座《よりまし》として取り憑いたことがうかがえる。しかしその「物の怪」を移そうとしても移らず、騒ぎとなる。ここに出てくる「をぎ人」とは、「物の怪」を招きよせる修験者のことであるが、その験力以上に「物の怪」の力が強力だったことがわかる。密教の阿闍梨がその「物の怪」に引き倒されたほどであるから。

これに関連して、先立つ別の箇所には、「御物怪どもかりうつし、かぎりなくさわぎののしる。月ごろ、そこらさぶらひつる殿のうちの僧をばさらにもいはず、山々寺々を尋ねて、験者といふかぎりは残るなくまゐりつどひ、三世の仏も、いかにか聞き給ふらむと思ひやらる。陰陽師とて、世にあるかぎり召し集めて、八百万の神も耳ふり立てぬはあらじと見えきこゆ。御誦経の使立ちさわぎくらし、その夜もあけぬ」とある。

「物の怪」調伏のためにどれほどの精力と財力を使ったか、今のわたしたちにはうかがい知れぬほどである。平安の都とはその実、修験者や陰陽師によって霊的に守護されなければ守ることのできない「不安の都」だった。そこでは常に普段に怨霊や御霊や生霊や死霊が漂い、依り憑き、移り、人々を不安に落としいれ苦しめた。呪いも呪殺も祟りも横行していた不安の都が現実の平安京であった。

その不安の都を守る北面の武士として源氏や平氏が登場し、やがて武士の世になっていくのだが、霊的闘争が即物的な武力闘争に席を譲り、験力や密教的調伏ではなく、鉄砲の数量など軍事力の物理的差が戦争の勝敗を決する「武者の世」（慈円『愚管抄』）となっていく。江戸時代も明治・大正・昭和・平成の世もみなこの形を変えた「武者の世」であることは変わりない。

「貴族の世」から「武者の世」へ

さてその「武者の世」になったのは、保元の乱（一一五六）と平治の乱（一一五九）によってであった。藤原摂関家の出であり、摂政関白であった九条兼実の実弟であった天台座主慈円は、『愚管抄』の中で、「保元元年七月二日、鳥羽院ウセサセ給テ後、日本国ノ乱逆ト云コトハヲコリテ後ムサノ世ニナリニケルナリ」と「武者の世」の到来を慨嘆したが、そのおよそ七〇〇年後、徳川幕府第十五代将軍徳川慶喜は、慶応三年（一八六七）十月十四日、大政奉還の上表文を朝廷に上表し、その中に「保平ノ乱、政権武門ニ移テヨリ祖宗ニ至リ」と記し、保元・平治の乱から起こった武士の世が徳川家康を経由して今日まで至ったけれども、ここに至って「政権」を朝廷に「奉帰」する、と万感の思いを込めて上表した。ここにひとまず「ムサの世」は終わったが、しかしそれはまた新しい「富国強兵」という近代科学軍事兵器の時代の到来であった。

鳥羽法皇の死去とともに起こった保元の乱とは、院と朝廷すなわち天皇家内の対立、藤原摂関家内の対立、平氏および源氏の武家棟梁家内の対立という三層の対立の絡み合いの中で起こった。これによって親子兄弟叔父甥が血で血を洗う戦いをし、肉親殺しを実行したのだ。それも京の都を初めて戦場にして。慈円はこの「保元の乱以後のことはすべて乱世」と見なし、その特徴を王臣入り乱れて都の内で戦ったことにあると述べている。それ以前はすべて都城の外での戦いであった。慈円は『愚管抄』を書く動機を、保元の乱の起こる理由とその経過を明らかにし、乱世のことを案じてばかりいる自分の心を安らかにしたいからだというのである。

その慈円はこの都城内での内乱が生じた理由を、父親が自分の子供のうち、兄を憎んで弟をひいきにし、私情を以って政局を運営したからだという。具体的には、鳥羽法皇が、わが子（とされる）崇徳上皇（兄）の子の重仁親王を次の天皇とせずに、躰仁《なりひと》親王（近衛天皇、崇徳の異母弟）や雅仁親王（後白河天皇、同じく崇徳の異母弟）を立て、藤原忠実《ただざね》は自分の子供のうち、兄の忠《ただ》通《みち》よりも弟の頼長をかわいがった。これによって父子兄弟間の憎悪と反目が醸成され、強い怨恨が生れた。ちなみに、慈円も実兄の九条兼実もこの藤原道長の五世の孫・藤原忠通の子供であった。

慈円は、「怨霊」が世を乱し、人を滅ぼし、災いをもたらすことがあるという。それも一つの「道理」で、「怨霊」にもその「道理」があるというのである。「怨霊」は、この世のすべてについて深く恨みに思う人を仇にして取り憑き、それが一つの「家」からやがて「天下」に広がり、讒言や虚言を作り出すというのだ。それは「憎悪」であるが、世間一般の「憎悪」と違うところは、目に見えない方法で恨みをはらす点であるという。それゆえに、神仏に祈り、「怨霊」を鎮めるための処方が必要になる。その「怨霊調伏」の処方が仏法である。かくして、慈円の言う仏法とは、鎮護国家の霊的国防装置であり、したがって彼の立脚した怨霊史観は裏を返せば天台密教を総動員した加持祈祷による調伏史観であった。それは怨霊鎮魂あるいは怨霊封印の修法の実践を要求する歴史哲学である。

崇徳上皇の怨霊

明治天皇は明治維新になったときに深く「武者の世」の始まりを鎮魂慰霊することを意識し、保元の乱で恨みを呑んで死んでいった崇徳上皇の霊を讃岐から京都の白峰宮に遷し、丁重にお祀りした。『保元物語』によれば、流罪になった崇徳上皇は、自分の指を切って五部大乗経を血書し、すさまじい形相で次のように言い放つ。「我深罪に行れ、愁鬱《しゅううつ》浅からず。速《すみやかに》此功力を以、彼科《とが》を救わんと思ふ莫太《ばくたい》の行業《ぎょうごう》を、併《しかしなが》ら三悪道に抛籠《なげこみ》、其力を以、日本国の大魔縁となり、皇を取て民となし、民を皇となさん」と。

このように、崇徳上皇は「日本国の大魔縁」となると宣言したというのである。そして「皇」を民とし、民を「皇」にすると呪詛的な予言をした。これを武士が天下を取ると解することもできるだろう。それゆえ、明治天皇は崇徳上皇のこの言葉の呪詛を解くためにも特別に丁重に神社を建ててその「怨霊」を鎮撫しなければならないと考えたのであろう。崇徳上皇は、「御舌のさきをくい切て、流る血を以、大乗経の奥に、御誓状を書付らる」という鬼気迫る執念であった。そして、「願は、上梵天帝釈、下堅牢地神に至迄、此誓約に合力し給や。」とそれを海底に沈めて祈り込んだという。もちろん、この祈りは呪詛の祈りであり、怨念憎悪の祈りである。

この後、仁安三年（一一六八）、平清盛が太政大臣になった翌年、かつて北面の武士であった西行法師は讃岐の国を訪れ、荒廃して修繕の跡も見られない「白峯の御墓」を参拝して次の三首の歌を詠んだ。

　みがゝれしたまのうてなをつゆふかきのべにうつしてみるぞかなしき
　松山の波にこがれてこし舟のやがてむなしくなりにけるかな
　よしや君昔の玉のゆかとてもかゝらん後は何にかはせん

すると、「御墓三度迄震動するぞ怖しき」という有様だったと『保元物語』は記録している。

西行の歌の力によって崇徳上皇の「怨霊」は三度震動して反応したというのである。それがどのような霊の反応であったかについて、『保元物語』は「尊霊も此詠歌に御意とけさせ給けるにや」と解釈する。しかしながら、明治維新で再び明治天皇が崇徳上皇の霊を祀り直したように、その遺恨は残留し、決して消え去ってはいなかったとも考えられていたのであろう。

5 儒教と道教と陰陽道と古代世界の崩壊と中世世界の始まり

ここで、儒教と道教が日本の宗教文化にどのような影響を与えたかについて見ておこう。

儒教の受容

中国に成立した儒教は、ほぼ同時期にインドに発生した仏教と並び、東アジア広域で現在に至るまで多大な影響力を持ってきた思想と制度である。堯・舜、文武周公の事績を理想とし、仁や礼楽などの徳を中心とした人倫の道を思想的核と行動規範として制度化されてゆく。個人の身の振舞い方（修身）から、家や国家や世界全体の集団社会のあり方に至るまで高度な人倫秩序によって治められ、治まるものと考えられた。『大学』の一節に「修身斉家治国平天下」と述べられているのは儒教が目指す方向性の全体像を示す言葉である。

近年、白川静らの研究により、原儒はシャーマニスティックな葬送儀礼にかかわる者と考えられるようになった。死者および霊的世界と交信する巫儀がもととなり、そこから祖先崇拝の要素を中心に仁や礼楽の理念と方法により、春秋戦国時代の社会的混乱を収め、「治国平天下」をもたらそうとした。特筆すべきは、礼楽、すなわち儀礼音楽の修習を聖人君子の道徳的価値の核心部分に置いた点である。その孔子と弟子たちの言行録が『論語』としてまとめられ、やがて『大学』『中庸』『孟子』を入れて、四書と呼ばれるに至る。また、『詩』『書』『礼《らい》』『楽』『易』『春秋』を六経として教典化し、それを『礼記』『易伝』『春秋左氏伝』『春秋公羊伝』『春秋穀梁伝』などの注釈書にまとめ、儒教は中国の古典的な政治哲学と制度となってゆく。

わが国には、五世紀ごろには儒教が伝わっていた。王仁《わに》が『論語』を伝え、五一三年には百済より五経博士が来日した。律令体制の確立に際して、儒教は官吏養成や学問教養として、式部省大学寮で明経道として教授された。空海も大学でこの明経道を学んだが、一年足らずで中退し、儒教と道教と仏教の「三教」の優劣を比較し、自身の判断を下した『三教指帰』を著し、儒教よりも仏教をより深い真理に到達する道として称揚した。日本には科挙《かきょ》の制度が取り入れられなかったということもあって、中国や朝鮮半島で重んじられたほどには儒教が制度的に定着しなかったが、鎌倉時代以降、禅僧や知識人を中心に朱子学が取り入れられ、特に藤原惺窩《せいか》やその弟子の林羅山らの活躍により、江戸時代には幕藩体制を支える官学として採用され、林家は大学頭に任命され、文教政策を担った。この時期に、神道と儒教の一致（神儒一致思想）が吉川惟足《よしかわこれたり》（「きっかわこれたる」ともいう）や山崎闇斎らによって唱えられた。また水戸学は儒学・儒教をベースにした日本史研究を展開し、国学と並び、尊皇攘夷運動の原動力となった。

道教の受容

一方、道教はわが国にどのような影響を与えただろうか。道教は中国の民間信仰を基盤に成立した多様な要素を持つ民族宗教である。理念的には、根源的な真理とされる「道（タオ）」と一体化する神秘思想を核とし、そのための修行方法として煉丹術や導引（のちには気功と呼称されるようになる）などを実践し、不老長生や不老不死を求めた。

儒教のもとがシャーマニズム的な葬送儀礼を基にしていたように、道教もまた古来の巫術や鬼道を基盤として成り立っている。道教には雑多な民間信仰が包含されているので、その特質を簡単に言い切ることができないが、形而上学的な部分は、老子や荘子（老荘思想・道家）の「道」「玄」「無為」「自然」「真人」などの思想を持ち、仏教の業報輪廻《ごうほうりんね》や解脱や衆生済度の思想と実践も貪欲に取り込んでいる。道教教団としての活動は、二世紀頃の張角の太平道（黄巾の乱）や張陵の五斗米道《ごとべい》（天師道）に見られる。興味深いのは、唐の時代には道教は仏教より上位に置かれ、玄宗皇帝は道士皇帝となった点である。

日本でも、天武天皇の和風諡号が道教の悟達者の名称である「真人」を含む「天渟《あめのぬ》中《な》原《はら》瀛真人《おきのまひとの》天皇《すめらみこと》」であることから道教を取り入れていたことがわかる。福永光司の研究によれば天皇号自体が道教における神格を表す言葉であったとされる。『古事記』や『日本書紀』にも、「高天原」や「黄泉」など、道教由来の用語や概念が少なくない。

時代を特定することは難しいが、道教がわが国に伝来したのは儒教とほぼ同じ頃だと考えられる。律令体制下にあっては陰陽寮において天文博士と陰陽師が天文や道術を取り入れ、賀茂忠行・保憲父子やその弟子の安倍晴明などが活躍した。また道教や易とも関係する風水が藤原京や平城京や平安京などの都城建設に取り入れられた。江戸時代に庚申《こうしん》講や庚申待ちという習俗として広がった庚申信仰も道教信仰の一部で、各地に庚申塔や庚申堂が造られるようになるが、古代においては有名なのは皇極天皇三年に不尽河（富士川）の辺に住む大生部多《おほふべのおほし》が「常世神」を称する虫を祭って富と長寿をもたらす信仰が大流行し、秦河勝《はたのかはかつ》が多を討ち取るという事件が起こったことだ。これは間違いなく道教の流行神の拡大を時の政権が弾圧した事件であった。

陰陽道の受容

また陰陽道については、『延喜式』陰陽寮《おんみょうりょう》の儺祭《なのまつり》の料《りょう》の条に、十二月の大晦日の日に宮中で儺祭を行い、その時陰陽師が祭文を読むことが規定されている。その祭文の中に「疫鬼」の語が見える。そこには、「穢悪《きたな》き疫鬼《おに》」が村村の所々に隠れていること、そして「疫鬼」の住処は「四方の境」、すなわち東は陸奥（東北）、西は遠値嘉（鹿児島の島）、南は土佐（高知）、北は佐渡の先の遠い所が住処であり、儺祭は「疫鬼」をその「四方の境」の遠い所に追いやる祭りであることが述べられている。

平安時代初期に「霊」を題名の一字として含み持つ重要な著作がまとめられた。空海の詩篇を編集した『性霊集《しょうりょうしゅう》』と、僧景戒《きょうかい》により編纂された最初の仏教説話集『日本霊異記《りょういき》』の二著である。『日本霊異記』は『日本現報善悪霊異記』とも『日本国現報善悪霊異記』とも言い、上巻三十五話、中巻四十二話、下巻三十九話の合計一一六話が収められている。この『日本霊異記』より先の『日本書紀』に霊妙なる流木の話が出てくる。その茅渟の樟木の流木の話は、上巻五に敏達天皇の世の出来事としておおよそ次のように記されている。

——ある時、和泉国の海中から「楽器の音声」がしてきた。それは、「笛・箏琴《そうきん》・箜篌《くご》」などの「声」のようでもあり、また「雷《いかづち》の振動」のようでもあった。それは、昼は鳴り響き、夜になると光り輝き、東を指して流れた。天皇はこのことを信じなかったので、皇后の命により大部屋《おほともものや》栖野古《すのこ》が調査すると、そこに「霹靂《かむとけ》に当れる楠」があった。屋栖野古は皇后に願い出て許可を得、その楠から仏菩薩像三体を造り、飛鳥の豊浦《とよら》寺に安置した。

と、ここまでは『日本書紀』の欽明天皇十四年の記事とほぼ同じである。その後に『日本書紀』

にはない話が続く。それは蘇我氏と物部氏の崇仏・廃仏論争と抗争の話である。

物部守屋は、仏像は「国内」に置くべきではないと猛然と反対した。皇后は屋栖野古に仏像を隠せと命じ、それを稲の中に隠した。守屋はしかし道場を焼き、いくつかの仏像を難波の堀江に流し、現在の国内のもろもろの災いは「隣国の客神《まれひとがみ》の像」を国内に置いたからだと責め立て、隠した仏像を出せ、それを「豊国」（＝朝鮮）に流し捨てろ、と迫った。こうして、物部守屋は「狂《たぶ》れたる心」を起こして謀反を謀ったので、「天がこれを嫌い、地がそれを憎んで」とりひしがれ、滅亡する羽目となった。この時に造られ抗争の因となった仏像は、今、吉野の比蘇《ひそ》寺に安置され、阿弥陀如来の像として光を放っている、と『日本霊異記』は記すのである。

興味深いのは、「客神」にわざわざ「仏の神像」であると割注を付している点である。『日本霊異記』の著者景戒は、大和国薬師寺の僧であった。その僧侶としての教養を持つ景戒が「客神の像」を「仏の神像」と注釈しているのだ。この当時、神社には御神体はあっても「神像」を造る習慣はなかった。神像は仏像などの造形的影響下で製作されるようになった。仏教伝来以降、ホトケはカミと結びつけられて理解され、受け入れられた。隣の国からやってきた客人の「神」、それがホトケだった。しかもその最初のホトケは「雷声」を発し、「日色」を放つ、霹靂の神木・霊木から彫り出された神聖エネルギーに満ちた仏像だった。

この『日本霊異記』にはさまざまな「霊威」や「霊奇」が書き留められている。その冒頭の話は雄略天皇の時代に「雷」が捕えられ、天皇の前に引き出されるという話から始まる。その「雷《なる》神《かみ》」は天皇の前で「光を放ち明く炫《かがや》」いたので、天皇は畏れ幣帛《みてぐら》を奉って雷が落ちたところに戻した。その雷の落ちたところを、今、「雷の岡《いかづち》」と呼んでいるというのが冒頭の霊異譚である。このような自然の霊異譚や、狐を妻として子を生んだ話などの動物の怪異譚、仏菩薩の化身や生まれ変わりなどの変化譚、仏菩薩や信仰の功徳霊験譚、また怪異譚以外にも、極めて日常生活にかかわりの深い田に引く水をめぐる争いとか、盗品を市で売る盗人とか、浮浪人を捜索して税をとりたてる役人などの世俗的な話が『日本霊異記』には満載されているのである。

源信の浄土・念仏信仰

十世紀には比叡山延暦寺横川《よかわ》の恵心院僧都《そうず》源信が『往生要集』を著し、極楽浄土や阿弥陀如来の信仰が注目を浴び、その後の浄土信仰や念仏信仰に決定的な影響を与えた。この書は多くの仏教の経典や論書から極楽往生に関する言説を集め、地獄と極楽と往生について詳説し、厭離穢《おんりえ》土《ど》・欣求浄土《ごんぐじょうど》の思想を一部三巻構成に編集した。源信はここで極楽往生するには一心に仏を観想して念仏を行じるほかはないと主張している。大和国当麻《たいま》の卜部氏の出である源信は九歳のとき、比叡山中興の祖良源（元三大師）の弟子となり、止観業と遮那《しゃな》業を学んだ。『源氏物語』に出てくる「横川の僧都」は源信がモデルだという。

律令的古代の中心課題はたくさんあるものをどうやってまとめていくかということであった。ばらばらにあるものをどうやって調和ある形にするかが古代神話の課題だったのだ。つまり、八百万の神々の統合調和という課題である。そこに天皇という、絶対権力者ではない集結点を戴き、藤原氏がそれを補佐する形が採られ、それが定式化していった。

だがその統一点が崩れて天皇と征夷大将軍との二重政権となったとき、そこに第三の中心軸を提示しなければばらばらになったものを再統合することも、その中で力強く生きていくこともできないという課題が末法時代以降の思想的課題であったといえる。そのときに根本的に正しいものを立てていく、より根源的なものに立ち返る、より正法のものに入っていく、という課題解決法が登場した。それが十二世紀から十三世紀に出てきた新思想であった。

各自が教相判釈《きょうそうはんじゃく》し、専修念仏や法華一乗や正法眼蔵のように、大蔵経や八千の法門の中から一つの思想と経典を選びとり、「選択《せんちゃく》」していったのだ。それが神道にも飛び火し、鎌倉時代には伊勢神道（外宮神道）を生み出し、室町時代には、吉田兼倶《かねとも》により「唯一宗源神道」が打ち立てられるに至る。

この十二世紀から十三世紀にかけて、神道文献に「霊性」の語が現われる。平安末から鎌倉初期にかけて活躍した神祇官大副・卜部兼友の著したとされる『神道秘録』には「道は天地未だ分かれざる時、日月星辰未だ顕れず、木火土金水の五行も未だ備はらず、ゆえに虚空界の相尽き、善悪の法量渉らず、寂然無為円満虚無霊性を以って、神道の玄旨と為す」、「それ神道は、円満虚無霊性を守り、生死の二法に渉らず。ゆえに、神道の二字を釈きて、神は神に超ゆる神なり、道は道を超ゆる道なり。それ神は神に超ゆる神にして道は自性の神光なり」などと「神道」の「玄旨」が主張される。その「玄旨」とは「円満虚無霊性」であり、「神道」とはこの「円満虚無霊性」を守ることであるという。このように、「霊性」の語が最重要語として多用され、「神道」の「秘説」の中核をなす根源的な宇宙観が表現されているのである。

ちょうど同じころ、慈円の言う「武者の世の始まり」(『愚管抄』)となり、古代世界は崩壊し、二重政権、多重荘園を持つ乱世としての中世の始まりとなってゆく。この中世とは、それまで国家や権力によって保障されていたものがなくなった時代である。安全、治安が失われ、社会不安が満ち満ちている時代である。地獄がリアルな現実となり、それゆえに極楽往生や安心立命を人々は激しく希求したのである。拠り所がなくなってしまった安全と保障なき時代の中でどうやって生きていくのかという切実な実存的問いかけの中から鎌倉新仏教運動や新神道運動が発生してきたのである。

第3章　鎌倉時代

1　寺社勢力の台頭

平安時代から鎌倉時代への動きは一般に「貴族の世」から「武者の世」への変化としてとらえられている。しかし、幕府が朝廷にとってかわったわけではない。後鳥羽上皇が幕府討伐をめざして敗れ、鎌倉政権が確立された承久の乱（一二二一年）以後も、皇族や藤原氏を頂点とする公家は伝統の権威と荘園の財力をもって権勢を維持しつづけた。

そしてもうひとつ、公家と武家に並ぶ勢力があった。南都北嶺《なんとほくれい》（奈良の興福寺と比叡山延暦寺）をはじめとする寺社勢力である。興福寺や延暦寺などの大寺は藤原摂関家《せっかんけ》や幕府と同様に政所《まんどころ》を置いて山内《さんない》や寺領を治めた。また、武士のなかには、鎌倉に忠誠を誓う御家人《ごけにん》のほかに寺社の御家人もおり、幕府は所領をめぐる争いの調停にもあたった。

鎌倉時代は現在の仏教諸宗のうち、天台宗・真言宗以外の主要宗派の祖師が生きた時代である。いわゆる鎌倉新仏教が誕生した改革期とされるのだが、当時、仏教界の主流は奈良・平安時代以来の権門寺社《けんもんじしゃ》勢力であり、そこに鎌倉幕府の仏法となった禅律（禅宗と真言律宗）の諸寺が加わることになる。

鎌倉新仏教の祖師について触れる前に「宗教の時代」ともいわれる中世（鎌倉・室町時代）への動きからみていこう。

保元・平治の乱

保元元年（一一五六）七月十一日の未明、平清盛・源義朝《よしとも》ら後白河天皇方の軍勢が崇徳《すとく》上皇の御所、白河殿に奇襲をかけた。天皇・上皇、藤原摂関家、それに源氏と平氏の武将が親子・兄弟敵味方に分かれて争った保元の乱の始まりである。上皇方の源為義らは頑強に白河殿を守ったが、殿に火が放たれると、その軍勢はうろたえて崩壊し、戦いは終わった。

戦いはあっけなく終わったが、戦後の処理は苛烈だった。平安時代には薬子《くすこ》の変（八一〇年）のときから、公式の死刑は執行されなかったのだが、死刑が復活。無惨にも源義朝が父の為義を、平清盛は叔父の忠正を斬首に処したのである。そのほか、源氏では頼賢《よりかた》・頼仲・為成・為宗・為仲ら、平家では長盛・忠綱・平正らがそれぞれ身内によって処刑されたのだった。

そもそも平安時代には、この保元の乱まで都が戦場になったことは一度もなかった。そのうえ院の御所さえ戦火に包まれたことは非常に大きな衝撃だった。

その後、崇徳上皇は隠岐に流され、勝利した後白河天皇は皇子の守仁《もりひと》親王（二条天皇）に譲位し、上皇となって院政をしく。しかし、権力をめぐる争いは続いた。

平治元年（一一五九）十二月九日の深夜、中納言藤原信頼《のぶより》と源義朝の軍勢が後白河上皇の御所（三条殿）を襲撃。上皇をとらえたばかりか、御所に火をつけ、逃げ出る者に矢を射掛けて多数殺害した。また、自害した政敵、藤原通憲《みちのり》（信西《しんぜい》）の遺体を土中からあばき、首を獄門にさらしたのである。

このとき、平清盛は熊野詣の途上だったが、知らせをうけて京に戻り、源義朝の軍勢を敗った。義朝は東国に逃れる途中の尾張で討たれ、藤原信頼は京都六条河原に引き出されて首をはねられた。

先の保元の乱の死罪は皇族や貴族にまでは及ばなかったのだが、もはやその歯止めもなかった。その処刑の衝撃は天も崩れるばかりに大きかったはずである。

この保元・平治の乱のころから、世は末法であると強く意識されるようになった。源頼朝が建久三年（一一九二）に征夷《せいい》大将軍に任じられて鎌倉幕府が本格的に成立する三十数年前のことである。

末法の救い

仏の入滅後、正法《しょうぼう》・像法《ぞうほう》・末法《まっぽう》の順に仏法が衰えて悪世になるという。正法は仏の在世時のように仏法が正しく世に広まる期間。像法の「像」は形の意味で、寺院・法会《ほうえ》など、仏法の形は存続する期間。そして末法には教えだけは伝わっていても人々の性格や能力は衰えて修行はできず、世はすさんで悪がはびこるという。

この正像末三時の長さは経典によって諸説あるが、日本では正法千年・像法千年・末法一万年、その後に仏法滅尽の時がくるという説が広まり、そのころ考えられた釈迦入滅の年から起算して永承七年（一〇五二）が末法の始まりとされた。おりから関白藤原頼通が別荘の宇治院の寝殿を仏殿（平等院）に改め、翌年、壮麗な鳳凰堂を建立した。それは極楽浄土の宮殿を模した阿弥陀堂で、末法の現世より来世の浄土に望みを託したものといわれる。

しかし、貴族社会はまだ絶頂期にあった。近年の発掘調査によれば、藤原氏は宇治院を中心に碁盤目状の条坊をもつ都市を造ろうとしていたようである。とすれば、天子の平安京とは別に藤原氏の都を造営していたのであり、平等院鳳凰堂の豪華なたたずまいは、厭世というより、権勢を誇るものであった。そのころの仏教美術を代表する仏師定朝《じょうちょう》（?〜一〇五七）の仏像の表情も悠然としておだやかである。

永承七年を「末法初年」とし、その証《あかし》として大和の長谷寺が炎上したことを記したのは後の院政期の比叡山の僧、皇円《こうえん》（？〜一一六九？）の歴史書『扶桑略記《ふそうりゃっき》』である。その皇円を師として出家したのが浄土宗の開祖法然《ほうねん》（一一三三〜一二一二）だった。その浄土宗開宗（一一七五年）が鎌倉新仏教のさきがけといわれるように、末法の救いを求めて誕生したのが鎌倉新仏教であった。

そして、法然をはじめ、栄西・親鸞・日蓮などがともに引用して鎌倉新仏教の思想的基盤となったのが『末法燈明記《とうみょうき》』である。

この書物は最澄《さいちょう》の撰述とされるが、法然・栄西以前の史料にはみられない。内容的にも院政期のものと考えられる。そのため「偽書」とされるのだが、それは時代の精神のなかで誰ともなく語りだされ、記されていった書物である。『末法燈明記』は漢文三千五百字ほどの短い書物だが、末法にあっては破戒・無戒の僧こそ世の宝（人々に救いをもたらすもの）であると告げ、受戒得度《じゅかいとくど》の聖僧を中心とする古代仏教からの脱却という点で大きな影響を与えた。

とりわけ、みずから非僧非俗（僧でも俗人でもない者）の立場にたった親鸞は主著『教行信証』に『末法燈明記』のほぼ全文を引用している。

時処機相応

末法には破戒・無戒の僧こそ宝だということには「時処機相応《じしょきそうおう》」とよばれる論理がある。「時」

は時期、末法の今である。「処」は場所、当時の世界観では天竺《てんじく》（インド）・震旦《しんたん》（中国）・本朝（日本）の三国のうち東海の辺土にある日本。「機」は機根、人々の性格や能力。末法の辺土に生まれた者は正統な修行によっては救いのない凡夫《ぼんぷ》（愚かな者）だ。それに相応《ふさわ》しい教えは何かという問いをめぐって、鎌倉時代の仏教はさまざまに展開した。たとえば法然や親鸞はひたすら他力（仏の力）にすがるべきことを説き、日蓮は今こそ法華経に約束された救いが実現する時だと認識したのだった。

地獄と葬送

末法の悪世という認識において、人は死後、地獄に堕とされるという恐怖も増大した。世の中に悪がはびこり、人々から正しく修行する力が失われた末法には、堕地獄《だじごく》が必然のなりゆきともされたのである。

地獄はインドのナラカ（奈落＝地下の牢獄）の観念が仏教とともに伝えられたもので、平安中期に比叡山横川《よかわ》の僧源信（九四二〜一〇一七）が『往生要集』を著して地獄の様相を具体的に記し、その後の地獄観のもとになった。

『往生要集』は地獄の書として知られるが、源信の主眼はそうではない。救いは欣求浄土《ごんぐじょうど》、すなわち阿弥陀仏の極楽浄土への往生を欣《ねが》い求めるべきことにある。地獄は厭離穢土《おんりえど》すなわち厭《いと》い離れるべき穢土（六道輪廻《りんね》の苦しみの世界）のなかでいちばん恐ろしい世界として説かれている。ところが、地獄必定《ひつじょう》の末法において、地獄にも救いがあると強く語り出されてきた。そのことは院政期の日本で編まれた経典『地蔵十王経』にみることができる。

『地蔵十王経』は釈尊に弟子たちが教えを乞う場面から始まる。

「この娑婆国《しゃばこく》の人々の機根は愚鈍にして障りは重く、父母に孝せず、因果を信じず、心をもって師とし、五逆十悪などの罪をつくっています。皆ことごとく閻魔《えんま》の地獄におち、冥途（冥土の旅）においても目覚めることはありません。釈迦牟尼《しゃかむに》法王よ。大慈大悲をもって我らがために説き、三途《さんず》の闇を照らしたまえ」と。

『地蔵十王経』はこのように釈迦の説法という前提に立ち、インドの中陰すなわち死後四十九日間から三回忌までの魂の遍歴を語るものだが、「十王」は中国の冥府の王と習合したもので、人は死後、七日ごとに十人の王の裁きを受けるのだという。その冥土の旅路を語るのが『地蔵十王経』で、日本神話の根の国（黄泉《よみ》）の伝承も組み入れられており、現在の葬儀や追善供養に通じる内容となっている。

その冥土の旅は、臨終のときからはじまる。閻魔王の使いが来て魂魄《こんぱく》を縛り、冥土の関門に連れていくのである。その先に死山《しざん》があり、亡者《もうじゃ》はそこに追い立てられるのだが、険しい坂では杖を、石だらけの道では草鞋《わらじ》がほしいと願う。それで男女ともに葬送のおり、三尺の杖を持たせ、そばに草鞋一足を置くのである。

そうして初七日に亡者は十王の最初、秦広王の裁きを受け、死山を通り過ぎてゆく。すると三途の川があり、奈河津（地獄の渡し）の向こう岸に官庁が連なっている。二七日《にしちにち》（十四日目）の初江王の王府だ。

初江王の官庁の前には衣領樹《えりょうじゅ》という大樹があり、木陰に二人の鬼がいる。奪衣婆《だつえば》と懸衣翁《けんねおう》だ。奪衣婆は亡者の衣を脱がせ、懸衣翁が枝に懸ける。枝の下がりかたに罪の軽重があらわれ、それが王庁に書き送られるのである。亡者たちを牛頭《ごず》・馬頭《めず》の鬼どもが棒や叉《さ》（さすまた）で追いたてていく。

三七日（二十一日目）の宋帝王の庁には気味悪い猫が群集し、大蛇がぞろぞろ出てくる。ここではおもに邪婬の罪を問われる。

四七日（二十八日目）の五官王の庁には大殿の左右に二つの官舎がある。左の秤量舎《ひょうりょうしゃ》には七つの業《ごう》の秤《はかり》があって種々に罪を計量され、さらに鏡の前に引かれて心の罪を映しだされる。その罪は記録され、閻魔庁に送られる。

三途の川、奪衣婆と懸衣翁、業の秤などは地獄絵の必須のアイテムだが、源信の『往生要集』にはない。その意味では、院政期の『地蔵十王経』こそ日本人の地獄観の直接の源泉だといえよう。

さて、五七日（三十五日目）に至る閻魔大王の国は無仏世界、また預弥国《よみ》（黄泉）とも閻魔羅国ともいう。その大城の四囲には鉄壁がそびえたち、門の左右に幢《どう》（旗）がひるがえっている。左は太山府君（生命をつかさどる道教の神）、右は黒闇天女《こくあん》（吉祥天の妹）の幢である。

人には生まれながらに同生神（倶生神《くしょうじん》）が左右についており、右肩の神はその人の悪を記し、左肩の神は善を記して、生前の善悪をことごとく閻魔法王に奏上するという。その善悪の裁きを予告する門をくぐって亡者は光明王院という建物にいく。そこには大きな鏡が懸けられており、生前になした善福悪罪があらわに映しだされる。

しかし、閻魔の王国には、もう一つ、善名称院という宮殿《くうでん》がある。無仏世界にあって燦然と輝く浄土の美しさだ。そこが地蔵菩薩の宮殿である。地蔵菩薩は、この宮殿の諸菩薩の中央に坐しつつ、あらゆる世界に身を現して地獄に苦しむ者でも助けだす。

このように地蔵菩薩の救いが釈尊によって説かれたとき、閻魔王や冥土の鬼たちは歓喜し、みな地蔵菩薩の眷属《けんぞく》（従者）になって菩薩の働きを助けることになったと『地蔵十王経』には説かれている。

冥土の旅は三十五日目の閻魔宮で一段落なのだが、さらにつづく。しかし、罪あればその悪を逼《せ》ばめ、福あればその善をさらに勧めるというふうに救いが説かれ、死後三年たって至るのが第十の五道転輪王の王府である。

忌日と十王・十三仏

忌日	十王	（本地仏）
初七日（七日目）	第一　秦広王《しんこうおう》	（不動明王《ふどうみょうおう》）
二七日（十四日目）	第二　初江王《しょこう》	（釈迦如来《しゃかにょらい》）
三七日（二十一日目）	第三　宋帝王《そうてい》	（文殊菩薩《もんじゅぼさつ》）
四七日（二十八日目）	第四　五官王《ごかん》	（普賢菩薩《ふげん》）
五七日（三十五日目）	第五　閻魔王《えんま》	（地蔵菩薩《じぞう》）
六七日（四十二日目）	第六　変成王《へんせい》	（弥勒菩薩《みろく》）
七七日（四十九日目）	第七　太山王《たいざん》	（薬師如来《やくし》）
百か日（百日目）	第八　平等王《びょうどう》	（観音菩薩《かんのん》）
一周忌（一年目）	第九　都市王《とし》	（勢至菩薩《せいし》）
三回忌（三年目）	第十　五道転輪王《ごどうてんりん》	（阿弥陀如来《あみだ》）
七回忌（七年目）	蓮上王《れんじょう》	（阿閦如来《あしゅく》）
十三回忌（十三年目）	抜苦王《ばっく》	（大日如来《だいにち》）
三十三回忌（三十三年目）	慈恩王《じおん》	（虚空蔵菩薩《こくうぞう》）

インドの中有（四十九日）

中国の冥界の十王

日本の十三仏

これは追善供養によって死者が「成仏」していく過程を示すものである。最後には十王と冥府の官吏・羅刹《らせつ》たちでさえ釈尊に礼拝し、「なんとかして獄吏《ごくり》の役目を逃れ、無為の家（さとりの安息）に帰りたい」と訴える。

それに対して釈尊は地獄の鬼にも仏性《ぶっしょう》があると答える。「あなたがたは他の苦しみを見て自分の楽しみにするなどの罪によって閻魔国に生まれたのです。しかし、先に『涅槃経《はんぎょう》』で説いたように、仏性は滅びません。心があれば、つねに仏性があります。ですから、かならず大苦を逃れることができます」と。

仏性とは、どんな生きものも仏になる可能性をもち、仏の本性を秘めていることで、『涅槃経』に「一切衆生悉有仏性《いっさいしゅじょうしつうぶっしょう》（あらゆる生き物が仏性をもつ）」という。地獄の鬼も例外ではない。怖ろしい十王もそれぞれに仏（本地仏《ほんじぶつ》）の化身《けしん》とされ、初七日、四十九日、一周忌など追善供養の忌日法要に対応して、のちに十三仏の伝承が生まれた。

本覚と草木成仏

平安時代の比叡山を中心に発達し、鎌倉時代の思想に大きな影響を与えたものに、もうひとつ、「本覚《ほんがく》」とよばれる考え方がある。本覚は始覚《しかく》（修行して次第に悟りをひらくこと）に対する語で、悟りはもともと人にそなわっているという。それは源信の『往生要集』にも「魔界は即ち是れ仏身にして亦《また》即ち我が身なり」といった言葉で表れてくる思想で、平安末期の院政期になると、煩悩即菩提《ぼんのうそくぼだい》すなわち迷い・苦悩の状態がそのまま悟りであるという考え方が広まり、修行は無意味なものとも考えられるようになった。そこから道元の修証一等（修行も悟りも同じ）の禅が生まれたことはよく知られている。

また、本覚論は地獄の鬼にも仏性があるというように善悪を超えた次元に展開し、仏性をもつものは草や木にも拡大した。

「一切衆生悉有仏性」の「衆生」の原語サットヴァは「心をもつもの」を意味するので、「有情《うじょう》」とも訳され、そこに植物は含まれていない。しかし日本では「草木国土悉皆成仏《しっかいじょうぶつ》」とか「山川草木悉皆成仏」などといわれるようになった。

そこにも善悪を超えた仏の力が働いている。というのは、「草木国土悉皆成仏」の語は室町時代の謡曲『定家《ていか》』にあるのだが、それは死んでも内親王との恋に思いを残す歌人藤原定家の妄念の物語である。その妄念が葛《かずら》になって内親王の墓石にからみつき、成仏できずに苦しんでいる。しかし、墓前で法華経が読誦《どくじゅ》されると、「一味の御法の雨のしただり皆潤《うるお》ひて草木国土、悉皆成仏の機」が得られ、葛はほろほろと解けたのだった。

この話は法華経の「薬草喩品《ゆほん》」に説かれていることを踏まえている。法華経二十八品《ほん》（章）など世に広まった経典の内容は法会での講経（説経）や釈教歌（経典の心を詠む和歌）を通して平安時代には民衆にもよく知られるようになっていたからだ。

謡曲『定家』の一節と似た語句は、院政期に後白河法皇が編んだ歌謡集『梁塵秘抄《りょうじんひしょう》』にもある。「我等は薄地《はくち》の凡夫なり、善根勤むる道知らず、一味の雨に潤ひて、などか仏にならざらん」

雨が大きな草木にも小さな草木にも等しく降り注いで草木がそれぞれに育っていくように、仏は空をおおう大雲のように地上を等しく慈雨でうるおす。たとえ仏道に精進して功徳を積むことができない凡夫でも仏になれないはずはないという。

山法師・奈良法師の強訴

末法は衰えた末の世であるという。しかし、その様相はさまざまで、「地獄に仏」の救いさえ見出された。

現実はむしろ言葉の意味とは裏腹である。末法末世の悲哀で世情をうけとめたのは都の貴族たち、それに貴族出身の大寺の高僧たちで、多くの和歌にも無常の悲哀を色濃くただよわせているが、地方の武士や庶民にとって、そんなことはどうでもよかっただろう。古代世界の秩序が崩壊するなら、力を伸ばす絶好のチャンスでもあった。そのことを典型的に表すのが、奈良の興福寺や比叡山の延暦寺、園城寺《おんじょうじ》（三井寺）などの衆徒による強訴《ごうそ》の激化である。

衆徒とは大衆《だいしゅ》（堂衆）とよばれる下級僧集団に属する者で、武装した僧、いわゆる僧兵もいた。平安時代に興福寺や延暦寺は広大な荘園を領するようになり、土地や権利をめぐる抗争が絶えなかった。そうしたことから僧兵が出現したのだが、かれらが手にしたのは武器だけではなかった。神社の御幣《ごへい》も強力な武器だったのである。

院政の始まりとされる権力者の白河法皇（一〇五三〜一一二九）が意のとおりにならないものは「賀茂川の水、双六《すごろく》の賽《さい》、山法師」と嘆いた「山法師」は比叡山延暦寺の衆徒である。かれらは日吉大社《ひえたいしゃ》（比叡山東麓の坂本にある神社）の神輿《みこし》を都にかつぎだし、院の御所などに押しかけてさまざまな要求をつきつけ、容れられないと、神輿をその場にほうりだして山に引き揚げたりした。

また、同じ天台宗でも比叡山（山門）と近江の園城寺（寺門）が対立、「寺法師」とよばれる寺門の大衆も強訴をおこなったほか、山法師と武力で抗争し、たがいに焼き打ちを繰り返した。

いっぽう興福寺の大衆は「奈良法師」とよばれ、春日大社の神木を京にかつぎだして強訴を繰り返した。この所業に恐れおののいたのは平安社会の上層にいた皇族や公卿たちで、衆徒らはその戦《おのの》きを利用したのである。

それは一見、仏罰・神罰を恐れぬ行為のように見えるけれども、市中に引き出された神輿や神木は、古来の神々が新たなエネルギーをもって民衆の前に立ち現れたことを意味する。武器を持った僧兵たちは「悪僧」ともよばれたが、この場合の「悪」には「強い」という意味あいがある。とりわけ興福寺は鎌倉・室町時代には守護大名にあたる地位と権力をもって大和一国を支配した。

興福寺・比叡山などの寺社勢力は、天皇と朝廷をいただく公家、幕府のもとに結集した武家と並ぶ勢力となり、この三つの権門が鼎立《ていりつ》したところに日本の中世社会が形成された。

王仏冥合の権門

公家・武家・寺社の三つはもちろん、互いに重なりあう部分がある。たとえば桓武平氏、清和源氏というように、武士団の棟梁には皇族の血をひく「貴種《きしゅ》」が迎えられた。武士たちは律令貴族社会の秩序からはみだして勢力をのばしたが、その武士たちが結束するには「貴種」が必要だったのである。

寺社勢力でも同様だった。比叡山・興福寺などの高位の学僧には皇族や藤原摂関家の子弟が迎えられた。それにともなって荘園の寄進もあり、寺社の財政は豊かになった。また、子孫を絶やさないために子だくさんだった貴族にとっても、子弟の受け入れ先として寺社は重要だった。家門の跡取りが死去したときなど、出家していた子が還俗《げんぞく》して地位をひきつぐことができたのである。それが王仏冥合《おうぶつみょうごう》すなわち王法（政治の世界）と仏法は一体だといわれることの実態でもあり、鎌倉時代の改革期でも仏教の主流は権門仏教であることに変わりはない。そこに幕府の官寺として臨済宗の諸寺院が加わり、現在の臨済宗諸派の本山が鎌倉・室町時代に開かれていった。

寺と神社の共存

平安時代には本地垂迹説《ほんじすいじゃくせつ》が神仏習合の思想・教義として定着した。熊野本宮の祭神は阿弥陀仏の権現《ごんげん》（救いのための化身）というように、日本の神々の本地（本来の姿）は仏や菩薩だとする考え方である。そして寺と神社がセットで造られ、たがいに補完しあう関係になった。たとえば神社には神宮寺・神護寺・別当寺などと呼ばれる寺が付随して僧が神前で読経し、神の恵みを祈った。厳島《いつくしま》神社に平氏が一門の繁栄を願って法華経など三十三巻の豪華な経巻（平家納経）を納めたのも同じである。このような形は明治の神仏分離によって破壊されたが、一部、祭礼のおりに大般若経の転読を奉納するような形で存続している。

いっぽう、寺にも神がまつられた。とりわけ地主神《じしゅ》（鎮守社《ちんじゅしゃ》）と寺の関係は今も切れない。たとえば高野山では丹生明神と狩場明神をまつる丹生都比売《にふつひめ》神社（和歌山県かつらぎ町）に今も僧が参拝する。あるとき、弘法大師空海は犬を連れた狩人（狩場明神の化身）に出会った。その犬について山中に分け入っていくと、高野山の土地神の丹生明神が現われ、その土地に伽藍を建立することを勧めた。以来、狩場明神と丹生明神は高野山金剛峯寺《こんごうぶじ》の鎮守になったという。

土地の安寧は、その土地の神をまつることなくしてありえない。強力な仏であっても、そこに伽藍を建立するには土地神に守護されねばならないというわけである。天台宗の総本山延暦寺でも比叡山の大山咋神《おおやまくいのかみ》が鎮守として日吉大社にまつられた。大山咋神は「山王」ともよばれ、平安末から鎌倉時代にかけて天台教学を組み入れた山王神道が生まれる。

また、南都の興福寺は藤原氏の氏寺でありながら官寺の筆頭の地位を保っていたが、この寺は藤原氏の氏神である春日明神の神域にある。その神人《じにん》（神社の雑用に従事した下級の神職）は興福寺の大衆とも一体になったのだった。

東大寺大仏再建

広大な荘園を領する武装集団でもあった寺社勢力は、時の権力争いとも深く関わった。治承四年（一一八〇）、平氏追討を宣じる以仁王《もちひとおう》（後白河法皇の皇子）の令旨が発せられると、諸国の源氏が挙兵。その動きに南都の諸大寺も呼応した。そのため平清盛は子の重衡《しげひら》に南都攻めを命じ、東大寺・興福寺が炎上、大仏殿も焼失した。右大臣九条兼実《かねざね》が「仏法王法滅尽しおわんぬか」と腰をぬかした大事件である。ここに仏法も王法（政治の秩序）も滅び去ってしまったという。

しかし、復興はすばやく、そして力強く進められた。

あくる養和元年（一一八一）、後白河法皇により真言系念仏僧の俊乗坊重源《しゅんじょうぼうちょうげん》（一一二一～一二〇六）が東大寺大勧進職《だいかんじんしき》に任じられ、再建の任にあたった。勧進は寄進を募ることで、その元締めが大勧進職である。弁慶の勧進帳で知られるように、その頃、勧進聖とよばれる僧が各地を遊《ゆ》行《ぎょう》し、造塔・造寺などの寄進を募った。寄進して勧進帳に名を連ねれば仏と縁が結ばれ、この世と死後の安息につながる功徳があるとされたのである。東大寺大仏の再建に関わるほど大きな功徳は他にない。重源の勧進活動は多くの人びとをひきつけ、文治元年（一一八五）には大仏開眼《かいげん》供養、建久六年（一一九五）には大仏殿落慶供養、建仁三年（一二〇三）には大仏殿の仏像群や南大門なども完成して総供養の大法会を催した。

その間十余年、平氏は敗れ、源氏の鎌倉政権が成立する動乱の世において、東大寺再建の勧進にどれほど多くの民衆が応えたか、想像を絶する。奈良時代の大仏建立のときにも行基に率いられて多くの民衆が参加したが、聖武天皇の詔に「国の銅《あかがね》を尽して」とあるように奈良時代の大仏建立は国費をもって遂行された。それに対して、このときの再建には周防《すおう》国（山口県）の税収なども充てられたけれど、もっぱら寄進によったのである。その力強さは大仏殿や南大門に納められた運慶・快慶ら慶派仏師（南都仏師）の隆々たる仏像群に今も見ることができる。

また、重源は三度も宋（中国）に渡った僧である。東大寺再建にあたって陳和卿《ちんなけい》ら宋の工人も招き、その建築・土木技術を採り入れた。それは当時先進の文化だったから、東大寺再建は新しい時代の到来を象徴するものでもあった。

ものの道理

源平の争いや東大寺大仏の再建を比叡山の上から見ていて、時代の変化を敏感に感じ取った者がいる。歴史書『愚管抄』を著した天台座主慈円《ざすじえん》（一一五五〜一二二五）である。

慈円は保元以後はまったく乱世だから悪いことばかりだといいながら、建久六年の大仏殿落慶供養に参じた源頼朝（そのとき四十九歳）ら武士たちの威儀に若々しい力を見た。『愚管抄』に「その日は大風大雨だったが、頼朝将軍を取り巻く武士たちは雨にぬれるのも気にかけず、ひしと居ずまいを正していた。驚くべきことだ」というふうに書いている。

慈円は摂政・関白藤原忠通の子で、九条兼実の弟である（九条家は藤原北家の嫡流）。父の忠通は藤原氏の氏長者《うじのちょうじゃ》だったが、保元の乱などで同族と争い、晩年は寺にこもって詩歌や書に親しんで過ごした。慈円と兄の兼実は摂関家嫡流の子ではあったが、その中心からやや離れ、源頼朝に近づいていた。『愚管抄』は武者の世に移っていくのは当然とし、「ものの道理」ということを古代からの歴史に探ろうとした書物である。

その歴史観によれば、藤原氏と源氏は「文武兼行」すなわち公武あいたずさえて朝家（皇室）を戴くことが太初からの定めである。なぜなら、皇祖天照大神《あまてらすおおみかみ》のもとで、藤原氏の祖の天児屋根命《あめのこやねのみこと》と源氏の祖の八幡大菩薩がそのことを約したからだ。そうであってみれば、壇ノ浦で平氏とともに三種の神器が海に沈んだとき、宝剣（天叢雲剣《あめのむらくものつるぎ》）だけが見つからなかったのも道理である。宝剣に代わって源氏が朝家の守りになったのだから。

この「道理」は、いわゆるプリンシプル（原理）とは異なり、何が正しいのかは状況によって変化する。それは幕府の法典『御成敗式目《ごせいばいしきもく》（貞永式目《じょうえいしきもく》）』の基本にもなっている考え方で、訴訟を裁く評定所《ひょうじょうしょ》でも「道理」に照らして判決が下された。現在の刑法第六十六条に定める「情状酌量」にも通じる観念である。

作善の時代

東大寺再建の勧進に努めた重源は阿弥陀堂の美しさで知られる浄土寺（兵庫県小野市）など各地に寺を建立したほか、狭山池（大阪府）や魚住泊（兵庫県明石市）を修築し、道を開き、橋をかけるなど、多くの社会事業をおこなった。そして、八十六歳で寂す数年前に『南無阿弥陀仏作善集』を著した。

「南無阿弥陀仏」は重源の号、作善《さぜん》は仏教でいう善をおこなうことで、具体的には造寺・造塔、法要の実施などの仏事を中心に貧者救済などの社会事業を広く意味した。勧進に応じることも作善である。それによって功徳を積めば、現世・来世の幸福を得られるという。『南無阿弥陀仏作善集』は重源の作善を個条書きにしたもので、その事業には数知れぬ民衆が功徳を積もうと参加したのだった。

作善は寄進や労働奉仕などの具体的な行為であり、造寺・造塔も目に見える形で成された。その落慶の法会《ほうえ》も大きな熱気に包まれたことだろう。平安末期から続く乱世において、世は末法と認識されたとき、求められたのは、もはや理屈の教えではない。人々がこぞって作善に参加したのは、目に見える形で仏と結縁《けちえん》することで末法の苦海を乗り切ろうとしたといえよう。それは新しい武家の都、鎌倉においても顕著な動きであった。

鶴岡八幡宮と建長寺

鎌倉幕府は治承四年（一一八〇）に源頼朝が平氏打倒の兵をあげ、御家人すなわち頼朝を棟梁と仰ぐ武士を統率するために侍所を置いたことに始まる。そして建久三年（一一九二）に頼朝が征夷大将軍になって名実ともに本格的に鎌倉政権が成立するのだが、政治の本拠である幕府は将軍の居所とともに移動し、城を構えるようなことはなかった。

鎌倉は南に海をのぞみ、三方を山に囲まれている。砂浜海岸の由比ヶ浜から北にのびる若宮大路が京の朱雀大路《すざくおおじ》にあたる武士の都だ。

古来、王都は北に王宮（内裏《だいり》）、南に正門（羅城門）を造り、左京・右京の中央に朱雀大路を造るのが基本構造である。古代の大寺の伽藍《がらん》配置も同様で、北に本尊をまつる金堂、南に大門を置く南北軸が基本となっている。

しかし鎌倉では、大路の北に位置したのは幕府でも将軍の館でもなかった。そこに鎮座するのは源氏の氏神、鶴岡《つるがおか》八幡宮である。

この八幡宮は前九年の役（一〇五一～六二年）のとき、戦勝祈願のために京都の石清水《いわしみず》八幡宮（あるいは河内源氏の氏神である壺井八幡宮）から鎌倉に勧請《かんじょう》された。その地名から鶴岡若宮と称したことに始まる。現在地には源頼朝が移転し、神宮寺も造られて幕府の神事・仏事を営んだ。

そして、幕府の権威を示すうえでも必ず成さねばならないことは大寺院の建立だった。古来の鎮護国家の諸宗に代わって幕府の官寺として迎えられたのは、新しく宋から伝来した禅宗である。鎌倉で最初の禅宗寺院は正治二年（一二〇〇）、頼朝の妻、北条政子が栄西を開山に迎えて建立した寿福寺である。その地は平治の乱に破れて死んだ源義朝（頼朝の父）の館があったところで、亀谷堂《かめがやつどう》という仏堂が建てられていた。そこから寿福寺の山号は亀谷山《きこくさん》という（のち鎌倉五山の第三位）。

当時、禅院では密教を併修し、祈祷寺院の性格を強くもっていた。栄西の『興禅護国論』も禅こそ正統な護国の仏法であると主張する。禅宗は新しい護国の仏法として幕府の「国教」になったのだった。

禅宗が幕府に保護された理由としては、従来、質実剛健さが武士好みだったといわれ、教科書にもそのように書かれているようだが、歴史を「好み」で解釈するのは、きわめて安直な方法だといわざるをえない。そんなことより、当時の禅宗は中国皇帝の仏法であるとともに、古代の鎮護国家の仏法を強く受け継いでおり、その後も祈祷や先祖供養の方面に展開していくのである。

その本格的な禅宗の大伽藍が建長五年（一二五三）、鶴岡八幡宮の北の谷間の地獄谷巨福呂《こふくろ》（鎌倉市山ノ内）に土地を卜《ぼく》して建立された。執権北条時頼が宋から来朝した蘭渓道隆《らんけいどうりゅう》を迎えて創建した建長寺である。それは中国臨済宗の名刹径山《けいざん》万寿寺を模した七堂伽藍と塔中《たっちゅう》四十九院をもち、日本最初の禅宗の大伽藍となった。平安時代には地形に合わせて諸堂を建てたために崩れていた官大寺の南北軸の伽藍がここに整然と復活したのである。ただし、古代の官寺は平地に区画されたが、建長寺の伽藍は谷から山腹に伸び上がり、その総門・三門は規模の大きさに加え、唐様《からよう》の荘重さで圧倒的な威力を示した。それに天皇の詔書をもって定められる元号を寺名につけたのは比叡山延暦寺以来のことである。建長寺は幕府の官寺の筆頭として、その後、鎌倉五山第一の地位を保つ。

この建長寺とならぶ鎌倉の大寺である円覚寺（鎌倉五山第二位）は弘安五年（一二八二）、執権北条時宗が宋の無学祖元を招いて建立した。二度にわたる元寇《げんこう》（蒙古襲来）で死んだ兵士の霊を敵味方の区別なく慰めたいという時宗の「怨親《おんしん》平等（敵も味方も同じ）」の願いによって建立された禅院である。

この禅宗の動きについては道元の曹洞宗開宗を含めて、のちに改めて述べる。

由比ヶ浜と鎌倉大仏

鎌倉は湾曲した砂浜の入り江に面している。浜は長く東西に伸び、全体に由比ヶ浜というが、若宮大路の南端付近から東方の山裾にある光明寺あたりまでは材木座海岸と呼び分けられている。

光明寺は寛元元年（一二四三）に執権北条経時《つねとき》が浄土宗の三祖良忠（法然の孫弟子）を開山に迎えて建立した蓮華寺に始まる。その裏山からは弧を描く由比ヶ浜をはるかに見渡せる。おだやかな海辺であるが、この浜にはおびただしい死体が埋まっており、今も白骨が出る修羅の渚である。なかでも和田一族が北条氏に敗れた和田合戦（一二一三年）は若宮大路と由比ヶ浜一帯で戦われ、倒れた武士は数知れない。

この浜は、しかし、はるかに阿弥陀仏の西方極楽浄土を望む海辺でもあった。頼朝が弁才天を勧請したと伝える江ノ島の手前、鎌倉西部の海岸からすこし山に入ったところに像高十一・五メートルの巨大な阿弥陀坐像、いわゆる鎌倉大仏が坐しているのである。

不思議なことに、奈良の大仏と並び称せられるほど巨大な仏像であるにもかかわらず、建立の経緯がほとんどわかっていない。通常、寺院が建立されれば、その開山（初代住職）や開基（外《げ》護《ご》の建立者）の名を残すものであるが、鎌倉大仏にはその記録がない。幕府の公式日録『吾妻鏡《あずまかがみ》』によれば浄光という僧が発願《ほつがん》し、その勧進によって建立されたというのだが、その浄光が何者であるのかも不明である。

ともあれ、『吾妻鏡』によれば、当初は木造で暦仁元年（一二三八）に造像が始まり、五年後に完成。建長四年（一二五二）に金銅仏の鋳造が始まった。これが現在の鎌倉大仏で、大仏殿も建立された。今は露座《ろざ》の大仏だが、もとは東大寺大仏殿のような壮大な伽藍があったのである。

この大きな建造物が身分も定かではない一人の勧進僧によって実現できたものかどうか。幕府の関与もあったのではないかといわれるが、当時は重源の勧進に見られるような作善の熱気がみなぎる時代である。鎌倉大仏もおそらく広汎な民衆の寄進によって建立されたのだろう。建立の由来が不明であるためか有名なわりに仏教史上で重視されないけれど、新しい都市に民衆によって建立されたであろう鎌倉大仏こそ、この作善の時代を象徴するといえよう。

また、鎌倉時代には東大寺の仏像群や鎌倉大仏のみならず、定朝の流れを汲む京仏師、慶派の南都仏師らによって仏像の名品が多く造られた。造寺・造仏の功徳を願う仏像造立《ぞうりゅう》は貴族や地方の豪族から民衆に広まり、板金に仏像を線描しただけの簡素な懸仏《かけぼとけ》や石仏の板碑《いたび》などが民家や路傍にも広くまつられるようになったのである。

なお、鎌倉大仏は現在、高徳院という浄土宗の寺となっているが、鎌倉時代には真言律宗の極楽寺に属し、布施屋も設けられた。布施屋は奈良時代に行基が病人や孤児を収容した施設にならって造られた。この真言律宗とは戒律復興を唱えて奈良の西大寺を本山として興った宗派である。

僧宝の復興

戒律復興の動きは院政期の興福寺の僧覚憲《かくけん》（一一三一～一二一二）らから始まった。承安三年（一一七三）、覚憲は『三国伝灯記』として知られる説法をし、僧は戒を保って本来の姿に立ち戻り、「令法久住《りょうぼうくじゅう》」すなわち仏法を永遠に存続せしめねばならないと説いた。興福寺の法相宗《ほっそう》では末法初年は明徳三年（一三九二）と算定され、現在は像法の終わりと考えられたからだ。すでに保元の乱以後の悪世となり、悪僧ははびこり、仏法はまさに滅びようとしている。仏法を世にとどめるためには、持戒持律の僧宝を再建しなければならないと覚憲は訴えた。

僧宝とは仏・法・僧の三宝の一つだが、古代の国家仏教において、僧は寺にとどまってひたすら読経をおこなうなど、戒律を清く保つことによって世の安寧をもたらすとされた。しかし、戒律の根本道場である唐招提寺《とうしょうだいじ》は荒廃し、律宗の法系も途絶えていたのである。

この唐招提寺の復興に努めたのが覚憲の甥で南都を代表する学僧の貞慶《じょうけい》（一一五五〜一二一三）だった。やはり興福寺の僧だったが、建仁元年（一二〇一）、唐招提寺で七日七夜にわたって釈迦念仏という法会をおこなった。釈迦はもちろん仏教の開祖であり、戒律の定めも釈迦による。その釈迦を讃えて読経と礼拝をつづける法会である。同様の釈迦念仏は栂尾高山寺《とがのおこうざんじ》の明恵《みょうえ》（高弁／一一七三〜一二三二）もおこない、末法は釈迦への思慕が高まった時代でもある。

貞慶はまた、興福寺内に戒律の道場として常喜院を建て、戒律の書の講読をおこなわせた。この常喜院で戒律を学んだ覚盛《かくじょう》（一一九四〜一二四九）・叡尊《えいぞん》（一二〇一〜九〇）ら四人の僧が嘉禎二年（一二三六）、国家仏教の総本山ともいうべき東大寺において自誓受戒をした。戒師によらず、みずから仏前で持戒を誓って戒を受けたのである。その後、覚盛は唐招提寺に住して復興に尽くし、叡尊はもともと西大寺の僧であった関係から西大寺を拠点に戒律復興運動を興し、真言律宗の祖になった。

戒律の力

戒律は仏道修行のための規則や心構えというだけのものではない。前述したように古代の官僧の役割は戒律を守って身を清く保ち、国家の安泰を祈願することだった。

戒律には「戒体」とよばれる威力があり、それを受けることによって憑《つ》き物などの邪悪なものを退け、仏の加護が働くと考えられた。それが現在の戒名の習わし、つまり亡くなった人に戒名を授けて冥途の護符とすることにもつながるのだが、平安時代以降、受戒して出家の体裁をとりながら、実際には在家の生活を送ることも多くなった。平清盛も清蓮（のち静海）という僧名をもち、館や官職の名から「六波羅入道《ろくはらにゅうどう》」とか「入道相国《しょうこく》」とよばれた。この「入道」はいわゆる「在家沙弥《ざいけしゃみ》」である。沙弥とは沙門（僧）になる以前の見習い僧のことであるが、僧として受戒しても妻子をもつなど在家と同じ暮らしをする者をさすようにもなった。後の武田信玄や上杉謙信も在家沙弥で、多くの人を殺した武将はその罪の祓いを願って頭を剃る者も多かったのである。

また、受戒は生涯に一度とは限らない。たとえば九条兼実の日記『玉葉《ぎょくよう》』によれば、四十一歳からの十四年間に、なんと十二回も法然から受戒している。正治二年（一二〇〇）には三回も受戒したが、それは妻の病気を治したいというのが動機だった。自分が受戒することで、その功徳が病気の妻に回向《えこう》されるという考え方のあったことを示している。

法然は浄土宗の開祖であるとともに比叡山に伝わる円頓戒《えんどんかい》の戒師でもあった。それは最澄による大乗戒壇の設立に始まる戒律で、南都の具足戒《ぐそくかい》（出家者のための戒律で僧は二百五十戒）に対し、在家者にも適用される基礎的な十戒を中心とするもので、菩薩戒ともいう。円頓戒とは、その菩薩戒こそ完全無欠であり、速やかに仏果（さとりの世界）に到るという。

興法利生

比叡山の菩薩戒は、しかし、本来の僧宝の意味を失わせるものでもあった。最澄は大乗戒壇の設立にあたって出家の僧でも菩薩戒のみで十分だと主張するとともに、僧宝たる比叡山の年分度者《ねんぶんどしゃ》（年ごとに一定数を出家させる官僧）には十二年の籠山《ろうざん》という厳しい修行を課した。しかし、前述の本覚思想が広まると、『末法燈明記』にあるように破戒・無戒の僧こそ世の宝であるともいわれるようになった。それに対して叡尊らは興法利生《こうぼうりしょう》すなわち仏法を興隆させて衆生（人々）を利することを願いとして本来の戒律の復興をめざしたのだった。

したがって、叡尊らの戒律復興は広く民衆に訴える運動だった。受戒者一人ひとりの名を交名《きょうみょう》帳に記して仏と結縁《けちえん》させたが、そこには女性も加わっている。鎌倉新仏教の開祖がそれぞれに説いた女人《にょにん》救済は戒律復興運動の特色でもあった。また、宇治川の漁民に殺生禁断を求めるなど持戒を勧めるとともに各所に放生所をつくり、生き物を放つ法会（放生会《ほうじょうえ》）を営んで罪の払いとした。荒廃した寺院の復興や創建も各地でおこなわれた。そうして多くの僧尼と民衆が西大寺流とよばれる教団に組織されたのである。

その総本山の西大寺では、定期的に各地から僧尼が集まって光明真言会が盛大に営まれた。光明真言（おん・あぼきゃ・べいろしゃのう・まかぼだら・まに・はんどま・じんばら・はらばりたや・うん）は万物の根源とされる密教の主尊＝大日如来を讃える唱句である。これを唱えれば一切の罪障を除くといい、真言密教の根本とされる。その法会に西大寺流諸寺の僧尼・信徒が結集した。叡尊の教団が真言律宗とよばれるゆえんである。

西大寺流の広まり

建長四年（一二五二）、叡尊の弟子の忍性《にんしょう》（一二一七〜一三〇三）が関東に下った。鎌倉での布教をめざした関東下向だが、当初は鎌倉での居住を許されず、常陸（茨城県）を拠点に西大寺流を広めた。

その後十年たった弘長二年（一二六二）、叡尊自身が北条時頼・実時《さねとき》の懇請をうけて関東に下り、およそ半年にわたって鎌倉に滞在した。その間、忍性も従い、多くの武士や民衆に授戒・結縁をした。また、布施屋を設けて窮民救済を活発に進めた。そうして叡尊が奈良に戻ったあとも忍性は鎌倉に居住することになった。その後、北条重時《しげとき》の別荘地を寺に改めた極楽寺に住し、そこが鎌倉での真言律宗の拠点となる。

そのころ日蓮が鎌倉に草庵を結んで法華一乗の回復を訴えていた。文永八年（一二七一）に極楽寺の忍性と雨乞いの祈祷を競い、日蓮が勝ったと伝えられている。しかし、幕府に重んじられたのは極楽寺のほうだった。永仁六年（一二九八）には西大寺・極楽寺をはじめ、諸国の西大寺流諸寺が関東御祈祷寺とされ、真言律宗は禅宗とともに幕府の仏法となった。

禅律僧

真言律宗の祈祷はまた、神社とも一体のものだった。元（蒙古）の使者が日本に臣属を求める国書をもって来日したとき、叡尊は伊勢神宮や石清水八幡宮に弟子・信徒を率いて参詣し、異国調伏《ちょうぶく》を祈った。

禅宗諸山も同様である。日本の禅宗は漢民族の王朝である南宋の仏法だったが、そのころ北方の平原に興ったモンゴル（蒙古）帝国はチベットのラマの仏教を奉じ、一二七一年にフビライが国号を元と改め、大都（北京）を都に皇帝の地位についた。そして元の世祖フビライは北方から南宋を圧迫するとともに朝鮮半島の高麗を支配して東アジアの制覇をめざした。日本には南宋の禅僧が逃れてきたので、禅宗諸山の蒙古撃退の祈祷はいっそう真剣だっただろう。

禅宗・真言律宗の僧尼はあわせて禅律僧といい、幕府は「行事」という寺官をおいて保護し統制した。いわゆる官寺・官僧のあつかいをうけたわけだが、なかには南都北嶺の大衆のような乱暴な悪僧もいたようだ。幕府滅亡後の建武の新政のころの世相を風刺した『二条河原落書《らくしょ》』には、このごろ都にはやるものに夜討ち強盗などと並んで「禅律僧」と記され、その横暴ぶりがしのばれる。

しかし、室町時代になっても、禅宗・真言律宗の官寺の地位はゆるがなかった。幕府は鎌倉の寺官「行事」を「禅律方」と改め、とりわけ禅宗では五山の制が整えられる。

なお、鎌倉の極楽寺は後醍醐天皇の勅願寺ともなり、室町時代には大伽藍をそなえる寺院に発展したが、江戸時代に火災などにより衰退した。

元寇の衝撃

文永の役《えき》（一二七四年）、弘安の役（一二八一年）の二度にわたる元寇《げんこう》（蒙古襲来）は、鎌倉幕府の成立から百年近くたって疲弊の度を深めていた御家人の窮乏をいっそう深めた。当時は「異国合戦」ともよばれた戦いで幕府は一寸の領土も得られず、参戦した御家人に十分な恩賞を与えることはできなかったのである。そのことが幕府の権力をにぎる執権北条氏への不満を高め、元弘三年（一三三三）の鎌倉幕府の滅亡につながっていく。しかし、異国の脅威は執権北条氏の権力をかつてなく高めるものでもあった。

最初の元の国書は文永五年（一二六八）、高麗使によってもたらされた。国書の文面は親交を求めるものであったが、従わなければ征服もにおわされている。それに対して朝廷はなすすべなく、実質的な対応は幕府の執権北条時宗に託された。

時宗は国書を蒙古襲来の先触れとし、西国沿岸の防備を固めるとともに寺社に異国降伏の祈祷をおこなわせた。以後、数次にわたる使者の来朝をへて、文永十一年十月、蒙古・高麗連合の元軍が博多湾に襲来した。

このとき元軍は防御の日本軍を破って上陸し、大宰府あたりまで侵攻したが、それ以上は深入りせず軍船にひきあげた。その夜、暴風雨のために元の船団は壊滅的な打撃を受けたのだった。これが文永の役である。蒙古・高麗の兵約三万のうち、およそ半数が海に沈んで帰還しなかったという。

文永の役は有史以来初めて日本本土に外国軍が侵攻した戦いである。はるか昔の天智天皇二年(六六三)に朝鮮半島で唐・新羅の連合軍に敗れた白村江《はくすきのえ》の戦いのあと、大宰府防衛のために水《みず》城《き》とよばれる長大な堀を構築したことはあったが、その脅威は現実のものとはならなかった。

元の国書の到来から文永の役に至る危機のなかでも異国襲来はなかば非現実的であり、幕府が動員できたのは主として西国の御家人に限られていた。

文永の役によって「異国合戦」が現実のものとなった衝撃は大きい。幕府は再度の来寇に備えて博多湾の海岸に大規模な防塁(石造の防壁)の構築を進めた。それには御家人のみでなく、公家も寺社も荘園の広さに応じて負担を求められるなど、幕府の権力は一挙に拡大したのである。そして執権時宗の元への対応はいっそう強硬の度を深めた。

建治元年（一二七五）、元の使者杜世忠《とせいちゅう》らを鎌倉の刑場で斬首。弘安二年（一二七九）に再度来日した使者は鎌倉にも入れず博多で殺害した。

この日本側の無法な仕打ちにもかかわらず、再度の元寇はしばらくなかった。そのころ元は南宋攻略を進め、一二七九年、ついに宋王朝を滅亡させる。そして中国全土を支配した元の世祖フビライは、今度は蒙古・高麗の東路軍四万に南宋の軍兵よりなる江南軍十万を加えて来寇《らいこう》する。弘安四年（一二八一）の弘安の役である。

東路軍は五月、江南軍は六月に出発し、平戸沖で合流。今回は農具や種籾なども積みこんで長期の駐屯や植民をも企図した大規模な侵攻である。ところが、あまりの大軍で、東路軍と江南軍の連絡は悪く、七月になっても主力は博多付近の海上にあった。ついに暴風雨に襲われて壊滅に帰し、元軍の死者は十万余に及んだという。

その後、さらなる元寇に備えるうちに、一二九四年にフビライが死に、日本侵攻は沙汰止みとなった。日本では幕府に権力が集中するとともに矛盾も大きくなり、鎌倉幕府の滅亡へと時代は動いていく。そのなかで寺社勢力は元軍撃退の祈祷の功を訴え、その力を拡大。暴風雨という天佑は「神風」ともよばれるようになり、いわゆる神国思想が広まる。ちなみに「神風」はもとは

「かむかぜの伊勢」とうたわれた枕詞で、とりたてて意味のない言葉であった。

なお、日蓮が『立正安国論』を書いて前執権の北条時頼に上呈したのは文応元年（一二六〇）、最初の元の使者が来朝する数年前のことだった。幕府が法華経をないがしろにして禅・律・浄土などを重んじていれば護法の諸天善神が日本国を去り、自界叛逆《じかいほんぎゃく》（内乱）・他国侵逼《たこくしんぴつ》（外国からの侵略）の難が起こると警告したのである。しかし、日蓮の他宗排除の主張は幕府に容れられず、日蓮は流罪に処される。幕府にとっては、禅宗も律宗も天台・真言宗も、伊勢神宮も諸国の八幡宮も、それぞれに護国の法会をおこなうべきであり、法華経にしぼるわけにはいかないのだった。

高野山の復興と分派

鎌倉新仏教の開祖のうち、一遍《いっぺん》以外は皆、比叡山延暦寺に学んだことがある。それに対して一人も開祖がでなかった高野山金剛峯寺は目立たないのだが、平安中期以降、いわゆる高野聖《ひじり》が弘法大師の霊場との結縁を説いて諸国をめぐるようになり、鎌倉時代には大きな聖集団をつくるまでになった。

ところで、空海（七七四〜八三五）に醍醐天皇から「弘法大師」の諡号《しごう》（おくり名）が与えられたのは延喜二十一年（九二一）のことだった。そのころから空海は高野山で瞑想の状態で生きているという入定《にゅうじょう》信仰が芽生えるのだが、当時、真言宗は京の東寺（教王護国寺）が中心で、僻《へき》遠《えん》の高野山は東寺の末寺であった。しかも正暦五年（九九四）の火災で御影堂《みえどう》を除く諸堂が炎上して以来、たびたび大火に見舞われ、一時は住僧が一人もいなくなるほどにさびれてしまった。

高野聖は、その復興を呼びかける勧進聖として広まった。そして治安三年（一〇二三）に藤原道長、永承三年（一〇四八）に藤原頼道が登山し、荘園を寄進したことを大きなきっかけとして天皇・法皇や貴族の参詣があいつぎ、寺領も急速に拡大。僻遠の地である高野山は深山幽谷の聖の住処という霊性を高め、山内各所に別所を形成した。

聖は官僧の社会から遁世《とんせい》（隠遁）した僧であったり、もとから私度《しど》の僧たちだったが、その場合でも比叡山や東大寺、高野山などの権威をいただくのが通例である。そうした僧たちの道場や庵があつまって集落のようになったところを別所という。高野山の聖たちは別所を拠点に納経・納髪などの結縁を勧めて諸国をめぐった。

高野聖はまた、極楽への往生を願う念仏聖でもあった。もともと平安浄土教は阿弥陀仏の像の胎内に梵字《ぼんじ》の阿弥陀呪《じゅ》（真言）を書いて納めるなど、密教と融合していたが、高野山では覚鑁《かくばん》（一〇九五〜一一四三）が『五輪九字明秘密釈《ごりんくじみょうひみつしゃく》』などを著して大日如来と阿弥陀如来は一体であると説き、密教と浄土教を統合する教理をひらいた。

『五輪九字明秘密釈』は五輪の瞑想とそれに対応する梵字の意義などを説いた書物だ。「五輪」は万物の要素とされる地・水・火・風・空を表すが、覚鑁は五輪を人体の頭部・腹部などにあてはめた五輪塔の図を書き、人体と宇宙が一体であることを示している。そして「行者がただ真言を誦し、手に印を結ぶだけで智慧がないばあいの功徳はどうか」という問いをたて、「智なくとも信あれば所得の功徳、顕教の無量劫を経て得る所の功徳を超過せり」と答える。口に真言を唱えるだけのような「一行一法」でも成仏できるし、信あれば、まちがいなく浄土往生できるという。それは何よりも信心が重要だとする考え方で、のちに「信心為本《しんじんいほん》」「信心為先《しんじんいせん》」を主張する法然・親鸞の専修念仏や日蓮の唱題行につながる。

しかし、覚鑁は山内の争いから高野山を下り、根来山《ねごろ》に移った。以後、覚鑁の法系を新義といい、鎌倉時代に頼瑜《らいゆ》（一二二六〜一三〇四）が教義をさらに整えた。新義真言宗には豊山《ぶざん》派（総本山長谷寺）・智山《ちざん》派（総本山智積院《ちしゃくいん》）などがある。一方、新義以前の法系を古義とよび、高野山真言宗（総本山金剛峯寺）・東寺真言宗（総本山教王護国寺）などがある。

修験道と神道への展開

覚鑁の『五輪九字明秘密釈』の「九字」は臨《りん》・兵《びょう》・闘《とう》・者《しゃ》・皆《かい》・陣《じん》（陳）・列《れつ》・在《ざい》・前《ぜん》の九字をそれぞれの手印をもって斬る呪法。「明」は真言の意。現在も修験道で山駈け修行にはいる入峰《にゅうぶ》のときなどに魔除けとしておこなわれる。

この修験道ともあいまって真言密教は神仏混淆《こんこう》し、その宇宙を表す根本とされる金剛界・胎蔵界の両界（両部）曼荼羅《まんだら》にもとづいて両部神道が生まれた。

また、比叡山では平安時代に神仏が一か月三十日を日番で守護するという三十番神の信仰があったが、鎌倉時代後期に京都に進出した日蓮宗にとりいれられ、さかんになった。三十番神は神道の性格をよくあらわすものである。

第一の性格は神仏習合である。たとえば朔日《ついたち》の熱田大明神は大日如来の垂迹《すいじゃく》（化身）というように。

第二には特定の神社によること。神道は個々の神社の祭礼によって、それぞれに伝えられてきた。熱田大明神は熱田神宮の祭神である。

第三には神仏は勧請《かんじょう》されるものであること。勧請はもとは仏教語で来臨を請うこと。香をたいたりして浄化した場に真言や経文を唱えて勧請し、撥遣《はっけん》（送り返すこと）するが、神道では柏手《かしわで》を打って迎え、また、送りかえす。恒常的には祭神の社をまつることで勧請され、一つの神社の境内に遠方の神社の小さな社が多数つくられている光景は今もふつうに見かけられる。仏教では仏像や仏壇の開眼《かいげん》（魂入れ）が恒常的な勧請にあたる。

三十番神（法華三十番神）は中世に京都あたりで霊験あらたかと語り広められた神社のリストとみることができる。その多くは今も参詣者でにぎわう神社である。

なお、神社の選定は時代や宗によって少し異なる。また、以下の呼称は現在のものである。

1日　熱田神宮（名古屋市熱田区）
2日　諏訪大社（長野県下諏訪町）
3日　広田神社（兵庫県西宮市）
4日　気比《けひ》神宮（福井県敦賀市）
5日　気多大社（石川県羽咋市）
6日　鹿島神宮（茨城県鹿嶋市）
7日　北野天満宮（京都市上京区）
8日　江文《えふみ》神社（京都市左京区）
9日　貴船神社（京都市左京区）
10日　伊勢神宮（三重県伊勢市）
11日　石清水《いわしみず》八幡宮（京都府八幡市）
12日　賀茂別雷《かもわけいかずち》神社（上賀茂神社／京都市北区）
13日　松尾大社（京都市西京区）
14日　大原野神社（京都市西京区）
15日　春日大社（奈良市）

16日　平野大社（京都市北区）
17日　日吉《ひえ》大社西本宮（滋賀県大津市）
18日　日吉大社東本宮（滋賀県大津市）
19日　日吉大社宇佐宮（滋賀県大津市）
20日　日吉大社白山姫神社（滋賀県大津市）
21日　日吉大社八王子社（滋賀県大津市）
22日　伏見稲荷大社（京都市伏見区）
23日　住吉大社（大阪市住吉区）
24日　八坂神社（京都市東山区）
25日　赤山禅院《せきざんぜんいん》（京都市左京区）
26日　建部《たてべ》大社（滋賀県大津市）
27日　御上《みかみ》神社（滋賀県野洲市）
28日　兵主《ず》神社（滋賀県野洲市）
29日　那波賀《なはか》神社（滋賀県大津市）
30日　吉備津《きびつ》神社（岡山市）

2 鎌倉新仏教の祖師

祖師の年代

建久九年（一一九八）、浄土宗の開祖法然（一一三三〜一二一二）が『選択《せんちゃく》本願念仏集』を著した。以後、浄土宗の根本聖典とされる書物である。それは臨済宗を日本に伝えた栄西（一一四一〜一二一五）が主著『興禅護国論』を著したのと同年で、この浄土宗開宗と臨済宗の伝来が鎌倉新仏教の始まりとされる。

鎌倉新仏教の開祖は教義の面から浄土系の法然・親鸞・一遍、禅宗の栄西・道元、そして法華の日蓮に分けられる。しかし、生きた年代によって、それぞれに世相を反映している。たとえば法然・栄西は新仏教が旧来の権門寺社から激しく弾劾された時期に生き、生涯にわたって天台宗に帰属する立場をとりつづけた。それに対して法然の弟子の親鸞はより純粋な他力信心の念仏に生き、その後の一遍はふたたび密教や神祇と融合した浄土教に戻りつつ、善悪を超えて新たな浄土教の世界を開いた。禅宗でも天台・密教を併修した栄西に対し、道元はより純粋な禅の専門道場を開いた。

この違いは開祖それぞれの信仰と思想もさることながら、生きた時代相の影響が大きい。そこ

鎌倉の祖師の年代

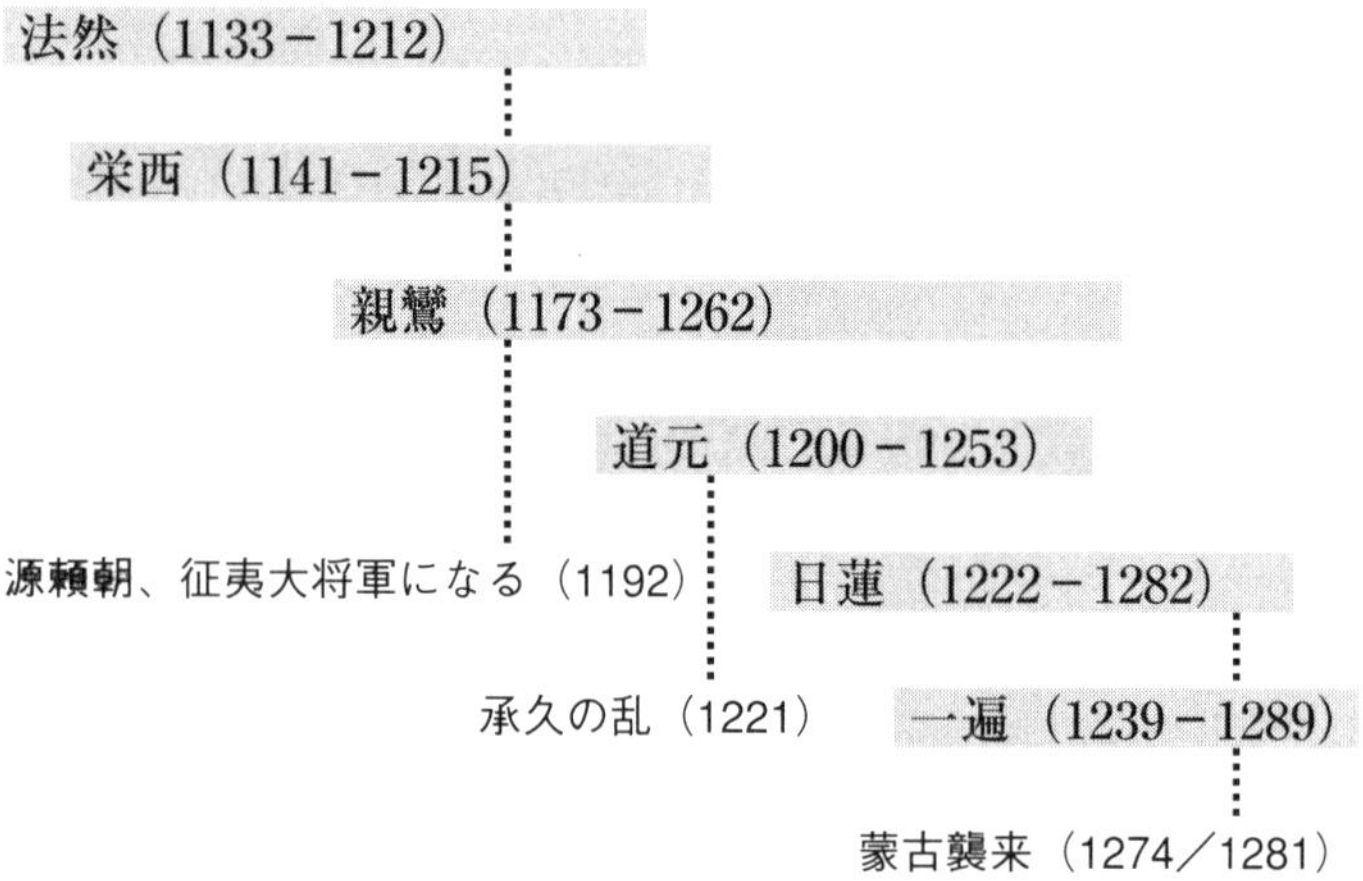

で、開祖の在世年代を表に示した。

ちなみに、鎌倉時代中頃の文永五年（一二六八）に東大寺の凝然《ぎょうねん》が著した仏教概論『八宗綱要』にいう「八宗」は法相・華厳・律などの南都六宗に天台・真言の二宗を加えたもので、禅宗・浄土宗は偶宗《ぐうしゅう》（他に帰属する宗）として簡単に触れているだけである。前述したように鎌倉時代の寺社の主流は旧仏教と禅律の諸寺だったが、旧仏教の側からみると、禅宗はいまだ独立した一宗とは認めがたいのだった。

なお、仏教を自力と他力に二分する考え方は中国浄土教のなかで出てきたもので、くわしくは自力聖道門《じりきしょうどうもん》（自分の力で修行して悟りに達する聖者の仏道）、他力易行門《たりきいぎょうもん》（阿弥陀仏の力に助けられて易しく浄土に至る仏道）という。この観点から浄土系宗派は他宗を「自力」の仏教とし、浄土系は「他力」の信心としている。

浄土系の諸宗

【浄土教の信仰】

浄土教とは阿弥陀仏の力によって極楽浄土に往生することを願う信仰である。

浄土は経典では「仏土」「仏国土」等と記され、浄らかな仏の国ということから「浄土」という。

仏教では仏は無数に存在し、「十方の諸仏」とか「三世の諸仏」というふうに総称する。諸仏はそれぞれに国土をもつが、阿弥陀経などの浄土経典には、西方十万億の仏の国を過ぎたところに阿弥陀仏があり、その国土の名が極楽であると説かれている。

阿弥陀仏という語はアミターバ、またアミターユスの表音である。アミターバは「無限の光をもつ者」という意味で、無量光仏とも訳される。その光は西方十万億の仏土を超えて、この世にとどくということである。

アミターユスは「無限の寿命をもつ者」という意味で「無量寿仏」とも訳される。過去・現在・未来の三世を超えて不滅の仏だということである。

なお、往生は浄土に往き生まれることを意味するが、それが死後のことであるのか、現世にも浄土の境涯はあるのか、宗派によって教義が微妙に異なっている。しかし、歴史上はもっぱら死後のこととして語られ、臨終に安らかであることが往生極楽のしるしとされた。基本的には現在も、また宗派を超えて同じで、安らかな死を「大往生」などといい、それを「成仏」とすることに変わりはない。

【鎌倉浄土教の前史】

浄土教は平安時代に非常に発展し、民衆にも深く浸透した。その象徴的なできごとは、諸国遍歴の念仏僧空也《くうや》（九〇三～七二）が天慶元年（九三八）に京の市中で念仏を説きはじめたことだ。慶滋保胤《よししげのやすたね》（平安中期の貴族）の『日本往生極楽記』によれば、天慶年間以前は、寺でも家々でも念仏行を修するのはまれで、人々の多くは念仏を死の穢《けが》れにふれるかのように忌みきらっていたが、空也の入京以後は世をあげて念仏しているということである。空也は「極楽は遥かかなたと聞くけれど、念仏すればすぐに往ける」という意味の歌をつくって速疾往生を説き、熱狂的な踊念仏を広めた。

その後、比叡山の源信（九四二～一〇一七）が『往生要集』を著して浄土教の教義を整えるとともに、平生の念仏と臨終の念仏の作法を示した。

比叡山ではさらに、良忍（一〇七二～一一三二）が麓の別所の大原に下り、一人の念仏が万人に通じ、万人の念仏が一人に通じるという融通念仏（大念仏）の門を開いた。大勢で念仏の声明《しょうみょう》（歌）を唱え、その結縁者を名帳に記すことをもって往生極楽の証とする。誰であれ、男女身分は問わなかった。

この良忍の弟子の一人が比叡山西塔黒谷別所の叡空《えいくう》である。比叡山東塔で修行していた法然は久安六年（一一五〇）、この叡空の弟子になって黒谷に移り、のちに黒谷上人ともよばれるようになる。

なお、別所に移ることを隠棲とか遁世というが、世捨て人になったわけではない。別所は大寺の聖域と俗世間の中間にあり、前述したように、聖や験者《げんざ》とよばれる祈祷僧たちの拠点でもあった。そこに隠棲するのは大寺の僧尼の序列から抜け出すことで、民衆との距離は縮まった。そして民衆から崇拝された聖は「上人」あるいは「聖人」とよばれたのである。それは僧正《そうじょう》・僧都《そうず》など公式の僧位・僧階とは別の呼称で、法然も「上人」とよばれた。

【浄土宗の開祖＝法然】

法然（一一三三〜一二一二）は長承二年に美作国《みまさかのくに》、現在の岡山県久米郡久米南町で押領使《おうりょうし》という治安にあたる官職を得ていた武士・漆間時国《うるまときくに》の子として生まれた。ところが九歳のとき、在地武士に館を襲撃され、父が死亡したことから寺に入った。菩提寺の僧が叔父の観覚という人で、その弟子となったのである。

十三歳のとき比叡山に登り、十八歳で黒谷別所に隠棲。叡空に師事し法然房源空と名のる。その別所は念仏聖の多く集まるところだったが、法然はなかなか信を確立することができなかった。集中して念仏をとなえようとしても、すぐに雑念がまじってしまう。

これは、その人の罪ではない。末法のいま、この辺境の日本では、正しく仏道を行じられる人などいない。そうした人間の弱さを正面から見つめながら修行をつづけて四十三歳の承安五年（一一七五）、中国唐代の浄土教の祖師善導が観無量寿経を解説した書物（『観経疏《かんぎょうしょ》』）を読むうちに、「人は散漫な心のまま、ただ念仏をとなえればよい」という言葉に出会う。これによって法然は専修《せんじゅ》念仏の確信に至った。それを浄土宗開宗とする。

その後、法然は現在の総本山知恩院がある東山大谷の吉水《よしみず》（京都市東山区）に住んで専修念仏を説いた。

法然は、じつは戒律堅固な人だったらしい。が、深く内省すれば、人はだれでも罪深いと思わざるを得ない。しかし阿弥陀仏は、そんな人こそ救うという誓願（本願）を立てた。しかも、その本願の由来が説かれている無量寿経には、「乃至《ないし》十念」といい、たとえ十回でも念仏をとなえるなら必ず救うという意味のことが記されているのである。それならば、智者は智者なり、愚者は愚者なりに念仏し、慈悲者は慈悲のゆえに、邪険者は邪険なままに念仏をとなえればよい。法然は主著『選択本願念仏集』の冒頭に「南無阿弥陀仏　往生の業には念仏を先と為す」という。選択本願の念仏とは、「阿弥陀仏によって人を救うために選びとられた本願の念仏」という意味である。

この『選択本願念仏集』は九条兼実が教えを書き残してほしいと求めたことによって六十六歳のときに著わされた。晩年の著述だが、その主張は浄土宗開宗以来、一貫している。

しかし、天台座主の慈円は兼実の弟だったにもかかわらず、専修念仏の広まりを苦々しく見ていた。『愚管抄』に、法然が念仏宗を立てて顕密（仏教）の修行はするなというと、「愚痴無智ノ尼入道」に喜ばれて世に繁盛し、なかには、この念仏の行者になりさえすれば、女犯《にょはん》を好めど魚鳥を食せど阿弥陀仏はすこしもとがめないという者もある、と批判している。事実、敢えて悪事を為す門弟もあったのだろう。元久元年（一二〇四）、法然は門弟およそ二百名に連署させて行動を自粛する『七箇条制誡《せいかい》』をつくり、比叡山に差し出した。

翌年、今度は興福寺から一宗を立てる罪などをとがめる訴状が朝廷にだされた。いわゆる『興福寺奏状』である。あくる建永元年（一二〇六）に門弟二名がとらえられ、翌年の承元元年の春死罪に処された。法然以下、おもな門弟も流罪となり、法然は四国に流された。「建永の法難」または「承元の法難」とよばれる事件である。

その流罪は同年末に解かれたが、帰洛は許されなかったので、摂津の勝尾寺《かちおでら》（大阪府箕面市）

にとどまり、建暦元年（一二一一）に京都東山に戻った。しかし、高齢のために病臥し、翌年一月、八十歳で寂した。その病の床で弟子の求めに応じて一枚の紙に所信をしたためたのが『一枚起請文《きしょうもん》』である。念仏を信じる人は一文不知の愚鈍の身となり、「智者のふるまいをせずしてただ一向に念仏すべし」と知識や地位にとらわれずに念仏することを弟子たちに諭した。

ところで承元の法難のとき、多くの門弟が地方に分散した。そのなかで越後に流されたのが浄土真宗の開祖親鸞である。

また、鎮西《ちんぜい》すなわち筑紫に下って善導寺（福岡県久留米市）を開いた弁長（一一六二〜一二三八）の弟子の良忠（一一九九〜一二八七）が鎌倉に入って光明寺を開き、その門弟たちが京都に再進出した。これが鎮西派とよばれる法系で、現在の浄土宗につながる。

いっぽう、京にとどまって西山の善峰寺（京都市西京区）にはいった証空（一一七七〜一二四七）の法系を西山《せいざん》派という。時宗の開祖一遍は最初、この西山派に学んだ僧である。

【浄土真宗の開祖＝親鸞】

法然の専修念仏が弾圧された承元の法難（一二〇七年）にさいし、親鸞は越後の国府（新潟県上越市）に流された。そのとき藤井善信の俗名を与えられたことを機に親鸞は自分の立場を「非僧非俗（僧でも俗でもない）」といい、愚禿《ぐとく》親鸞と自称した。

建暦元年（一二一一）十一月、親鸞の流罪は解かれたが、翌年一月、法然が寂。親鸞は帰洛せずに関東に下った。以後、法然の遺弟と交わることもなく筑波山周辺で独自の念仏をひろめたことが浄土真宗のもとである。

親鸞は承安三年（一一七三）、下級貴族の日野有範の子として京都に生まれ、九歳のとき比叡山で出家した。青年時代は念仏道場の常行堂の堂僧だった。雑務を勤めながら念仏行で唱和する僧である。

建仁元年（一二〇一）二十九歳のとき、親鸞は比叡山を下り、聖徳太子の創建という六角堂（頂法寺／京都市中京区）に百日間の参籠をした。その九十五日目に聖徳太子の化身という観音菩薩が夢に現れ、もし宿報によって女犯《にょぼん》の罪を犯さざるをえないのならば自分が女身となって犯され、清らかな生涯を全うさせて臨終には極楽に導こうという意味の夢告を得た。六角夢告とよばれる出来事である。親鸞は、この夢告の意味を問うために法然を訪ねて門弟となった。

越後に流されたのは三十五歳のときで、その地で恵信尼《えしんに》と結婚したとみられる。

関東に下ったのは四十二歳の年。その途上、上野国佐貫《こうずけのくにさぬき》（群馬県明和町）で飢饉の災いを除くことを祈願して「浄土三部経」一千部の読誦を始めるが、それは自力に頼ることだとして中止し、絶対他力とよばれる阿弥陀仏への信仰を深めた。

関東での親鸞は、常陸稲田（茨城県笠間市／西念寺）を拠点に念仏をひろめ、初期真宗教団が形成された。ここで主著『教行信証《きょうぎょうしんしょう》』の草稿も書き始められる。浄土真宗（真宗）では執筆開始を元仁元年（一二二四）とし、開宗の年とする。

嘉禎元年（一二三五）六十三歳の頃、親鸞は京に戻った。弟の尋有《じんゆう》の坊に身を寄せたという。その後はもっぱら、主著『教行信証』をはじめ、七五調の仏教讃歌集『浄土和讃』『高僧和讃』などの著述に勤しみ、関東の門弟には手紙を送って信仰を指導した。一方、関東の弟子たちは京の親鸞に仕送りをして生活を支えたようである。

また、子の善鸞を関東に送って指導させたが、善鸞は秘事法門といわれる教えを夜中に密かに伝授されたといって混乱を招き、建長八年（一二五六）、親鸞は善鸞と父子の縁を絶つという形で解決せざるをえなかった。いわゆる善鸞義絶事件である。

その後、親鸞は自然法爾《じねんほうに》（法のままに）といわれる境地で晩年を過ごし、弘長二年（一二六二）、九十歳で寂。その墓所が子孫に受け継がれて本願寺になり、八世蓮如《れんにょ》（一四一五〜九九）のときに教勢を拡大して現在の浄土真宗本願寺派（西本願寺）・真宗大谷派（東本願寺）につながる。一方、関東時代の門徒の系統に真宗専修寺《せんじゅじ》派・真宗木辺《きべ》派などがあり、あわせて真宗十派と総称されている。

なお、悪人正機（悪人こそ仏に救われる）の教えとして知られる「善人なおもって往生を遂《と》ぐ。いわんや悪人をや」という言葉は弟子の唯円《ゆいねん》が著した親鸞の語録『歎異抄《たんにしょう》』にある。

【時宗の開祖＝一遍】

六字名号は一遍の法（「南無阿弥陀仏」の六字は一度の念仏でも人々を救うものであり）
十界の依正《えしょう》は一遍の体なり（どんな境遇の人でも依りどころとすべき本体である）
万行離念して一遍を証し（他の万行を離れてたちどころに悟りの境地に達し）
人中上々の妙好華なり（その人は世の人々の中にあって白蓮のように清らかである）

右は熊野権現に参詣した一遍（一二三九～八九）が感得した神託の詩偈《しげ》で、智真の僧名を一遍と改めた。四句の頭の字をつなぐと「六十万人」となることから「六十万人偈」といい、その数は「出会う人すべて」の意をもつ。

この偈を感得したのは文永十一年（一二七四）三十六歳のときだった。以後、一遍は生涯、賦《ふ》算《さん》の旅を続けた。賦算とは札配りのことで、その札には「南無阿弥陀仏　決定往生《じょうおうじょう》　六十万人」と記されていた。

一遍が生まれたのは延応元年、伊予（愛媛県）の豪族河野通広の子だった。伊予水軍として知られる武士の子だが、母と死別したことをきっかけに十歳で出家し、十三歳のとき九州大宰府の近くにいた浄土宗西山流の聖達の門に入った。聖達は法然の孫弟子の念仏僧である。ところが二十五歳のときに一遍の父が死んだために帰国し、家督を継いで妻をめとった。

しかし、所領をめぐる親族の争いが絶えず、三十三歳で再出家を決意して信濃善光寺に参籠。二河白道《にがびゃくどう》（火と水の河の間にのびる白い道の此岸《しがん》〈この世〉で釈迦が「早く行け」と励まし、彼岸では阿弥陀仏が「早く来なさい」と招く）の図を写して持ち帰り、伊予の窪寺にこもって専修念仏の行に入り、念仏の数に関わりなく、ただ一回の念仏でも往生できると信じるに至った。

そして三十六歳のとき、妻と娘を伴って極楽の入口とされる四天王寺に詣で、出会う人みんなに念仏札を配る賦算をはじめた。法然浄土教のつながりのなかで、親鸞が絶対他力とよばれる阿弥陀仏への信心に向かったのに対し、一遍は結縁つまり阿弥陀仏と縁を結ぶことが肝要だとし、その具体的な方法が賦算だった。

その賦算の旅をはじめてまもなく、高野山をへて熊野におもむいたとき、ある僧に「自分は阿弥陀仏を信じる気になれない」といって札を拒絶される。信じれば救われるといっても、そうは信じられないのが人の心というものだ。この問題に直面した一遍は、熊野本宮に百日間の参籠をし、夢に権現の神託を受けた。人々は信不信に関わりなく、すでに「南無阿弥陀仏」の名号によって救われているという。さらに速玉《はやたま》新宮に詣でて「六十万人偈」を感得したのである。

以後、一遍の遊行《ゆぎょう》の旅は東北から四国・九州までほぼ全国に及ぶ。その回国《かいこく》の旅に従う弟子たちに示した「誓願偈文」には「一向に念仏して善悪を説かず善悪を行ぜず」といい、善悪や浄・不浄を超えて念仏を勧め、空也にならって踊念仏をはじめた。その生涯を伝える『一遍聖絵』に

「とも跳ねよ　かくても踊れ心駒《こころごろ》　弥陀の御法《みのり》と聞くぞ嬉しき」という一遍の歌がある。

この回国の旅には、阿弥陀仏の十二種の別名（十二光仏）にちなんで十二の道具を持ち、その心をうたう『道具秘釈』という文をつくった。たとえば手巾《しゅきん》（手ぬぐい）については「南無阿弥陀仏。一たび弥陀を念ずれば、即ち多罪を滅するを信ずる心、これ即ち清浄光仏の徳なり」という。

高野山・熊野参詣に示されているように、一遍は真言密教や神仏習合の性格を色濃くもつ念仏聖だったが、このように遊行の道具を仏と同体とみることは同行二人《どうぎょうににん》（弘法大師と二人）の四国遍路の笠や杖にも通じるものといえよう。

そして五十一歳の正応二年、一遍は旅の途上の兵庫和田岬（神戸市）の観音堂において寂した。そのとき、所持の経文や仏具などの一切を焼却した。『一遍上人語録』の「本無一物頌《じゅ》」には「如来万徳　衆生妄念／本無一物　今得何事（如来は万徳にましませど　衆生は妄念なり／本より一物もなし　今何事をか得む）」という。

ところで、「時宗（時衆）」の「時」は阿弥陀経の一句「臨命終時」に由来し、平生をも臨命の時と心得て念仏をとなえる意とされる。当初は「一向衆」とも「遊行衆」ともよばれた。

教団として組織されるのは弟子の他阿真教《たあしんきょう》（一二三七～一三一九）の代である。そのころから各地の道場が寺院化して僧の定着もはじまるが、教団の門主は代々「遊行上人」とよばれる。総本山清浄光寺《しょうじょうこうじ》（遊行寺／神奈川県藤沢市）は四世遊行上人の呑海《どんかい》（一二六五〜一三二七）が開いた寺院である。

禅宗

【禅宗の系譜】

禅は原語ディヤーナ（禅那）の略で心を集中して思惟すること。似た言葉のサマーディ（三《さん》昧《まい》・定《じょう》）とあわせて禅定《ぜんじょう》ともいう。釈迦は菩提樹の下で禅定して悟りを開いたと伝えられるが、結跏趺坐《けっかふざ》といわれる形に足を組んで両手を乗せる坐禅の姿勢は、その成道《じょうどう》の釈迦の姿に合わせたものである。

したがって、禅定は釈迦の時代からあった修行法であり、なかでも禅定を重視するのが禅宗だということになる。歴史上は道教と観音信仰・羅漢《らかん》信仰などが習合して唐代・宋代に発展した中国仏教が禅宗なのだが、その系譜は釈迦牟尼仏につながるのである。六世紀ころ、菩提達磨（ボーディダルマ）という僧がインドから来て伝えたといい、禅宗の初祖は菩提達磨いわゆる達磨大師だとされる。禅宗においては、その達磨大師につながる師資相承《ししそうじょう》の嗣法《しほう》の系譜を血脈《けちみゃく》といい、何よりも重んじられる。というのは、禅の真髄は言葉（経典）によらず、師から弟子へ以心伝心で受け継がれてきたとされるからだ。いわゆる古仏・祖師の道をたどるのが禅宗である。

その血脈は、時代とともに幾つかの系統に分かれた。臨済義玄《りんざいぎげん》（？〜八六六／八六七）に始まるのが臨済宗、曹山本寂《そうざんほんじゃく》（八四〇〜九〇一）とその師洞山良价《とうざんりょうかい》（八〇七〜六九）に始まるのが曹洞宗である。

日本へは栄西によって臨済宗が伝えられたのを最初とするが、その前に大日能忍《のうにん》（？〜一一九五）が開いた達磨宗が畿内に広まっていた。しかし、達磨宗は能忍が血脈をうけずに独自に開いたものである。それが民衆に広まったことを危惧した比叡山は禅停止《ちょうじ》を朝廷に訴え、禅の布教は禁じられた。そのころ宋から帰国した栄西が臨済宗をひろめようとしたとき、この禅宗弾圧に対応しなければならなかった。その後、宋・元から来朝僧、日本からの留学僧があいつぎ、幕府の庇護のもとに禅宗各派がひろまっていく。

ちなみに、曹洞宗は道元を日本の開祖とする一つの教団だが、臨済宗は鎌倉・室町時代に来朝僧や留学僧が開いた寺などを本山として分立した。現在、臨済宗十四派と総称され、それぞれ「臨済宗〇〇派」と称している。以下、その派名・本山・開山《かいざん》（第一世住持）・開基《かいき》を列記する。

▼建仁寺派　建仁寺（京都市東山区）・明庵栄西《みんなんえいさい》（一一四一〜一二一五）・源頼家
▼建長寺派　建長寺（神奈川県鎌倉市）・蘭渓道隆《らんけいどうりゅう》（一二一三〜七八）・北条時頼
▼東福寺派　東福寺（京都市東山区）・円爾弁円《えんにべんねん》（一二〇二〜八〇）・九条道家

▼円覚寺派　円覚寺（神奈川県鎌倉市）・無学祖元《むがくそげん》（一二二六〜八六）・北条時宗
▼南禅寺派　南禅寺（京都市左京区）・無関普門《むかんふもん》（一二一二〜九一）・亀山法皇
▼大徳寺派　大徳寺（京都市北区）・宗峰妙超《しゅうほうみょうちょう》（一二八二〜一三三七）・赤松則村
▼妙心寺派　妙心寺（京都市右京区）・関山慧玄《かんざんえげん》（一二七七〜一三六〇）・花園法皇
▼天龍寺派　天龍寺（京都市右京区）・夢窓疎石《むそうそせき》（一二七五〜一三五一）・足利尊氏
▼永源寺派　永源寺（滋賀県東近江市）・寂室元光《じゃくしつげんこう》（一二九〇〜一三六七）・佐々木氏頼
▼向嶽寺派　向嶽寺《こうがくじ》（山梨県塩山市）・抜隊得勝《ばっすいとくしょう》（一三二七〜八七）・武田信成
▼相国寺派　相国寺《しょうこくじ》（京都市上京区）・夢窓疎石・春屋妙葩《しゅんおくみょうは》（一三一一〜八八）・足利義満
▼方広寺派　方広寺（静岡県浜松市）・無文元選《むもんげんせん》（一三二三〜九〇）・奥山朝藤
▼佛通寺派　佛通寺（広島県三原市）・愚中周及《ぐちゅうしゅうきゅう》（一三二三〜一四〇九）・小早川正平
▼国泰寺派　国泰寺《こくたいじ》（富山県高岡市）・慈雲妙意《じうんみょうい》（一二七四〜一三四五）・後醍醐天皇

このほか、江戸時代に伝わった黄檗《おうばく》宗も臨済系である。

【臨済宗の祖師＝栄西】

栄西（一一四一〜一二一五）は保延七年、備中（岡山県）の吉備津神社の神職賀陽《かや》氏の子に生まれた。吉備国総鎮護の大社だが、当時は鎮護国家の仏法と一体のものだったから十四歳で比叡山に入って天台教学を学び、二十二歳のとき伯耆大山《ほうきだいせん》と比叡山の密教の灌頂《かんじょう》を受けて山岳修行に励んだ。

二十八歳のときに初めて入宋《にっそう》。このときは禅ではなく天台の典籍を持ち帰り、比叡山に納めた。また、同じ時期に入宋していた重源と出会った。当時、中国と正式な国交はなかったが商船の往来はあり、僧は好意的に便宜をはかられたようである。栄西の血縁者には宋の商人がいたともいわれている。

四十五歳のときには後鳥羽天皇の勅によって雨乞いの祈祷をし、それに成功したことから「葉上《ようじょう》」の号を賜り、修験道葉上流の祖となる。

その後、四十七歳で二度目の入宋。このときは釈尊の遺骨を求める目的でインドに行こうとしたが、モンゴルが強大化していたため西域の旅は宋の朝廷に許可されなかった。それで天台山万年寺の虚庵懐敞《きあんえしょう》から臨済禅を受け、建久二年（一一九一）に帰国、博多に禅宗の正統な血脈を伝えた。禅僧としての名は明庵《みんなん》（みょうあん）という。

建久五年、禅の布教をめざして上洛したが、達磨宗とともに旧仏教諸宗から排撃され、禅停止の宣旨が下された。やむなく博多に戻って聖福寺を建てたが、そこにも弾圧が及んだため、建久九年、禅の正統性を主張するために著したのが『興禅護国論』である。その第二門「国家を鎮護する門」で仁王経（仁王般若経《にんのうはんにゃきょう》）にいうとして、仏は般若経を護国の秘宝として諸国の王に与えたと述べ、般若とは禅宗のことだと告げる。禅は古く護国経典として重視された仁王経に即しているというのが栄西の主張である。また、禅は天台の瞑想法である摩訶止観《まかしかん》を受けつぐものだといい、栄西は天台・密教・禅の三宗統合をめざした。

翌年、栄西は鎌倉に下り、幕府の支持を受けて寿福寺を開き、ようやく禅宗興隆の端緒をつかんだ。とりわけ源頼朝一周忌法要（一二〇〇年）の導師をつとめたことは栄西の存在感を広く認知させる出来事だった。六十二歳のときには京都に建仁寺を開き、以後、禅宗は鎌倉と京都を拠点に広まる。

栄西自身も、建永元年（一二〇六）に重源がつとめた東大寺大勧進の職を引きつぐなど、地位はますます高まった。そして健保二年（一二一四）、将軍源実朝の病気平癒の祈願のために鎌倉で祈祷をおこない、『喫茶養生記』を著して将軍に献じた。健康増進の密教思想にもとづき、茶や桑の葉の効用を説いた書物である。

あくる健保三年、栄西は七十五歳で寂した。その地については鎌倉の寿福寺と京都の建仁寺の二説がある。

【曹洞宗の祖師＝道元】

道元（一二〇〇～五三）は正治二年、内大臣久我通親《こがみちちか》を父、摂政・関白藤原基房の女《むすめ》を母として京都に生まれた。最高位の貴族である摂関家の子だが、三歳で父、八歳で母と死別。十三歳の年に比叡山横川の首楞厳院《しゅりょうごんいん》におもむいて般若谷の千光房に入り、翌年、戒壇院で座主公円から受戒。仏法房道元と名乗った。

まもなく道元は、人はなぜ修行しなければならないのかという疑問にぶつかる。当時、天台宗では一切衆生は本来仏性をそなえ、本から覚っているという本覚思想が流行していたからだ。この疑問は後年、修証一等、つまり修行も証（悟り）も同じであり、修行が悟りの姿だという只管《しかん》打坐《たざ》（ひたすら坐禅すること）の思想によって解決されるが、それには長い道程が必要だった。

健保二年（一二一四）、道元は比叡山を下りて園城寺の公胤《こういん》ら諸師に先の疑問を尋ねたが、疑問は解けなかった。そこで健保五年、建仁寺に入り、栄西の高弟である明全《みょうぜん》に師事して禅を学んだ。

貞応二年（一二二三）、明全とともに入宋。明州の港（浙江省寧波《せっこうしょうねいは》）で阿育王山《あいくおうざん》の老典座《てんぞ》（禅院の食事係り）から日常の作務《さむ》こそ仏道修行だという教え（典座教訓）を受ける。

その後、天童山景徳禅寺に入ったが、翌年、諸山遍歴の旅に出て阿育王山・径山・天台山などを巡って諸師に参じ、ふたたび天童山に帰った嘉禄元年（一二二五）、同寺の如浄《にょじょう》の弟子になった。その如浄のもとで修行した夏安居《げあんご》のおり、身心《しんじん》脱落という境地を得る。嘉禄三年、天童山で病没した明全の遺骨を抱いて道元は帰国した。

帰洛した道元は建仁寺に寄宿して『普勧坐禅義』を著し、広く曹洞禅の普及に乗り出した。それが比叡山衆徒の反発を招き、道元を京都から追放する動きもあった。寛喜二年（一二三〇）、道元は洛外の山城深草（京都市伏見区）に居を移し、嘉禎二年（一二三六）、財を募ってそこの観音導利院に法堂《はっとう》・僧堂などの堂宇を建てて観音導利院興聖宝林禅寺と改称した。略して興聖寺《こうしょうじ》という（現在地は京都府宇治市）。その寄進を募る文（観音導利院僧堂勧進疏）に、これまで仏殿はあっても法堂・僧堂はなく、禅道場の体をなしていないと記されているように、ここに初めて本格的な純粋禅の道場が生まれたのだった。

この興聖寺に道元は十一年住した。その道元の門下に、孤雲懐奘《こうんえじょう》（一一九八～一二八〇）・徹《てつ》通義介《つうぎかい》（一二一九～一三〇九）ら、弾圧された達磨宗の僧たちが集団で加わり、初期道元教団が形成された。それがまた比叡山衆徒の反発を招いたため、寛元元年（一二四三）、道元は檀越《だんおつ》の波多野義重の領地の越前志比荘（福井県）に移った。翌年、大仏寺を開く（のち永平寺と改称）。そこで修証一等の精神によって『永平清規《えいへいしんぎ》』としてまとめられる僧院の規則を定めるとともに、只管打坐の生活を送り、「弁道話《べんどうわ》」に始まる主著『正法眼蔵《しょうぼうげんぞう》』の撰述をつづけた。それは九十五巻（本山版）の大著で、道元は全百巻を構想したが、建長五年、病いの療養のために上洛し、五十四歳で寂した。その後、門弟らが法語や詩偈を集めたのが『永平広録』である。

永平寺は孤雲懐奘が二世となって引き継いだ。その著『正法眼蔵随聞記《ずいもんき》』は深草時代の道元の説示を中心に懐奘が聞いたままを筆録したもので、道元の言行録として知られている。

曹洞宗がひろまったのは鎌倉時代末期に加賀の大乗寺に住した瑩山紹瑾《けいざんじょうきん》（一二六八～一三二五）によってだった。瑩山は広く民衆に禅を説き、能登に開いた総持寺は永平寺とならぶ曹洞宗の本山となった。このため曹洞宗では釈迦牟尼仏と道元禅師・瑩山禅師を「一仏両祖《いちぶつりょうそ》」とよんで仰いでいる。

なお、総持寺は明治時代に横浜市に移転。もとの地（石川県輪島市）には祖院として残されている。

【日蓮宗の開祖＝日蓮】

はじめに日蓮（一二二二～八二）が信徒の南条兵衛七郎にあてた手紙の一節をあげたい。文永元年（一二六四）十一月、その前月に故郷安房《あわ》の松原の路上で念仏信者の武士らに襲われ、弟子一人が死亡。日蓮自身も傷を負った事件をふりかえり、「いよいよ法華経への信心が強まった」といって、次のように記している。

「第四の巻（法華経巻四「法師品」）に云く、而《しか》も此の経は如来の現在すら猶怨嫉《なおおんしつ》多し、況《いわん》や滅度の後をや。（中略）日本国に法華経よみ学する人これ多し。人のめ（妻）をねらひ、ぬすみ等にて打はらる、人は多けれども、法華経の故にあやまたる、人は一人もなし。されば日本国の持経者はいまだ此の経文にはあわせ給はず。唯《ただ》日蓮一人こそよみはべれ」

法華経は古く日本に伝わった経典で、聖徳太子が『法華義疏《ほっけぎしょ》』を著したのをはじめ、奈良時代には鎮護国家の経典として諸国の法華寺（国分尼寺）や釈迦堂などに納められてきた。最澄が比叡山開創のおりに建てた一乗止観院（根本中堂）も法華一乗（あらゆる教えは法華経に帰一する）の思想による命名である。その後、平安時代には法華霊験譚《れいげんたん》も多く語りだされた。

しかし法華経には、釈迦の滅後の悪世には邪法がはびこり、法華経の信者は迫害されるという予告もある。右の文の「此の経は如来の現在すら猶怨嫉多し、況や滅度の後をや」とは、釈迦の在世中でさえ怨みをかっているのだから、滅後は言うまでもない、という意味である。

法華経にはそのように受難が予告されているのに、「法華経の故にあやまたる、人（法華経を信じて危害を加えられた者）」はまだ一人もいない。そうであれば日本国の持経者（法華経の行者）にはまだ、その予告にはてはまる人はいない。ただ日蓮一人だ。

日蓮は後述の四度の法難をとおして、自身が真実の法華経の行者であり、法華経に説かれた永遠の釈迦牟尼仏の直弟子として末法の日本に遣わされた者だという自覚を深めていった。

日蓮は貞応元年、安房の小湊《こみなと》（千葉県鴨川市）に生まれた。家系は不明だが、有力漁民の子だったらしい。十二歳のとき、当時は天台宗の山岳霊場だった安房の清澄寺《せいちょうじ》に入り、本尊の虚空蔵菩薩に「日本第一の智者となしたまえ」と祈願。念仏僧の道善房を師とし、十六歳のとき出家得度。是聖房蓮長《ぜしょうぼうれんちょう》と称し、十八歳のころ鎌倉にも遊学した。

仁治三年（一二四二）、さらに研鑽を深めるために日蓮は比叡山遊学の旅に出た。そして比叡山を拠点に京都・奈良の諸寺、高野山、四天王寺などを訪れて修学。そのころ書写した覚鑁《かくばん》の『五輪九字明秘密釈』が中山法華経寺（千葉県市川市）に現存する。

その時代、密教や浄土教が隆盛するなかで日蓮は鎮護国家の大法であった法華経がないがしろにされているとみて、その復活をめざす。建長五年（一二五三）、日蓮は清澄寺に戻り、四月二十八日、「南無妙法蓮華経」と高く題目を唱えた。この日が日蓮宗の立教開宗の日とされる。そのころ、名も日蓮と改めた。

しかし、当時の清澄寺は浄土教が強く、法華一乗の仏法への回帰を説く日蓮は安房を出ていかざるをえなかった。そして、富木常忍《ときじょうにん》（その館が中山法華経寺となる）ら下総（千葉県北部）の武士の帰依を受け、さらに鎌倉に出て松葉谷《まつばがやつ》に草庵を構えた。正嘉元年（一二五七）、鎌倉に大地震があった頃のことである。その頃、洪水・干魃《かんばつ》・疫病などの災害が相次いだことは幕府の公式日録『吾妻鏡』にも記されている。このまま法華経が正しく奉じられないと護国の諸天善神が日本を去り、自界叛逆（内乱）・他国侵逼（外国からの侵略）の難を避けられないと日蓮はみて、文応元年（一二六〇）『立正安国論』を著し、前執権北条時頼に提出。これに浄土教の信者らが反発して松葉谷の草庵を焼打ちした。以後、四度にわたる法難の最初、松葉谷法難である。

いったん下総に逃れた日蓮は、翌年鎌倉に出たが、今度は幕府に捕らえられて伊豆に流された（伊豆法難）。その流罪が弘長三年（一二六三）に赦免され、翌年、故郷を訪れた日蓮を浄土教信者であった在地の武士に東条郷松原大路で襲撃される（小松原法難）。あやうく難をのがれ、鎌倉に戻って伝道していた文永五年（一二六八）、蒙古の国書が幕府に届いた。日蓮の予告が的中したわけだが、幕府は異国降伏の祈祷を禅律や諸国の八幡宮などの寺社に命じるとともに悪党の取締りを強化。日蓮の信徒集団も悪党として弾圧され、日蓮自身も捕らえられて鎌倉龍《たつ》ノ口の刑場で斬首されかかり、結局は佐渡に流罪となった（龍口法難）。

この受難によって日蓮は法華経の体現者としての自覚に到ったのである。その生涯は佐渡流罪を分岐点として佐前・佐後と二分される。

日蓮は佐渡で『開目抄《かいもくしょう》』『観心本尊抄《かんじんほんぞうしょう》』を著して教義を深め、大曼荼羅を本尊として書き示した。日蓮の大曼荼羅は独特のひげ文字で「南無妙法蓮華経」と大書し、周囲に諸仏諸尊の名がびっしりと書き記されている。

曼荼羅とは諸仏諸尊が参集する法の宇宙を象徴するもので、中心におかれる主尊が修法《しゅほう》（祈祷や修行）の本尊となる。空海が唐からもたらした真言宗の金剛界・胎蔵界の両界曼荼羅はいずれも根本仏の大日如来を主尊とするが、釈迦や阿弥陀、観音などを個別に主尊とするものは別尊曼荼羅とよばれ、多種あって、それぞれを本尊とする法会や瞑想に用いられる。

日蓮の大曼荼羅は、その主尊の位置に「南無妙法蓮華経」の題目をおき、森羅万象に題目の力が働くことを示す。法華一乗とは、信仰を法華経のみに限定して他を禁じるのではなく、すべては究極において法華経に帰一するということだから、日蓮の大曼荼羅には日本の天照大神の名もある。のちに日蓮宗は毘沙門天《びしゃもんてん》や帝釈天《たいしゃくてん》、鬼子母神《きしもじん》などの利益を説いて大いに広まるが、それら諸天諸神の名も大曼荼羅にある。日蓮はそれを多くつくって弟子・信徒に与えた。

文永十一年、佐渡流罪が赦免されると、日蓮はふたたび幕府に法華経を奉じるように訴えるが、容れられず、甲斐の山中、身延《みのぶ》（山梨県身延町）に隠棲。そこから各地の信徒に手紙を送って信仰を指導した。弘安五年、病のために身延を下山し、武蔵の千束《せんぞく》（東京都大田区池上）で六十一歳で寂した。そこで荼毘にふされ、墓所は遺言にしたがって身延につくられた。

日蓮は臨終に六人の高弟を「六老僧」と定めて後事を託した。この六老僧から現在の日蓮系諸宗につながる門流が生まれる。そのなかで主流となったのは池上本門寺を開いた日朗《にちろう》（一二四五〜一三二〇）の門流と身延山久遠寺《くおんじ》を受け継いだ日向《にこう》（一二五三〜一三一四）の門流だったが、江戸時代に久遠寺を総本山とする体制が定着した。また、日興《にっこう》（一二四六〜一三三三）の富士門流（現在の日蓮正宗／総本山大石寺）は他の諸門流から早期に分立した。

日蓮系諸門流では今も現世利益の祈祷がさかんである。法華経にもこの世が永遠の釈迦如来の平安な国であると説かれているが、仏教は現当二益《げんとうにやく》つまり現世と来世（当来の世）の平安を説くものだから、日蓮は法華経のもとで、この世もあの世も仏の国だという。ただ、ときにどちらかが強調されるのである。

3　鎌倉時代の文学と宗教

祝詞と和讃

宗教の実際面つまり祭儀は黙っておこなうものではなく、欠かせない要素は唱句・祭文である。神道では古く「祝詞《のりと》」として伝えられ、平安中期の法典『延喜式《えんぎしき》』に祈年祭のものなど二十九編が収められている。そのなかの「大祓の詞《おおはらえことば》（中臣祓詞《なかとみのはらえことば》）」は神道の根本とされる祝詞で、高天原《たかまのはら》の神々を讃える言葉からはじまり、時とともにつもる穢れを八百万《やおよろず》の神々に祓いたまえと祈る。天地の恵みを回復するために、神職の中臣氏（藤原氏）によって大晦日などに宮中で奏上されてきた祭文である。

そもそも祭文は神々を讃えることで恵みがもたらされるように祈るものだが、それがとりわけ発達したのが古代インドだった。紀元前千二百年ごろに成立した神話叙事詩『リグ・ヴェーダ』

は雷神インドラを讃える歌など膨大な讃歌群であり、祭儀をもって唱えれば神々を動かすと考えられた。その祭儀の言葉がサンスクリット（梵語）とよばれる典礼語である。仏教経典も初期には俗語（パーリ語）で記されたが、しだいにサンスクリットに書き改められた。それが漢訳されて日本に伝わったのだが、密教の真言は今も梵語のまま唱える習わしが続いている。

仏教の唱句は言語によって梵讃・漢讃・和讃の三種に分けられる。梵讃は梵語のもの、漢讃は漢詩に似た形式の詩頌《しじゅ》で漢訳経典の偈《げ》に類し、葬儀や法事で読誦する今の「お経」につながる。和讃は日本語の七五調の歌で、釈教歌とよばれる和歌形式のものもある。

奈良時代の『万葉集』の歌は古代の祝詞の雰囲気を伝えているが、その後も和歌には言霊《ことだま》がやどるものとされる。その和歌の流れのなかで、神祇歌・釈教歌もさかんにつくられたが、勅撰和歌集に項目として立てられるのは平安末の院政期に白河天皇の勅によって編まれた『後拾遺和歌《ごしゅういわか》集《しゅう》』が最初である。以後、古今の神祇歌・釈教歌が集められ、鎌倉初期の勅撰『新古今和歌集』には神祇六十四首・釈教六十二首が収められている。それぞれ冒頭の一首をあげる（佐佐木信綱校訂・岩波文庫版より）。

「知るらめや今日の子《ね》の日の姫小松生ひむ末まで榮ゆべしとは」（神祇歌）

子の日は春の若菜つみの日、童女らが松の若木を引きぬいたりして遊ぶ。この歌の詞書によれば、日吉大社のほとりで神職が子の日に松の若木を引いた日の夜、夢に神託があった。日吉の神に加護されて、かわいい若木が老木になるまで栄えるという祝い歌である。

「なほ頼めしめぢが原のさしもぐさわれ世の中にあらむ限は」（釈教歌）

この歌は清水寺の観音菩薩の託宣歌として知られているもので、「人は荒れ野のヨモギ草のように寄る辺ない身であるが、観音菩薩が世にあるかぎり、ひたすら頼め」と歌われている。のちの謡曲『舟弁慶』で静御前が義経と別れるときに舞う歌として有名だ。

和讃はこのような和歌形式のものだけでなく、院政期に後白河法皇が編んだ『梁塵秘抄』の今様のように庶民の歌にも広まった。今では難解な仏教語が多い歌だが、文字が読めない民衆にも歌をとおして仏教思想が浸透したのである。後白河法皇が歌論を記した『梁塵秘抄』口伝《くでん》集には、摂津神崎（兵庫県尼崎市）で戦にまきこまれて死んだ遊女が歌をうたって往生を遂げることができた。今様をたしなみ習って、その心が深かったからである、と記されている。

鎌倉新仏教の祖師の歌もある。

「月かげのいたらぬ里はなけれども　ながむる人のこころにぞすむ」

これは法然の和歌で現在の浄土宗の宗歌になっている。阿弥陀仏の光明は月光のようにどこでも照らしているけれど、眺めようとしない人には見えないという。

道元の歌として伝わる「春は花　夏ほととぎす秋は月　冬雪さえて冷しかりけり」もよく知られ、江戸時代に道元の歌集として『傘松道詠《さんしょうどうえい》』が編まれた。

祖師のなかでも親鸞は多く七五調の和讃をつくり、『三帖和讃《さんじょうわさん》』と総称される三つの和讃集があり、他に「帖外和讃」とよばれる和讃集も編まれている。

親鸞はまた阿弥陀仏の本願の由来とインド・中国・日本の浄土教の先師を讃える百二十句の偈をつくって『教行信証』に記している。それが現在、浄土真宗の「お経」の中心となっている「正信念仏偈」である。和讃のなかから六首を選んで唱和する「念仏和讃」とともにたいへん音楽的な音調をつけ、声を長く引いて読むのが特色である。

次は「念仏和讃」の第一首。

「弥陀成仏のこのかたは／いまに十劫《こう》をへたまえり／法身《ほっしん》の光輪きわもなく／世の盲冥《もうみょう》をてらすなり」（法蔵菩薩が本願を成就して阿弥陀仏となられてから／今や十劫もの長い時が経ち、久遠の時を超えて仏はましまます。／その身体から周囲に放たれる光に際《きわ》（果て）はなく／煩悩にとらわれた世の人々の暗がりを照らす）

道元の漢詩

漢詩・漢文は古くから貴族の教養とされ、平安時代には『凌雲集《りょううんしゅう》』『文華秀麗集《ぶんかしゅうれいしゅう》』などの勅撰詩集が編まれた。鎌倉時代には禅僧の往来により新たな禅文化として漢詩が詠まれ、水墨画や頂《ちん》相《ぞう》（禅僧の画像）の賛として記されるようにもなる。それについては次章の五山文学の項で触れるので、ここでは道元の漢詩のみとりあげる。

道元の漢詩は前述の『永平広録』に収録されている。全十巻の最後が漢詩の巻で百二十五首がある。次は「禅人に与ふ」と題する八首のうち二首である（詩句は鏡島元隆編『道元禅師全集』春秋社による）。

仏祖元来在眼前　仏祖は元来　眼前に在り
前灘波動銷秋煙　前の灘《まのあたりのはやせ》波動き秋煙を銷《とざ》す
夜寒易乱雁行列　夜寒うして乱れ易し雁行《がんこう》の列
月暗難尋古渡船　月暗うして尋ね難し古渡《こと》の船

【大意】仏祖（釈迦如来）はもともと眼前に在るのに／人は生死の荒波にのまれ、秋の霧に閉ざされて迷っている。／夜が寒いと、雁の列は乱れやすく、／月が暗いと、古くからある渡し船でも探すのが難しい。

仏教では、生きることには苦しみが必然的に伴うという。いわゆる生老病死の苦を避けることはできない。しかし、秋の霧に閉ざされた荒海に漂うように見えても、仏祖はいつも、その人と共にある。

松風高韻夏宵秋　松風《しょうふう》高く韻《ひび》く夏宵《かしょう》の秋
竹響頻騒暁涙流　竹響《ちくきょうしき》頻りに騒いで暁涙《ぎょうるい》流る
唯可触途全体動　ただ途《みち》に触《ふ》れて全体動ずべし
誰忘古路此間憂　誰か古路を忘れて此の間に憂えん

【大意】松風が高く鳴る夏の宵に秋が感じられるころ／竹がざわめいて暁には露が涙のように落ちる。／何事にせよ、そのままに受けとめて仏道をゆくべきである。／そうすれば、誰であっても、遠く伝わってきた仏道を見失う憂いはあるまい。

第一句・二句は、世の中の無常をあらわす。「暁涙」は朝露のことだが、涙を流さずにいられない悲しさやつらさを暗示している。そんなときこそ、「全体動ずべし」。この一行にはいろいろな解釈があるのだが、ここでは毅然として事象の全体を受けとめよ、という意味に解したい。

無常と往生

平氏が滅びて数十年たったころの鎌倉時代に「祇園精舎《ぎおんしょうじゃ》の鐘の声、諸行無常の響あり」と誰ともなく語り出された。盲目の琵琶法師によって語られた『平家物語』である。この物語は「盛者必衰のことわりをあらわす」というように権勢を誇った平氏の滅びを伝え、世に常なるものはないこと、すなわち無常を語る。平家の一門は入水したり首をうたれたりして次々に死んでいき、生き残ったのは建礼門院（清盛の次女・徳子）など、わずかな人だけだった。建礼門院は幼い安徳天皇とともに壇ノ浦で入水したが、海から引きあげられたのである。

その後、建礼門院は京都大原の寂光院に平家一門の冥福を祈って念仏をとなえながら余生を送り、建保元年（一二一三）、五十九歳の生涯を閉じた。『平家物語』は「みな往生の素懐《そがい》をとげけるぞと聞こえし（みな極楽に往生したいという日頃の願いを遂げたといわれている）」という言葉で終わる。

この物語は平氏一門の浄土往生を願って鎮魂する意味をもっていた。五来重著『日本人の死生観』（角川選書）によれば、近年まで京都では「お経流し」の日に語られたという。三月二十四日、壇ノ浦に平家が亡んだ日に賀茂川に経木（経文をしたためた小板）を流して供養するのである。ラフカディオ・ハーン（小泉八雲）の『怪談』で知られる「耳なし芳一の話」で平氏の亡者たちが芳一の琵琶語りを聞きたがるのも、それが鎮魂の物語だからだ。

隠者の文学

鎌倉時代の随筆『方丈記』と『徒然草』も無常を主題とした文学として知られている。しかし、それらは裕福な文人の趣味的な文芸の性格が強く、その無常感は一種の美学というのがふさわしい。

『方丈記』は鎌倉初期の随筆で、作者の鴨長明（一一五五?～一二一六）は京都の賀茂御祖神《かものみおや》社（下鴨神社）の最高の神官の子という裕福な家に生まれた。若いころから歌人として活躍するが、同族の争いで神職を継ぐことができず、財産の分与もままならないなかで嫌気がさして五十歳で大原に隠棲した。その後、日野の方丈（一丈四方）の草庵に移って著したのが『方丈記』である。建暦二年（一二一二）、還暦を前に人生の締めくくりに思うことを書いたという一巻だけのごく短い書物である。「ゆく河の流れは絶えずして、しかももとの水にあらず。よどみに浮ぶうたかたは、かつ消え、かつ結びて、久しくとどまりたるためしなし」と無常感をたたえた冒頭の文で知られるが、末尾は「ただ、かたはらに舌根をやとひて、不請《ふしょう》の阿弥陀仏、両三遍申して、やみぬ」という中途半端な気分の描写で終わっている。

ただ舌だけ動かして「不請の阿弥陀仏」を二、三回となえてやめてしまった。「不請の阿弥陀仏」は「臨終の準備が整わないうちに」とか「気のりがしない念仏」といった意味であろう。

『徒然草』は鎌倉後期の随筆で、作者の吉田兼好（一二八三?～一三五二?）は、もとは卜部《うらべ》兼好といい、やはり神職の家系に生まれたが、三十歳の頃に隠遁した。『徒然草』は鎌倉末期の混乱した世相を背景に書かれた全二百四十二段の随筆集である。その第一段「つれづれなるままに、日くらし硯《すずり》にむかひて、心にうつりゆくよしなし事（とりとめもないこと）を、そこはかとなく書き……」という語句が書名の由来で、まさに、よもやま話ふうの内容である。最後の段には子どものころの思い出として、父に仏とはどんなものかとあれこれ聞いたら、父はとうとう答えに窮して「さあ、天から降ったか、土から涌いたかねえ」と笑ったという。

以後、無常を悲観的にみるか楽観的に笑ってしまうか、つまりは「憂き世」と「浮き世」のはざまに、さまざまな隠者文学が登場してくる。江戸時代の松尾芭蕉の「わび・さび」も、十返舎一九ら戯作《げさく》文学の笑いも、近現代の文学や批評がペシミズム好みであるところにも、その影響があるといえよう。

そのペシミズムからの脱却が、これからの課題でもある。宗教は本来、明るく輝かしい救いを説くのであり、人生は苦であるというだけで終わるものではないのだから。

第4章　室町時代

1　朝廷と幕府

「武者の世」といわれる鎌倉時代には将軍に公家が迎えられるなど、公家勢力と武家勢力は大枠で共存していた。しかし、南北朝の動乱期にその関係は大いにゆらいだ。また、寺社は旧来の権門体制を脱して中世独特の地域共同体である町衆《ちょうしゅう》や惣村《そうそん》に浸透し、武力をもって守護大名・戦国大名と戦うまでになる。

室町時代は全体に農民・商工人ら民衆の力が増した時代で、地域や同業者の寄合によって事が決せられるようになった。それによって地域の共有財産として辻堂などとよばれる仏堂が建てられ、墓地が共同管理されるところもあらわれて、のちの寺院のもとがつくられた。また、各種の講が多く生まれ、神社も地域の宮座によって管理されて祭りが盛んになった。鎌倉新仏教が広まったのも室町時代である。

鎌倉幕府の滅亡と南北朝の始まり

元弘三年（一三三三）閏《うるう》二月、先の倒幕計画の失敗（元弘の変／一三三一年）によって流刑にされていた後醍醐天皇（一二八八〜一三三九）が配流地の隠岐を脱出して討幕の綸旨《りんじ》を発した。すでに畿内で挙兵していた護良親王《もりよししんのう》・楠木正成《くすのきまさしげ》らに寺社や土豪らも呼応し、それを鎮圧する幕府軍の将だった足利高氏（尊氏／一三〇五〜五八）も天皇側に転じた。五月に新田義貞が挙兵して鎌倉に攻め入り、源頼朝から約百五十年つづいた鎌倉幕府は倒壊した。そして、京に戻った後醍醐天皇による建武の新政が開始される。それは公家と武家の上に立つ天皇の親政をめざすもので建武の中興ともよばれるのだが、武士の所領安堵の習わしを無視する過激な改革が反発をまねき、建武三年（延元元／一三三六）足利尊氏に京を追われて吉野に逃れた。以後、京と吉野に朝廷が並立する南北朝時代となる。

北畠親房と『神皇正統記』

南北朝時代には諸国の武将がそれぞれ北か南の朝廷方につき、各地で激戦がつづいた。しかし、しだいに北朝すなわち京都の天皇を奉じる足利将軍の室町幕府が権力を固めていく。その動きのなかで南朝の正統性を強く主張したのが『神皇正統記《じんのうしょうとうき》』を著した北畠親房《ちかふさ》（一二九三〜一三五四）である。

親房は悲劇の生涯を生きた公卿である。後醍醐天皇の即位（一三一八年）とともに若く側近となったが、養育に当たっていた皇子世良親王の死を機に出家して政界を退き、建武の新政にも参加せずに陸奥守《むつのかみ》に任じられた長子顕家《あきいえ》について陸奥に下った。

ところが、足利尊氏の反乱をみて顕家とともに軍勢を率いて上洛。その後、天皇とともに吉野の南朝に移った。しかし、南北朝の戦乱で顕家が戦死し、暦応元年（延元三／一三三八）東国に拠点を開くために伊勢から出帆したが、嵐に見舞われて常陸（茨城県）に上陸。およそ五年間を常陸に過ごすが、その間、足利軍に攻められて小田城・関城で二度の落城を経験。その後、吉野に戻り、南朝の中心となって北朝に対抗したが、その勢力を挽回することはできなかった。『神皇正統記』は最初、常陸の小田城で書かれ、改訂を重ねた書物である。

『神皇正統記』は神代から南朝第二代の後村上天皇までを記した歴史書で、鎌倉時代初頭に天台座主慈円が著した『愚管抄』とよく対比される。『愚管抄』が武者の世に移っていく歴史に「道理」をみようとしたのに対し、武家政権に追われた南朝の正統性を主張する『神皇正統記』は、神国である日本の治世は神孫の天皇と祭司の藤原氏によるべきだとする。その思想は鎌倉時代に伊勢外宮《げくう》の神職度会《わたらい》氏が説いた度会神道（伊勢神道）を中心に仏教・儒教も取り入れたもので、国は正直・慈悲・智恵の三徳によって治められるべきだという。

室町幕府の成立

足利尊氏は建武三年（延元元／一三三六）に十七条の『建武式目《けんむしきもく》』を発して武家政権の継承を宣言。暦応元年（一三三八）には征夷大将軍になった。いわゆる室町幕府の発足である。

鎌倉幕府の体制との大きな違いは、将軍と諸国の守護・御家人との関係である。鎌倉時代、各地の御家人は将軍に直接忠誠を誓い、有力な御家人が諸国の守護に任じられた。守護も地頭も御家人としての立場は対等である。

室町時代の守護は大名として各国を支配し、室町幕府は有力守護大名の連合の上に成り立った。また、鎌倉末から建武の新政の混乱期に武将によって勝手に占領されていた寺社領・国衙《こくが》領・公家領などを旧に復するなど、幕府は諸勢力の調停につとめて政権の安定をはかった。尊氏の『建武式目』も「遠くは延喜・天暦の徳化（平安中期の醍醐・村上天皇のころの善政）を訪ね、近くは義時・泰時（鎌倉初期の執権）父子の行状を以て近代の師となし」と公武両立をうたっている。

『太平記』の誕生

『建武式目』の理想とはうらはらに、戦乱の世に「徳」は崩れ、美濃の守護土岐頼遠《ときよりとう》のように傍若無人なふるまいから「婆娑羅《ばさら》（荒々しい者の意）」とよばれる者もあらわれた。生き方や価値観が激しくゆらいだ時代だったわけだが、そのなかで義に生きる英雄譚も語りだされ、勧善懲《かんぜんちょう》悪《あく》の物語も生まれた。後世、もっとも広く大きな影響を与えた書物は『神皇正統記』でも『建武式目』でもなく、四十巻もの語り文芸『太平記』であろう。

『太平記』は後醍醐天皇の即位から南北朝の終わりごろまでの約五十年間の物語で、作者は小島法師と伝えるが、南北朝並立の数年後、法勝寺の恵鎮が三十数巻の『太平記』を書き、天台僧らが書き加えて四十巻になったようだ。その内容は後醍醐天皇による挙兵、楠木正成の活躍や忠義に殉じた最期、建武の新政の混乱、足利尊氏の台頭、吉野での後醍醐天皇の崩御などをへて足利幕府による太平の世の到来までを語りつつ、仏教の無常観や儒教的な忠義・仁徳、それらのあいだで苦しみ傷つく者たちの悲運など、世の人々に政治や人生とは何かを告げた。それが鎌倉時代から徐々に民間に広まった説経節（節談《ふしだん》説教）とともに法会《ほうえ》の余興として語られるようになり、室町時代中ごろには『太平記』語りを職能とする物語僧（談義僧）があらわれた。江戸時代には芸能の講釈師となり、講談が生まれる。

『太平記』はその後の物語文学の素材を豊富に含み、さまざまな文芸の源ともなった。勧善懲悪を柱とする大正時代の物語シリーズ「立川文庫」や昭和の映画全盛時代の時代劇などはその直系の子孫である。

日本国王になった将軍

足利将軍の権力が頂点に達したのは三代義満（一三五八〜一四〇八）のときだった。義満は有力守護大名の細川頼之《よりゆき》を追放し、美濃・尾張・伊勢三国の守護土岐氏を討ち、さらに十一か国の守護だった山名氏を討つ。そして明徳三年（元中九／一三九二）には南朝の後亀山天皇が京都に戻って退位し、およそ六十年間の南北朝が解消。応永四年（一三九七）には京都北山の山荘に華麗な金閣（いわゆる金閣寺）を建てて権勢を誇示した。そうして応永八年、将軍が中国に対して「日本国王」を名乗る事件がおこった。

中国は元に代わって明《みん》の時代である。当時、商船の行き来は活発だった。東シナ海周辺では海賊の倭寇《わこう》が跋扈《ばっこ》していたが、対明貿易の利益は莫大だった。幕府の先例としては対元貿易の天龍寺船がある。義満は明と正式の国交を結ぶことで貿易の拡大と独占をねらい、朝貢《ちょうこう》の再会を願う遣明使を送った。それに対し明は義満を「日本国王源道義」とよんで朝貢を認める。そして応永十年、義満は明への国書で「日本国王臣源」と名乗り、皇帝の臣下として朝貢する立場をとった。

この国書を起草したのは五山の代表的な詩僧である絶海中津《ぜっかいちゅうしん》（一三三六〜一四〇五）だった。室町時代、五山の禅院は幕府の官寺となり、禅僧は将軍や守護大名の政治顧問にもなった。とりわけ大名どうしの交渉や中国との外交はもっぱら禅僧がになったのだった。五山には中国からの来朝僧や元・明に学んだ僧も多く、山内では中国語が話されたようだ。絶海は入明して初代皇帝＝朱元璋《しゅげんしょう》（洪武帝《こうぶてい》）に謁見し、その中国滞在は八年に及び、大陸の事情に明るかった。

ところで、義満が「日本国王」を名乗ったことは天皇を否定するものであるにもかかわらず、朝廷ではあまり問題にならなかった。義満の権勢を恐れたともされるのだが、古代の倭の五王や遣唐使のときから、そういうことがおこなわれてきたためでもあろう。

遣唐使は天皇の使者だが、日本をでるときは中国ふうの名をつけ、中国の官服を来て、中華皇帝の臣下の立場をとった。つまり国内外で立場をつかいわけたのだが、困惑したのは中国の返礼使の扱いだった。奈良の都に来て天皇に拝謁するとなれば臣下の礼をとらせねばならないが、そうはいかないので大宰府にとどめるのを通例とし、問題を避けた。

そういう便法が古代からあったことに加えて、義満以後は将軍の権力も衰えたので問題が深刻化することはなく、天皇と将軍が共在する体制が江戸時代の終わりまで存続した。

一方、仏教界では五山の禅院の興隆に対抗して比叡山の衆徒が南禅寺の山門を破壊するなど権門寺社勢力の抵抗もあった。そして応仁の乱（一四六七〜七七年）後の戦国期には寺社は戦国大名とも同盟や抗争をし、激しい戦闘をおこなった一向一揆などもあったが、江戸時代には幕府と大名諸家の寺社奉行および本末・寺檀制度のもとに統制された。

神道では京都吉田神社の卜部兼倶《うらべかねとも》（吉田兼倶／一四三五〜一五一一）が古来の神道は根、儒教は枝葉、仏教は花実として三教を統合する「三教根本枝葉花実説」を説き、また、大祓の祝詞を民衆に広めて独自の吉田神道を生み出した。兼倶は吉田家が諸国の神社・神職を差配する体制をつくり、それは江戸時代にも引きつがれた。

2 五山と禅文化

五山の制

五山は中国の南宋時代に五大寺を中心に寺院を統制した官寺制度である。日本では幕府の官寺である臨済宗寺院の序列を示す意味あいが強く鎌倉時代に建長寺を五山第一としたが、まだ明確な制度を伴うものではなかった。京・鎌倉それぞれに五山が定められたのは暦応年間（一三三八〜四二年）に足利尊氏によってだった。その後、五山の選定は時期によって異なるが、およそ次のとおりで、京・鎌倉の五山の上に南禅寺を置いて「五山之上」とした。

京都五山＝第一・天龍寺、第二・相国寺、第三・建仁寺、第四・東福寺、第五・万寿寺。

鎌倉五山＝第一・建長寺、第二・円覚寺、第三・寿福寺、第四・浄智寺、第五・浄妙寺。

この五山の住持（住僧の長）は僧録《そうろく》によって選定され、将軍によって任命された。幕府は禅律方によって禅宗寺院を統制したが、臨済宗の諸寺は内部に僧録という役職をおいて僧侶の身分などを管理したのである。

五山の住持は満二年を一期とし、その住持を出す資格をもつのが五山に次ぐ寺格をもつ十刹《じっせつ》、さらに諸山とよばれる禅院だった。この五山・十刹・諸山の全体を「五山叢林《そうりん》」と総称し、略して単に「五山」とも「叢林」ともいう。「五山僧」とか「五山文学」という場合は広い意味での五山である。そして五山に属さない禅宗寺院（曹洞宗寺院や地方の禅院）は「林下《りんげ》」といった。

五山は十方住持、つまり臨済宗の派を問わず住持を選ぶのを基本としたが、その中心は夢窓疎石（一二七五～一三五一）を派祖とする夢窓派、円爾弁円《えんにべんねん》（一二〇二～八〇）つまり聖一国師《しょういちこくし》の聖一派だった。

安国寺・利生塔の建立

「建武式目」が定められて室町幕府の基礎がかたまった建武三年（延元元／一三三六）、足利尊氏と弟の直義《ただよし》は全国六十余州の国ごとに一寺一塔の建立を発願《ほつがん》。貞和元年（興国六／一三四五）、光厳《こうごん》上皇の院宣《いんぜん》によって安国寺・利生塔《りしょうとう》と名づけられた。

この安国寺・利生塔の建立は夢窓疎石の進言によるもので、鎌倉幕府の滅亡と建武新政期の戦乱で死んだ者たちの慰霊のためであったが、古代の国分寺建立と同じく幕府の威光を諸国に知らしめるものだった。

とはいえ、新たに寺院が建立されたわけではない。安国寺のほとんどは五山叢林の既存の臨済宗寺院を安国寺と改称したものだった。利生塔も既存の真言・天台・律宗などの寺院の境内に五重塔か三重塔を建てたものである。安国寺は五山の制を諸国に広げ、利生塔は地方の寺社勢力を室町幕府の体制に組み入れるねらいをもったものといえよう。

中国との交易も活発になった。夢窓礎石は天龍寺造営の資金を得るために足利直義から天龍寺船派遣の許可を得たが、それは博多の商人によって元と交易する貿易船で、幕府は海賊（倭寇）から天龍寺船を保護するかわりに大きな利益を得た。のちの遣明船による勘合符貿易の先駆である。

政治顧問になった僧

夢窓礎石は室町時代初期の代表的な僧で、弟子一万三千名を数えたという。また、詩僧でもあり、幕府の政治顧問でもあった。

このような多面性は五山の上位の僧に共通する性格で、それを支える大きな要素は禅僧の諸山遍歴の風習である。諸国の禅院に次々に暮らしたので広い人間関係がつくられた。このため五山僧の経歴は非常に複雑である。たとえば夢窓礎石について『禅学大辞典』（大修館書店）をみると、次のように経歴が記されている。

「幼にして出家して天台を学び、のち禅に転じ、高峰顕日《こうほうけんにち》に参じてその法を嗣ぐ。甲斐（山梨県）の竜山庵、美濃（岐阜県）の虎渓庵《こけいあん》、土佐（高知県）の吸江庵《きゅうこう》、三浦（神奈川県）の泊船庵《はくせん》、上総（千葉県）の退耕庵《たいこう》、等諸所に隠れ住したが、正中二年（一三二五）後醍醐天皇の勅によって南禅寺に住した。翌年鎌倉に帰って南光庵を開き、更に浄智・瑞泉《ずいせん》・円覚の各刹を薫したが、後醍醐天皇の命で南禅寺に再住し、天皇崩去後、足利尊氏の請で天龍寺開山となった。他に、臨《りん》川寺《せんじ》・等持院・真如寺《しんにょじ》・西芳寺《さいほうじ》等を開いた」

前述の「日本国王」を名乗る足利義満の国書を草した絶海中津のように中国に渡った禅僧の人脈は博多の商人や元・明の宮廷にも及び、中国語や文書の作成に長けていたことから外交顧問僧にもなったのである。

ところで、絶海が明の洪武帝（朱元璋）に謁したときに詠んだ漢詩がある。

熊野峰前徐福祠　熊野《くまの》峰前《ほうぜん》に徐福《じょふく》の祠《し》ありて、
満山薬草雨余肥　満山の薬草は雨余《うよ》に肥えたり
只今海上波濤穏　只今《ただいま》　海上は波濤穏かなれば
万里好風須早帰　万里の好風に須《すべか》らく早く帰るべきなり

（『蕉堅稿《しょうけんこう》』）

【大意】熊野の峰の麓に徐福の祠があり／山に満ちる薬草は、おりから雨をうけて肥えております。／今こそ海の波濤も穏やかでありますから／未だ帰国しない徐福も万里の順風に乗って早く帰るべきでありましょう。

この詩には「制に応じて三山を賦す（応制賦三山）」という題がある。洪武帝が徐福について下問したことに応えた詩というわけだ。

徐福は秦の始皇帝（紀元前三世紀）に不老長寿の薬草をさがすことを命じられて日本に来たという道士（道教の僧）で、紀伊半島那智の海岸に上陸して熊野に永住すると伝える。ただし題の「三山」は熊野三山ではなく、海上に島々が浮かぶ日本のことである。

さて、絶海は答えるに「只今　海上は波濤穏かなれば」という。今は明の太祖（初代皇帝）のおかげで天下が治まり、波も静かだ。万里に順風が吹きわたる今こそ、日本を好んで住みついてしまったという徐福も急ぎ帰国すべきである。言外にこんな意味を含む。

貧しい農民の家に生まれた朱元璋が一三五一年の紅巾《こうきん》の乱を経て元を倒し、帝位について国号を明としたのが一三六八年。絶海は天下が治まったことを巧みに詩に詠みこんでいる。

洪武帝は気をよくし、みずから異例の和韻（返事の詩）を与えた。「熊野峰は高くして血食《けっしょく》の祠ありと／松根《しょうこん》の琥珀《こはく》はまた応《まさ》に肥ゆべし／当年の徐福は僊薬《せんやく》を求めて／直ちに如今《じょこん》に致るも更に帰らず」という。

「血食の祠あり」は社に供物の多いことを意味し、日本国も栄えているとの答礼。その日本が住みよいから、徐福は僊薬（仙薬）を手に入れたのに今になっても戻ってこないと嘆いてみせた。農民から身を起こした洪武帝も、如才のない外交感覚をもっていたことがうかがえる。

ところで、和韻は他人の詩に応えて同じ趣旨の詩をつくることである。五山の僧たちは詩をつくりあう唱和の集いをしばしば催したが、そんなとき、和韻の技量が問われるのだった。水墨画に賛の詩を大勢が寄せ書きふうに書きいれた画も多く残されている。

その詩のつどいに列することは五山僧として認められ、人間関係を広げる機会でもあり、しばしば将軍や公卿の館でも催された。守護大名もそれぞれ禅院を保護し、僧を顧問として法令や文書の作成にあたらせたほか、五山僧は諸国に広がる人脈を生かして大名の密使としても活動したのである。

戦国時代には大名の使者として活動するうちに自分が大名になる禅僧まで現れた。安国寺恵瓊《あんこくじえけい》（?～一六〇〇）である。

天正十年（一五八二）、織田信長が本能寺で死んだとき、中国地方の毛利攻めのために高松城（岡山市）を囲んでいた豊臣秀吉は急ぎ毛利と和睦を結んで兵を退き、山崎で明智光秀軍を破った。秀吉にとって運命の和睦を結んだ相手が毛利の使者だった恵瓊である。以後、秀吉に信頼され、僧籍のまま伊予に六万石の領地をもつ大名になった。

政界で大きな働きをした旧仏教の僧もいる。代表的には「黒衣《こくえ》の宰相」ともよばれる真言宗醍醐寺座主の満済《まんさい》（一三七八～一四三五）であろう。応永三十五年（一四二八）に第四代将軍義持《よしもち》（第五代将軍義量《よしかず》は早世）が跡継ぎを指名せずに死去し、くじ引きで将軍を選ぶという異常事態に立ち至ったとき、そのくじをつくったのが満済だった。その結果、義満の子で出家して天台座主になっていた義円が還俗して将軍になった。それが第六代義教《よしのり》である。

五山の文化

五山の禅院は幕府や守護大名から寺領の寄進をうけるなど、経済は豊かであった。その豊かさによって、いわゆる五山文学が発展する。その大きな事績としては五山版とよばれる多数の木版出版物の刊行、江戸時代の朱子学につながる儒学の研究、そのほか建築の書院造や作庭、芸能など生活全般に及ぶ。それらの文化は三代将軍義満・四代義持のころの北山文化、八代将軍義政のころの東山文化によって代表される。

北山文化は義満が応永四年（一三九七）に藤原北家の西園寺家から譲り受けて殿舎を造営した北山山荘の金閣（のち鹿苑寺《ろくおんじ》金閣／金閣寺と通称）にちなむ名である。金箔を貼りつめた豪華な金閣は寝殿造ふうの池庭に面し、一階は貴族の館の寝殿様式、二階は釈迦牟尼仏をまつる仏殿（舎利殿）で、平安貴族文化を引き継ぎつつ禅宗様が取れ入れられている。この金閣のほか、北山山荘には会所《かいしょ》とよばれるサロンもあり、連歌や茶の会が催された。そこに侍して芸事を盛り上げたり唐物の陶器や書画の鑑定にもあたったのが阿弥陀仏の「阿弥」と号した阿弥衆である。義満は猿楽《さるがく》の観阿弥《かんあみ》（一三三三～八四年）・世阿弥《ぜあみ》（一三六三?～一四四三?）父子を引き立て、猿楽から能が生まれる。

東山文化は足利義政（一四三六〜九〇）が応仁の乱の最中に将軍職を退き、文明十五年（一四八三）、かねて造営していた山荘の東山殿に隠居して風流生活を送ったことによる。ここに義政は観音殿（銀閣）や持仏堂の東求堂《とうぐ》を建てた。東求堂に書院造の茶室（同仁斎）が造られるなど、寝殿造の平安貴族文化の影響の強い金閣寺にくらべて清淡な禅宗様に統一され、没後、遺言によって慈照寺《じしょうじ》と改めた。通称、銀閣寺である。この山荘を中心に侘茶《わびちゃ》（茶の湯）・能楽・立花《りっか》（華道）などの芸能が発達した。水墨画の雪舟（一四二〇〜一五〇六）が独自の画風を開いたのも東山文化のころである。

ところで、金閣寺・銀閣寺ともに開山（初代住持）に夢窓疎石を迎えている。幕府の政治顧問だった夢窓は文化の面、とりわけ作庭において大きな足跡を残した。飛鳥時代から造られてきた枯山水《かれさんすい》を禅院の庭に応用した最初は、夢窓が晩年に譲りうけた西芳寺（苔寺）に造った庭である。その庭をうたった夢窓の詩がある（題の「仮山水」は枯山水と同じ）

仮山水韻（仮山水の韻）

纖塵不立峰巒峙　纖塵《せんじん》も立せずして峰巒峙《ほうらんそばだ》ち
涓滴無存澗瀑流　涓滴《けんてき》も存する無くして澗瀑《かんばく》流る

一再風前明月夜　一再す風前　明月の夜
箇中人作箇中遊　箇中《かちゅう》の人と箇中の遊びを作《な》さむ

【大意】塵ひとつたたない静かな夜、枯山水の庭には微細な塵も立たず高峰がそびえ／一滴の水もなく渓谷に瀑布が流れる。／ひとたび我が風前の友が来たり、ふたたび来たる満月の夜／この庭にその人を待ち、この庭にその遊びをしよう。

「風前」は風が吹いているのではなく、杜甫《とほ》の「飲中八仙歌」にある句で親しい友人を意味する。「箇中の人」は「この庭にぴったりの人」、「箇中の遊び」は「この庭にぴったりの遊び」ということである。その遊びは、もちろん禅僧のことであるから、仏法を語ったり、詩を作ったりすることをいう。

この西芳寺の庭は上下二段に分かれ、上下一対の寺があった。上段は穢土寺といい、ここに夢窓は寿塔（生前に建てる墓）を造り、枯山水の庭を配したのである。下段はもとは西方寺という。苔の美しいことで有名な池泉回遊式《ちせんかいゆうしき》の西芳寺の庭は西方極楽を思念する浄土庭園だったのである。穢土寺・西方寺の二寺は厭離穢土《おんりえど》（けがれた世を厭い離れる）・欣求浄土《ごんぐじょうど》（極楽浄土への往生を願う）を表し、夢窓が住する以前は浄土宗の寺だった。また、穢土寺のあたり一帯は東山の鳥辺野と並ぶ三昧場《さんまいば》（墓地）で、冥土につながる境界の地だった。

「仮山水の韻」は漢詩によくある友情の詩のように読めるけれど、「纖塵も立せずして峰巒峙ち」

という静けさは、この世のものではない。幽明境を接する石の庭を月が冴えざえと照らすとき、一度ならず二度も訪れてくるのは誰であろうか。この庭にふさわしい「箇中の人」は、生前に親交を結び、今は亡き人であろう。とすれば、ふたたび来るのは、あの世からだ。

その人は、もしかしたら、怨念を残して崩じた後醍醐天皇かもしれない。夢窓が西芳寺に隠居したのは後醍醐天皇が崩じた年なのだから。

あるいは、鎌倉幕府の滅亡から南北朝にかけての戦乱に倒れたおびただしい死者の霊かもしれない。恨みをのんで逝った横死者の霊であれば、「箇中の遊び」は鎮魂の語らいとなろう。室町文化の幽玄も「あの世」と「この世」の境界に発達し、死者がシテ（主人公）となる夢幻能の世界を開いた。

五山の漢詩

五山の精華はなんといっても漢詩と水墨画にある。五山を代表する詩僧の一人、義堂周信《ぎどうしゅうしん》（一三二五～八八年）の「小景」と題する詩をあげる。

酒旆翩翩弄晩風　酒旆翩翩《しゅはいへんぺん》として晩風を弄《ろう》し
招人避暑緑陰中　人の暑《しょ》を避くるを招く緑陰の中に

誰家釣艇来投宿　誰《た》が家の釣艇《ちょうてい》ぞ来りて宿《しゅく》に投じ
典却蓑衣酔一篷　蓑衣《さい》を典却《てんきゃく》して一篷《いっぽう》に酔う
（『空華集《くうげしゅう》』）

【大意】居酒屋の旗が夕暮れの風にひらひらとなびき／暑さを避ける人を緑の木陰の中に招く。／舟着き場に釣り舟をつけたのは誰であろうか／簑を質入れして酒を買い、篷舟の中で酔っているのは。

表題の「小景」は目の前の風景をさりげなく詠んだということだが、これは実景ではない。五山文学は室町時代の禅院の室内で発展し、このような詩は襖絵《ふすまえ》や掛け軸の山水画を見てつくられた。また、絵の余白に書きそえる賛として、このような趣向の詩が多くつくられたのである。禅院の枯山水の石庭も室内から円窓や障子を通して眺めるもので、立体の山水画といえる空間をつくっている。

それにしても、禅僧が酒の詩を作ったりするのは戒律に抵触する感があるが、もともと漢詩は酒や友や国家、亡国の憂い等、もっぱら地上のものを詠むものである。ただし日本の僧の漢詩は来世や仏への視座を多くもったし、中国の詩仙や日本の隠遁僧の伝統をひいて隠者の美を求める傾向も強かった。次は義堂周信とともに五山文学を代表する詩僧でもあった絶海中津の詩である。

懐旧（旧を懐う）

蚤歳尋師天一涯　蚤歳《そうさい》　師を天の一涯に尋ね
山中江上総為家　山中江上　総て家と為す
白頭授簡華堂下　白頭　簡《かん》を授けらる華堂《かどう》の下
蘿月松風入夢賒　蘿月松風《らげつしょうふう》　夢に入ること賒《はる》かなり

（『蕉堅稿』）

【大意】若いときには師を天のかなた（中国）にまで求め／山中でも川のほとりでも、どこでもそこを道場として修行した。／今や白髪となり、簡（五山の住持に任命する文書）を授かって立派な僧堂にいるが／蘿《つた》にかかる月や松風は遠く夢の中で見るだけになってしまった。

次は「相府《しょうふ》席上の作」、つまり将軍義満に招かれたときにつくった詩であるが、やはり世事を離れていたい心境を詠んでいる。

山家

年来縛屋住山中　年来屋《おく》を縛《ばく》して山中に住し
路自白雲深処通　路《みち》は白雲深き処より通ず
不用世人伝世事　世人《せじん》の世事を伝うるを用いず
間懐只慣聴松風　間懐《かんかい》　只だ松風《しょうふう》を聴くに慣る

（『蕉堅稿』）

【大意】ここ数年、小さな庵を山中に結んで暮らしています。／霧に閉ざされ、路が白雲の深いところから通じている山中です。／世間の人が世の中のことを伝えてくれなくてもかまいません。／私は静かな思いで、ただ松風を聴いて過ごしています。

絶海は一時、わがままな義満と仲たがいして四国に下ったが、すぐに呼び戻された。この詩は架空である。

このように僧が詩を作ることに対して、忸怩《じくじ》たる思いや批判もあった。それは芸事にかまけることに通じるので戒律に反するのである。また、次第に形式的な教養主義に陥っていった。そうして初期の夢窓疎石から百年が過ぎたころ、その欺瞞に鋭く反発した一休宗純《そうじゅん》（一三九四～一四八一）が特異な詩を作る。

乱世普天普地争　乱世には普天普地《ふてんふち》ともに争い
太平普天普地平　太平には普天普地ともに平か
禍事々々剣刃上　禍事《かじ》なり禍事なり剣の刃上《じんじょう》にして
山林道人道難成　山林の道人《どうにん》は道成《みちな》り難し

（『狂雲集』）

【大意】乱世には天と地の果てまで相争い／太平の世には天地はどこまでも平安である。／今、禍事（まがごと）は禍事を呼び、世の人々は剣の刃の上にいるというのに／寺の山門の内にいる僧どもはなんと仏道から遠いものであるか。

この詩には前書きに「文正元（一四六六）年八月十三日、諸国軍兵、京洛に充満す。余が門客、平と平ならざるとを知らず。謂ふべし、是れ無心の道人と」とある。それは京都を戦場に十一年にわたる応仁の乱の前年のことで、諸国から兵が京都に集まって今にも戦乱が勃発しそうな緊迫した状況になった。しかし、自分を訪ねてきた人は、天下の泰平や動乱に関心がない。修行者といっても、まったく心のない人だという。

一休は大徳寺派の臨済僧である。大徳寺は後醍醐天皇の祈願所として五山の第一位に推されたこともあるが、しだいに衰微し十刹の第九位にまで下げられた。そこで一休の兄弟子の養叟宗頤《ようそうそうい》（一三七六〜一四五八）のときに十刹の位を返上し、官寺に連なるより在野の禅道場として生きる道を選んだ。しかし、なお官寺の権威にすがろうとする養叟を一休は俗物として非難し、激しく罵声をあびせる文書や詩を残している。この詩も直接には養叟一門を非難したものであろう。

一休のせいで養叟は低俗な権威好みの印象が強いけれど、平然と一休の罵声を受け流していたらしい。人望もあつかったようで、享徳三年（一四五四）に火災で堂宇の大半を失った大徳寺を再建。しかし応仁の乱の戦火によってふたたび大徳寺は焼失した。そのとき、養叟はすでに世に亡く、一休が住持となって堺の豪商の支援を得て再建した。

応仁の乱で幕をあけた戦国の世には、将軍や守護大名に代わって戦国大名や堺の商人が新たに台頭してきた。また、民衆の町衆・惣村が成長する。そして寺社も新たな展開をみせるのである。

3 戦国の寺社

法華宗の隆盛

応仁の乱は有力守護大名の細川勝元《かつもと》と山名宗全《そうぜん》が、それぞれ諸国の大名と兵を京都に集めて東西に布陣して戦い、応仁元年（一四六七）から文明九年（一四七七）に両軍が陣を解いて諸大名が帰国するまで十一年にわたる。この戦乱で京都は何度も焼かれた。『応仁記』によれば、たとえば応仁元年五月二十六日、山名方（西軍）が放った火によって消失した公家・武士の館や寺院など三万余、加茂川の西に燃え残った家はいくらもなかったという。

しかし、大きな戦乱があったのは初期のころで、戦いはだらだらと長引き、両軍とも決定的な勝利を得られないまま終息した。焼けた都の再建は京に暮らす商工人ら、いわゆる町衆（町人）の自治組織である町組によって進められた。この町衆に広まったのが法華宗（日蓮宗）だった。

法華宗の京都進出は日蓮の弟子の日像（一二六九〜一三四二）によって始まった。日像は四条に妙顕寺を建立し、建武元年（一三三四）天皇の勅願寺となる。後醍醐天皇による建武新政のころである。その後、室町時代には京都がふたたび政治と文化の中心となるなかで日蓮系諸門流が関東から進出し、本国寺（本圀寺《ほんこくじ》）・本法寺・本能寺など二十一箇本山と総称される諸寺が建立され、京都は法華の巷といわれるほどに広まった。本法寺は激しい弾圧にあっても信を曲げず、頭に熱した鍋をかぶせられる拷問を受けたという日親（一四〇七～八八）が開いた寺である。

この二十一箇本山を中核として、京都には法華一揆《ほっけいっき》が結成された。一揆とは一致団結を意味する言葉で、同志集団をいう。

この法華一揆の広まりに対して、天文五年（一五三六）、比叡山をはじめとする権門寺社勢力が攻撃し、二十一箇本山と市街の大半を焼き尽くすという事件が起こった。天文法華の乱とも天文法難ともいう。

当時、寺院は戦国大名の城や砦と同様に堀や塀で守られ、内部に民家を囲い込んだ防衛都市、いわゆる寺内町《じないちょう》をも形成した。二十一箇本山の兵力は強く、戦いの当初は比叡山の衆徒らより優勢だったが、近江の戦国大名、六角義賢《よしかた》の介入によって敗れた。

以後、法華一揆は衰えるが、法華宗は京都の町衆に引きつづき支持された。代表的な町衆の信徒には本阿弥光悦《ほんあみこうえつ》（一五五八～一六三七）がいる。また、備前の農民や加藤清正などの武将にも法華宗は広まった。五穀豊穣・天下泰平の妙見菩薩、戦いや商売繁盛の毘沙門天《びしゃもんてん》、安産の鬼子母神《きしもじん》などに祈願する祈祷色の強い法華宗は、その後、江戸の町民や大奥の女性などに信仰され、民衆に広まることになる。

蓮如と一向一揆

応仁の乱のころからの戦国時代には蓮如《れんにょ》（一四一五〜九九）によって本願寺教団が急速に発展した。蓮如が生まれたころの本願寺は京都東山の大谷にあり、宗祖親鸞の子孫によって代々受け継がれていたが、独立した教団ではなく比叡山に属する貧しい寺院だった。蓮如は比叡山延暦寺の青蓮院《しょうれんいん》で出家得度し、康正三年（一四五七）、父の跡をついで本願寺第八世となった。

その後、蓮如は近江堅田（大津市）や金森（守山市）方面の村々を巡って「帰命《きみょう》尽十方無碍光《じんじっぽうむげこう》如来」という十字名号（無碍光は阿弥陀如来の別名）を大書した掛け軸を本尊として与える方法で活発に布教した。それに対して比叡山は、蓮如は新たに無碍光宗を立て、徒党を組んで古来の仏神をないがしろにしていると非難。寛正六年（一四六五）、比叡山の衆徒が大谷本願寺を急襲して堂舎を破却した。蓮如は金森の念仏道場に退いたが、そこにも比叡山の攻撃が及んだため、門徒らは道場に立てこもり、武力で抵抗した。

そのころのことか、炎につつまれた本願寺に本光坊了顕《りょうけん》という僧が飛び込んだという話が伝わっている。炎上する堂に残されていた宗祖の聖教つまり『教行信証』を持ち出すためだが、了顕は戻らなかった。焼け跡にあった遺体を見ると、腹が異様にふくれている。了顕は自分の腹を割き、聖教を入れて火から守ったのだった。以来、浄土真宗の経巻は表紙が赤い色になったという。

これは蓮如の生涯を語る節談説法のお話だが、現世より来世と、法のためには生命を省みない心情は強く、血で結盟の名を書き連ねた一向一揆の阿弥陀如来画像などが残されている。一向一揆とは、一向（ひたすら）に念仏するということから、とくに浄土真宗の門徒集団を意味する語である。

しかし、蓮如は争いに心を痛めた。比叡山を刺激することを避けて近江を退き、北陸方面に進出。文明三年（一四七一）越前吉崎（福井県金津町）に坊舎を建てた。いわゆる吉崎御坊《ごぼう》である。ここで蓮如は「御文（御文章）」とよばれる手紙文体の法語を門徒に与えたほか、親鸞の「正信偈」や「和讃」を出版し、勤行の形を整えた。また、求めに応じて「南無阿弥陀仏」の六字名号を書いた掛け軸を与えたが、その数は一日に数百にも及んだという。それにより寄進は急増して本願寺の貧窮は解消した。

吉崎御坊は入り江に突出した小高い山にあり、麓に多屋（他屋）とよばれる宿坊や民家が建ち並んで寺内町が形成された。そこには諸国の門徒が連日、おびただしく集まった。ところが、越前はもともと高田門徒ら関東系の勢力圏であり、在地の武士の警戒心も強めたため、蓮如はしばしば吉崎参詣を控えるように「御文」を出したが、門徒の参集は止まなかった。ついに加賀・越前の争乱に発展したため、文明七年、蓮如は吉崎を退去して畿内に戻り、同十二年、山城の山科《やましな》（京都府）に本願寺を再建。延徳元年（一四八九）に子の実如に本願寺を譲り、摂津国石山（大阪市）に坊舎を建てて引退した。のちの石山本願寺である。

蓮如の生涯は応仁の乱によって足利将軍家や守護大名など旧来の勢力が衰退するいっぽう、惣とよばれる農民の自治組織が発達した時期にあたる。蓮如の教勢はその農村に浸透したのだった。そして戦国時代に一向一揆は各地に展開した。

一向一揆による武力闘争の最初は、蓮如が大谷本願寺を追われて移った近江金森に門徒が立てこもって比叡山の衆徒の攻撃に抵抗した事件（一四六五年）とされる。

その後、蓮如は門徒が過激に走ることをしばしば戒めたが、一向一揆の武装蜂起は止まなかった。加賀（石川県）では長享二年（一四八八）に守護の富樫政親《とがしまさちか》を滅ぼし、本願寺法主を主君として石山戦争に敗れるまでの百年間、加賀一国を支配するにいたった。

石山戦争は一向一揆の武力蜂起の最後であり、十一年にわたる大規模もので、織田信長に抗して起こった。

当時、本願寺は大坂（大阪）の石山に移っていたが、そこは淀川と瀬戸内海の舟運の拠点である。天下統一をめざす信長は本願寺への圧力を強め、元亀元年（一五七〇）、十一世顕如《けんにょ》（一五四三～九二）に石山から退去するように求めた。これに対し顕如は諸国の門徒に決起を命じ、伊勢長島・近江金森・越前などの一向一揆が蜂起。石山には紀伊の雑賀《さいか》一揆の農民らが駆けつけた。主戦場が石山本願寺であったことから、この戦いの全体を石山戦争という。

石山戦争は本願寺と同盟した毛利氏ら西国大名と信長との戦いでもあったが、しだいに信長軍の優勢となり、天正八年（一五八〇）、顕如は降服して和睦を受け容れ、紀伊に退去して終わった。

その後、天正十九年に本願寺は豊臣秀吉から京都六条堀川に寺地の寄進を受けて再建され、顕如の三男准如《じゅんにょ》が継いだ。さらに慶長七年（一六〇二）に顕如の長男教如が徳川家康から京都烏丸《からすま》に寺地を与えられて分立し、本願寺教団は末寺・門徒にいたるまで東西本願寺のもとに二分された。西本願寺（現在の本願寺派）では准如、東本願寺（大谷派）では教如をそれぞれ本願寺十二世とする。

戦国大名と寺社

南都北嶺をはじめとする権門寺社は公家や将軍の権威と一体となって勢力を保っていた。イエズス会宣教師フロイスの『日本史』によれば、比叡山は三千人の僧を擁し、高野山には五、六千人の僧がいて二万人が暮らしていたという。しかし、戦国の分国の世には、その権勢に影がさしてきた。中世と近世を分ける基準が寺社の荘園への俗権の立ち入りを許さないなど世俗に対する宗教の権威の優位にあるとすれば、これを破って近世への扉を開いた象徴的な事件は松永久秀（一五一〇～七七）が大和一国の支配権を興福寺から奪ったこと、さらに織田信長による比叡山焼き討ち（一五七一年）である。

いっぽう地方の寺院は戦国大名の分国支配に組み入れられた。大名の家法いわゆる分国法においては神仏を敬い、寺社の祭礼・建物の営繕をおろそかにしてはならないとするのが常であるが、領内の諸寺のうち有力寺院を触頭《ふれがしら》として統制した。間接的ではあれ分国の寺社は大名の支配下に入ったわけで、近世の幕藩体制下の本山―末寺関係、いわゆる本末制度につながっていく。

そのなかで、大名の菩提寺として多かったのが五山叢林の臨済宗寺院で、前述したように禅僧が政治顧問や外交をになうことが多かった。著名なのは駿河・遠江（静岡県）の大名今川氏の軍事・政治の最高顧問を務めた太原雪斎《たいげんせっさい》（崇孚《そうふ》／一四九六～一五五五）である。

太原は臨済宗の僧でありながら、天文十六年（一五四七）の小田原城攻めや小豆坂の戦いで戦功をあげ、同十八年には安祥城《あんしょうじょう》を攻めて徳川竹千代（家康）を今川氏の人質とし、教育係も務めた。

また今川氏の分国法である『今川仮名目録』の追加制定を行い、宗教統制や商業保護を実施して今川氏の最盛期を築いた。

戦いに敗れれば一族もろとも命を奪われた戦国大名は祈願に熱心で、祈願所や菩提寺にする寺院を自分で選ぶことが多かった。たとえば徳川家康は天正十八年（一五九〇）の江戸入府のときに増上寺の存応と出会ったことから同寺が徳川家の菩提所となった。天台宗の天海も家康の帰依を受けてから政治に参画した。天海が開いた上野の寛永寺も芝の増上寺とともに徳川家の菩提所となり、江戸時代に大寺院に発展した。また、各地の大名諸家もそれぞれ菩提寺をつくり、いわゆる大名寺が地方の名刹になっていく。

キリスト教の伝来と禁教

天文十八年（一五四九）、イエズス会のフランシスコ・ザビエルが鹿児島に上陸し、キリスト教がはじめて日本に伝えられた。その六年前の天文十二年に種子島に鉄砲が伝わり、戦いの様相を一変させたころである。

それまで、日本人には三国と称されたインド・中国・日本が世界のすべて、そのほかには朝鮮半島と南島くらいしか頭になかった。神仏も仏教・儒教（道教）・神道以外には想い浮かぶはずもなく、キリスト教は南方から来たので、なんとなく仏教の一派くらいの認識だった。それでゼウスは大日如来などと訳してみたが、どうしても納得しかねたのは天地創造やイエスの復活だった。そんなばかげたことはないと、安土から江戸初期にかけて排耶書《はいやしょ》つまりキリスト教排撃論が学僧や棄教者によって書かれた。

しかし、キリスト教は貿易の実利も伴って、九州の諸大名や博多・堺の商人らに急速に浸透した。天下統一を進めていた織田信長も京都や安土に司祭たちを迎えたし、豊臣秀吉も徳川家康も当初はかれらに好意的だった。

しかし天正十五年（一五八七）六月、秀吉は突然、伴天連《ばてれん》追放令を出し、宣教師たちは国外追放となった。追放令の理由ははっきりしないが、その前月に薩摩の島津義久が秀吉に下り、九州統一を終えたばかりのときだった。もはやキリシタンの手を借りなくても貿易の利を得られることになったからかもしれない。

そのころ、九州のキリシタン大名の名代として四人の少年がローマに行っていた。いわゆる天正遣欧使節である。かれらは天正十八年に帰国し、翌年、秀吉に謁したが、外国の珍しいものや話が喜ばれただけで、もはや宣教は許されなかった。千々石《ちぢわ》ミゲルは神にそむいて棄教、伊東マンショは病死、原マルチノは国外に追放され客死、中浦ジュリアンは布教を続けたため、寛永十年（一六三三）に拷問を受けて殉教した。そのほか、江戸時代初期に殉教者が多く出た。

その禁教は宗門改となって江戸時代を通して継続し、明治になっても禁圧されたが、欧米諸国への配慮から布教が解禁された。しかし、絶対神による天地創造は今も多くの日本人に納得しかねるのではないだろうか。

現在、世界の三大宗教といわれる仏教・キリスト教・イスラームのうち、仏教圏はいちばん小さい。しかも他の二教とは大きく異なる。キリスト教・イスラームは、イエスやムハンマドが創造主たる神から受けた啓示に始まる宗教で、啓示の聖典を奉じる「啓典の民」である。納得できてもできなくても、そのことへの理解は今後の国際社会において重要になるであろう。

第5章　江戸時代

はじめに

「日本人の宗教史」を考える上で、近世・近代という時代は、きわめて重要な意味をもっている。

もちろん、近世や近代の社会における宗教のあり方は、古代や中世における宗教のあり方や制度、思想などから大きな影響を受けている。一方、その影響は現代にまでおよんでいる。だが、今私たちが営んでいる宗教生活の大枠が作られたのは近世の社会になってからのことである。

たとえば、日本人の宗教生活では葬送儀礼が極めて重要な意味を担ってきたが、その核にある祖先崇拝の観念や形態が広く浸透したのは、近世に入ってからのことである。あるいは、近代における日本人の宗教について論じる際に大きくクローズアップされてくる新宗教（民衆宗教、新興宗教）の原型が形成されたのも近世末期に入ってからのことである。近世の村や町で活発に活動を展開した「講」が発展したものが新宗教なのである。

その意味で、近世から近代にかけての日本人の宗教については連続したものとしてとらえる必要がある。

しかし、その一方で、近世と近代とのあいだの不連続なり、断絶なりを強調する見方もある。最近では、江戸幕府の支配下にあった近世において、日本の社会が鎖国していたという歴史的事実について、それを見直そうとする動きも生み出されている。ただ、幕末になってアメリカやヨーロッパの列強とのかかわりが生まれるまで、日本が諸外国、とくに欧米と活発な交流を行っていなかったことは事実である。

宗教に関しては、近世に入ってすぐにキリスト教は禁教とされ、社会的に影響を与えることはなかった。ところが、近代に入ると、キリスト教の禁教が解け、日本の宗教界はキリスト教の存在やその影響力を強く意識せざるを得なくなる。そして、日本の宗教は、キリスト教に対抗するため、「近代化」の必要に迫られる。

そもそも「宗教」ということばが、今日理解されているような意味で使われるようになるのは近代に入ってからのことである。また、「仏教」という表現が一般化し、仏教がさまざまな宗教の一つとして考えられるようになるのも、近代になってからのことである。さらに、近世から近代への転換期には、権力の末端を担っていた仏教が「廃仏毀釈」によって衰え、明治政府はその設立当初、神道の国教化をめざした。この点でも、近世と近代とのあいだには大きな断絶があると言うことができる。

問題は、この近世と近代とのあいだの連続と断絶のどちらを重視するかというところにある。本書での論述においては、近世の社会において形成された日本人の宗教のあり方が、近代の社会になっても継承され、基本的に現代に至るまで大きな変化をこうむることがなかったという立場をとる。その点で、近世から近代への連続という側面を強調するわけである。近代に入ってからのとくにキリスト教との交流や衝突が日本人の宗教のあり方に関して変化をもたらしたとしても、それは、基底となる部分を大きく変容させたりはしなかった。

むしろ変化ということで言えば、昭和の後半、戦後社会における変化の方が日本人の宗教のあり方を大きく変容させたと見ることができる。高度経済成長がはじまる昭和三十年代になるまで、日本人の多くは農村に居住し、農業などの第一次産業に従事していた。ところが、高度経済成長がはじまり、産業構造の転換によって、第一次産業から第二次産業、さらには第三次産業へと中心が変化した。第二次、第三次産業で必要とされるようになった労働力を供給したのが農村で、人口の都市部への大規模な移動、集中という事態が生まれた。この過程で、日本人の多くは農民から都市民へと生まれ変わったのである。

高度経済成長は、宗教に関して、創価学会をはじめとする巨大な新宗教教団を生み出す契機ともなった。また、農村から都市へと移ってきた人間たちは、村落共同体における宗教的な環境から切り離されることで、伝統的な祖先祭祀を営む必要性がなくなり、その宗教生活は大きく変容した。

このことは、たんに祭祀の面にとどまらず、人々の生活そのものにも変化をもたらした。それでも、村落共同体の生活原理は都市でも受け継がれ、新宗教教団は、新たな村として、相互扶助組織の役割を果たすようになった。また、高度経済成長のなかで大きく発展する企業の場合にも、その経営原理となった「日本的経営」のシステムは、社員の生活を丸抱えする点で、決して個人主義的なものではなく、共同体的なもの、つまりは村的なものであった。ここにも、近世から近代への連続を見ることができる。だが、バブル経済の崩壊以降、国際化、情報化が進むなかで、共同体的な原理も力を失ってきた。それは、祖先崇拝を中心とした祭祀の面にも影響を与えつつある。

その点で、日本人の宗教のあり方は、今や大きな変容を遂げつつある。近世から近代の社会にかけて作り上げられてきた伝統が崩れ、これまでとはまったく異なる方向に向かおうとしている。果たして日本人の宗教は、どこへ向かおうとしているのか。その未来を見据えるために、近世から近代にかけての日本人の宗教のあり方を、もう一度掘り下げて考え直してみる必要がある。

1　出発点としての世俗化

中世的宗教権力の打倒

近世という時代のはじまりをいったいいつの時点に求めるかでは議論がある。江戸幕府が開設された一六〇三年をもって近世のはじまりととらえる見方もあれば、織田信長が天下を統一した一五七三年頃以降、安土桃山時代がはじまった時点を近世の起点としてとらえる見方もある。議論はさまざまだが、中世的な秩序が崩れ、群雄割拠《ぐんゆうかっきょ》の戦国時代を経て、天下統一の方向へむかいはじめた時期が、近世のはじまりとしてとらえられていることはたしかである。

宗教的な面で考えた場合、近世がはじまる時点において、大きな変化が起きており、それは日本人の宗教のあり方に根本的な影響を与えることになった。

織田信長や豊臣秀吉、そして徳川家康が天下統一の事業を進める上において、他の武家を制圧することがもっとも重要な課題となったわけだが、さまざまな宗教勢力も天下統一の大きな障壁となっていた。なかでも、旧仏教を代表する比叡山延暦寺、新仏教を代表する石山本願寺を中心とした浄土真宗の一向一揆、そして、新たな宗教として十六世紀なかばにもたらされたキリシタン（キリスト教）などの宗教勢力が大きな力をもち、武家と拮抗していた。こうした勢力は、近世の新たな武家政権にとって是非ともその力をそがなければならない存在であった。

比叡山延暦寺は、最澄が開いた天台宗の総本山で、最澄の死の直後、念願だった大乗戒壇の設立を許可され、それ以降、日本仏教の中心として君臨してきた。よく知られているように、法然、栄西、親鸞、道元、日蓮といった鎌倉仏教の祖師たちは、一度は比叡山で学んだ経験をもっている。

比叡山延暦寺は、全国に荘園をもち、物資の流通を握るなど圧倒的な経済力を有していた。しかも、天台宗の内部においては、延暦寺の「山門」と園城寺《おんじょうじ》の「寺門」とが激しく対立し、「山法師」と呼ばれる武装化した僧兵が力をもっていた。彼らは御輿《みこし》を担いで強訴を行うなど、権力者にも対抗した。白河法皇は、ままならないものとして、賀茂川の水と双六《すごろく》の賽《さい》のほかに、山法師をあげている。延暦寺の寺領は、朝廷や武家の権力の及ばない独立国としての地位を保っていた。

しかも、織田信長が京都を制圧し、室町幕府最後の将軍となった足利義昭と対立すると、延暦寺は義昭の側に立ち、朝倉義景と浅井長政の連合軍をかくまうなど、信長包囲網に加わった。そこで信長は、元亀二年（一五七一）、延暦寺に対して武装解除を要請し、それを拒否されると、九月十二日に比叡山を焼き討ちにした。これによって、延暦寺の堂塔は炎上し、多数の僧兵が殺害された。

石山本願寺は、浄土真宗の八世法主《ほっす》で中興の祖である蓮如が山科本願寺の別院として大阪に建立したものである。天文元年（一四九六）に山科本願寺が細川晴元らによって焼き討ちにされると、十世法主証如《しょうにょ》は石山本願寺に移り、そこを本山と定めた。

石山本願寺は、晴元らの攻撃に備えるため、堀、塀、土塁などを設けて武装化し、城塞と化していった。また、寺内町も発展し、その武力と経済力で信長に対抗した。延暦寺と同様に、本願寺も独立国としての体制を整え、信長包囲陣のなかに加わった。

信長と石山本願寺の一向一揆との対立は、元亀元年にはじまり、天正八年（一五八〇）まで十一年間も続いた。本願寺の側は籠城戦を展開したが、戦闘が長引き、信長に対抗していた他の勢力が打ち負かされたりしたため、十一世法主の顕如は信長と和議を結び、石山本願寺から退去した。顕如の長男の教如はそれに従わず、籠城を続けたが、ついには退去せざるを得なくなり、本願寺は焼失した。

キリシタンへの対応の変化

信長は、自らの天下統一を進めるにあたって、比叡山延暦寺と石山本願寺を焼き討ちにし、独立国の様相を呈していた宗教的な権力を打ち倒すことに成功するが、新しい宗教としてもたらされたキリシタンにかんしては、かなり好意的であった。

キリシタンがはじめて日本に伝えられたのは天文十八年（一五九〇）のことで、イエズス会の創始者、ポルトガル人のフランシスコ・ザビエルが鹿児島に来航した。ザビエルは、九州からはじめて、山口や京都で布教を行い、信者を増やしていった。大名のなかにも、キリシタンを信仰する「キリシタン大名」が生まれた。

大名たちがキリシタンに興味をもったのは、たんに信仰上の問題だけではなく、ポルトガルとの貿易を進めることができたからである。ザビエルに続いて、ガスパル・ビレラやルイス・フロイスといった宣教師が来日し、各地に教会を建てた。十六世紀後半になると、スペイン人も日本に進出してくるようになる。

キリシタンに対しては非常に好意的だった信長は、京都での布教を許可した。京都には三階建ての聖堂、南蛮寺が建てられた。安土では、教会堂やセミナリオ（学校）も建設されている。信長は、延暦寺や本願寺の勢力を抑えるために、キリシタンを利用しようとしたとも言われる。

信長のあとを継いで天下統一を進めた豊臣秀吉は、最初、信長と同様にキリシタンに対して好意的であった。ところが、天正十五年に「伴天連追放令」を発布し、突然、キリシタンを禁圧する方向に転じる。その背景には、キリシタンが九州を中心にその勢力を拡大し、かつての一向一揆のような状況を生み出す危険性があったことや、ポルトガル人による日本人奴隷の売買などが行われていたことなどがあったとされる。ただ、貿易に関しては依然として保護した。

このキリシタン禁圧政策のため、慶長元（一五九七）年には、京都や大阪でとらえられた六人の外国人宣教師と二十人の日本人キリシタンが処刑された。これが、「日本二十六聖人」で、現在は長崎に記念館が建てられている。

豊臣政権のあとを継いで徳川家康が政権の座につくと、最初は、南蛮貿易を進めるために、キリシタンの布教を黙認した。しかし、慶長十三年には、「伴天連追放の文」を布告し、キリシタンを禁圧する。寛永十四年（一六三七）から十五年にかけて勃発した「島原の乱」の後には、幕府によってより厳しい禁制がしかれ、キリスト教の信仰を持ち続けている人間は、「隠れキリシタン」として信仰を隠しながら生活を続けるようになる。

世俗化された近世

比叡山延暦寺と石山本願寺が焼き討ちされ、その力がそがれたあと、新来のキリシタンもまた禁制となり、社会的な影響力を失った。この一連の動きは、宗教的な権力がその力を失い、世俗的な権力の支配下におかれたことを意味する。

政治と宗教とは、ともに「政《まつりごと》」として、社会を支配するために権力の座を求めて相争う。諸外国では、長く宗教的な権力が世俗的な権力の上にあって、大きな力をふるってきた。中世ヨーロッパにおけるカトリックの支配などが、その代表である。近年の例をあげれば、「イスラム革命」

後のイランでは、イスラム教の法学者が政治的な権力を行使する「法学者による統治」の体制が確立された。

日本の中世においては、一つの宗教が世俗の権力の上にあって、社会を支配するような体制が確立されたわけではない。それでも、延暦寺や本願寺のように、独自の経済力や軍事力をもち、独立国として権勢をふるうものがあった。天下統一をなしとげるためには、こうした宗教権力を打倒する必要があり、信長は延暦寺と本願寺を焼き討ちした。そして、秀吉と家康は、新たにその勢力を拡大しつつあったキリシタンを禁制とすることで、それが社会的に大きな力をもつことを防ごうとした。

その点で、日本の近世社会は、徹底した「世俗化」とともにその幕を開けたとも言える。宗教的な権力が世俗的な権力の下におかれるという体制は、その後の日本社会における宗教のあり方を根本から規定することとなった。

フランスにおいて、カトリックの宗教的な権力が世俗的な権力の下に組み込まれるのは、一七八九年の「フランス革命」以降のことである。フランス革命は、欧米における宗教と政治の関係に根本的な変化をもたらす先駆的な出来事ではあったが、日本では、その二百年近く前に、世俗的な権力の優位が確立されていた。日本は極めて早い段階で、世俗化が進んだ社会であり、そこにこそ近世から近代にかけての日本人の宗教のあり方の第一の特徴が示されているのである。

2 寺請制度と祖先崇拝の確立

権力に組み込まれた仏教

近世がはじまった段階で、宗教的な権力は世俗的な権力の下に組み込まれることとなったわけだが、さらに徳川幕府は、キリシタンだけではなく、日蓮宗の「不受不施派《ふじゅふせは》」を禁制とした。また、寺院や神社に対して「法度《はっと》」を発布することで、仏教や神道を管理する体制を整えた。

不受不施派とは、僧侶は他宗の信者からの布施や供養を受けず、信者は他宗の僧侶に布施してはならないと説く日蓮宗の一派である。その派祖である日奥《にちおう》（一五六五〜一六三〇）は、豊臣秀吉が文禄四年（一五九五）に千僧供養会《せんぞうくようえ》を催したおり、日蓮宗の信者ではない秀吉が開いた供養会には出席すべきではないとし、出仕を拒否し、弾圧された。不受不施派は江戸時代に入ると禁制とされ、それは明治時代に入るまで続く。

江戸幕府による法度の最初となったのが、慶長六年（一六〇一）の「高野山寺中法度」である。それ以降、法度は各宗派の本山や大寺に対して出されていくが、やがて宗派ごとに出されるようになる。寛文五年（一六六五）には、各宗派に共通の「諸宗寺院法度」が制定される。

これは、各宗派に対して、僧侶の資格の明確化、本山による末寺の管理の強化、徒党を組み争いごとを企むことの禁止、寺院建築の簡素化、寺領の売買や質入れの禁止、みだりに出家させることの禁止などを命じるものであった。幕府は、同じ年に「諸社禰宜《ねぎ》神主法度」を出し、神職の位階、神事、神領、修理なども規定する体制を整えた。

江戸幕府は寛文十二年（一六七二）に「寺社奉行」を設け、寺社の統制やその領内の訴訟を担当させた。寺社奉行は、江戸城内の礼式を管理する「奏者番」を兼任し、譜代の大名が月番制で当たった。町奉行や勘定奉行とともに評定所を構成したが、その三奉行のなかで、寺社奉行がもっとも上位におかれた。

このような寺院を管理する制度が整えられるとともに、各宗派の本山が幕府と個別の寺院との関係をとりもつようになり、その重要性を増した。これによって、本山の下に末寺が所属し、本山が末寺に対して得度や僧階を与える権限をもち、末寺から上納金を受け取る「本末制度」が確立された。そして、それぞれの末寺は、「寺請《てらうけ》制度」のもとで、一般の民衆を支配し、管理する役割を負うことになる。

寺請制度は、それぞれの家に属する人間が、地域に存在する特定の仏教寺院の檀信徒であることの証明を、その寺院から保証してもらう制度のことである。寺は、檀家の構成員がどのような状態にあるかを記録した「宗門人別帳」を作成し、それを各藩に対して定期的に提出する義務を負った。仏教寺院は行政の末端に位置づけられることで、いわば戸籍係の役割を果たすことになったのである。

寺院が戸籍係の役割を果たすことになったのは、僧侶が読み書きの能力をもっていたからだろう。寺請制度は最初、禁教とされたキリシタンから仏教に転宗した人間にだけ適用された。やがてその範囲は拡大され、すべての人間がどこかの寺の檀家になるよう定められた。この寺請制度のもとで、民衆の側も、寺の檀家として、葬式や法事、あるいは墓地の管理を寺に委任するようになった。近世に仏教が民衆のあいだに広く浸透するのも、寺請制度の確立によるところが大きかった。

村落共同体の成立

ここで一つ重要なことは、寺請制度が確立されるにあたって、行政の末端を担うことができるだけの十分な数の寺院が存在することが前提になっていたという点である。

浄土宗に関しては、竹田聴州《ちょうしゅう》が調査をしており、一六九六年に存在した浄土宗寺院のなかで、九二パーセントまでが応仁の乱（一四六七～七七年）以降、主として諸宗寺院法度が発布される一六六五年までに創建されたものだという。それ以前に創建された寺院は、わずか八パーセント強にすぎない。竹田は、他の宗派についても同様であるとしている。

このように、中世の終わりから近世のはじめにかけて、数多くの寺院が建立されていったわけだが、その背景には、郷村制の確立があった。奈良時代に荘園制が生まれ、やがては皇族や貴族、寺社勢力などが領主として君臨する体制が確立されていった。ところが、鎌倉、室町時代において、武家政権が成立すると、荘園領主の力は衰え、荘園を守る守護としての武家が力をもつようになり、そのなかから守護大名が生み出された。

一方、荘園領主の支配下にあった農民たちは、領主の力が衰えると、その支配を脱し、独立して村落共同体を形成するようになる。これが「惣村」あるいは「郷村」である。そうした村は、農民にとっての自衛的な自治組織として機能するようになっていく。それが郷村制の確立であり、惣村や郷村は農業生産力を発展させ、経済力を向上させることで、自立し、共同体として独自に神社や寺院を建立していった。それが、村を統合する鎮守や檀那寺としての役割を果たすようになっていったのである。

神社や寺院を建立し、それを維持していくためには、経済的な負担を担うスポンサーを必要とする。最初、スポンサーとなることができたのは、支配者であり、公家や武家といった権力者が神社や寺院を建立し、その維持のために金銭や土地を提供した。ところが、農民が経済力をつけることで、それぞれの村に神社や寺社を建立し、維持することが可能になった。それによって中世の終わりから近世の初めにかけて、相当数の寺院が建立されたわけである。こうした社会状況があったからこそ、江戸幕府は、村の寺院を権力の末端に組み込み、支配の道具として利用できたのである。

集団優位の体制

村落共同体という社会制度の形成と確立は、極めて大きな意味をもった。村落共同体は、近世から近代を貫いて存続し、すでに述べたように、戦後の高度経済成長の時代に、その住民が都市へと大量に流出していくまで、社会の基本的な単位として機能した。そして、共同体というありかたは、日本人の社会意識を規定し、集団を個人よりも上位におく独特な社会観、世界観を作り上げていった。日本人は、「個人主義」ではなく、あくまで「集団主義」の立場に立って行動すると考えられているが、個人よりもその人間が所属する集団をより重視する行動様式は、村落共同体が生み出したものだった。

村落共同体には、稲作農村だけではなく、畑作を中心とした農村や、漁村、山村などが含まれるが、とくに中世の終わりから近世の初めにかけて、その生産力を向上させたのが稲作農村であった。その背景には、灌漑技術の進展があった。それまでは、溜池による灌漑が主であったが、この時代には、河川による灌漑が可能になった。それにともなって、それまでは稲作ができなかった大河川の中下流域にある沖積平野への進出が起こり、大規模な新田開発が進められた。

水田稲作の一番の特徴は、村落共同体における共同での労働を不可欠とする点である。田植えや稲刈りに好ましい時期は個々の水田で異なっており、その時期に集中して作業にあたらなければならないため、同じ村に住む仲間の助けを必要とした。

さらに、個々の水田は、決して独立したものではなく、他の水田に対して水路の役割を果たしており、お互いにつながりあっている。そのため、水の管理を村全体で協力して行う必要があった。共同での労働を必要とすることで、稲作農村は強固な相互扶助の共同体を形成し、村の構成員の生活基盤として機能した。

こうした村落共同体においては、個人の利害と共同体の利害とは密接に結びついていて、個人が突出した行動をとったり、共同体の利益に反するような行動をとることは禁止された。禁止された行動をとった場合には、「村八分」などの制裁をこうむることとなった。

また、共同体を統合し、村民同士の一体感を高めていくために、祭礼や儀礼が活用された。それぞれの村落共同体には、村全体の氏神である鎮守としての神社と、各家の祖先供養を担い、葬送儀礼を営むための檀那寺としての寺院が存在しており、それぞれが役割を分担し、祭礼や儀礼を営んだ。

神社においてもっとも重要な祭礼が、一年間のうち定まった日に営まれる氏神祭祀で、その祭祀を司るのが「宮座」と呼ばれる祭祀集団であった。宮座には、村のなかで有力な家だけが参加できる場合が多く、氏神祭祀で中心的な役割を果たす神主は、当番制による持ち回りで行われた。

のちには、それぞれの神社に専門の神職が存在するようになるが、それ以前の段階では、宮座に属するメンバーが交代で神主をつとめるという形態が一般的だった。

一方、寺院における儀礼は、祖先崇拝を核としており、各家のメンバーがその祖先を祀ることがもっとも重要視された。崇拝の対象となる祖先は、必ずしもそれぞれの家を創立した初代ではない。それほど遠くない時代に鬼籍《きせき》に入った当主の親やさらにその親など、生者に記憶されている近しい祖先であり、定期的に法事を営むことで、家の統合がはかられた。

祖先崇拝を組み込んだ仏教

もともと仏教は、死者儀礼を担うことはなく、祖先崇拝とも無縁であった。ところが、浄土信仰が広がると、浄土へ生まれ変わることが成仏することと同義であると考えられるようになる。死者儀礼を担うことで、仏教は祖先崇拝の制度のなかに組み込まれていった。現在でも、死者を「仏《ほとけ》」と呼び、各宗派の本尊を祀るための場であるはずの仏壇に祖先の位牌を祀るのも、仏教が葬送儀礼を担うよう変容してきたからである。

日本の民俗学の開拓者である柳田國男は、終戦直後に刊行された『先祖の話』のなかで、日本人の祖先崇拝が仏教とは無関係に成立したものであることを論証しようと試みた。柳田は、死者となった存在は、仏教が説くように遠い浄土に生まれ変わるのではなく、生家の近くに存在していて、春には田の神となって里に下り、収穫が終わると山の神となって近くの山中に住まうようになるという主張を展開した。盆の行事に対する仏教の影響を否定する柳田説の妥当性については議論が必要だが、日本人の祖先崇拝が、仏教から直接に生み出されたものでないことはたしかである。

近世初頭の段階で、村落共同体が社会制度の基本的な単位として形成されたことの意味は大きい。たとえば、同じく稲作を行っていたとしても、タイなど東南アジアの国では、放っておいても稲が育つため、水田を作る必要がなく、したがって共同労働も必要とされない。そうした社会においては、共同労働の基盤として村落共同体が形成されることはない。

日本の場合には、村落共同体が社会の基本的な単位となることで、独特な集団主義が形成され、個人の欲望よりも、集団の統合を重視する特有な意識が形成されていった。それは、個人の行動を制約する規範としても機能し、社会秩序を安定させる役割を果たした。さらに、集団による労働を重視する姿勢を育み、近代の社会に入ってからは、軍隊組織や企業などの集団を統合する原理を生み出していった。ドイツの社会学者、マックス・ウェーバーは、宗教を基盤とした倫理的な行動様式を「エートス」と呼んだが、村落共同体の形成は、近世社会と近代社会を貫く日本的エートスを形成する基盤として決定的な役割を果たしたのである。

ただ、仏教信仰が強制されることに対して、民衆の側からの抵抗もあった。それを抑えるために用いられたのが、「慶長十八年五月宗門寺檀那請合の掟」という文書であった。慶長十八年は、江戸幕府が設置されてから間もない一六一三年にあたるが、この文書のなかには、一六六五年の不受不施派の禁制や一六九一年の不受不施派の流れをくむ日蓮宗非田派《ひでん》（非田宗）の禁制についても言及されており、元禄時代（一六八八〜一七〇三年）の偽作と考えられている。それでも、掟の写しは寺々に貼り出され、寺子屋では習字本として使われた。

この掟には、「頭檀那たりともその宗門の祖師忌日・仏忌・年頭・歳暮・盆・彼岸・先祖の命日などに、たえて参詣せずんば、判形《はんぎょう》をひき宗旨を役所へことわり、きっと吟味をとぐべき、こと」とか、「かねて仏法をすすめ、談義・講釈・説法をなして参詣いたさせ、檀那役をもって、それぞれの寺の仏事・修理・建立をつとむべし」や「死後死体に剃刀《かみそり》をあたえ、戒名をさずけ申すべきこと」とあり、一般の民衆に対して仏事や寺の維持管理を強制した。

死者に戒名を授ける慣習は、日本の仏教にしか見られない特異なものであるが、その慣習が一般化する上で、こうした掟の果たした役割は大きい。なかには、この掟をたてに、檀家から金銭を貪ろうとした僧侶もいたようで、ある書物には、「葬式の施物をねだり、あるいは戒名に尊卑をつくり、みだりに民財をとりて、院号・居士号などをゆるし、種々の姦猾《かんかつ》やむことなし」（『芻《すう》蕘録《ぎょうろく》』）とある。すでに江戸時代から、戒名のことで民衆は苦しんできたのである。

3　定着する庶民信仰

講組織の発展

近世の世俗化された社会において、仏教を中心とした宗教は、社会秩序を保つために利用されたわけだが、一方でそれは、宗教と民衆との距離を縮める方向に作用した。

仏教は、朝鮮半島や中国から伝えられた外来の宗教であり、当初は、「国家仏教」として天皇や貴族などの支配者にのみ関係していた。その役割は、国家の安泰を祈念する、鎮護国家のためのものにほかならなかった。やがて、密教や浄土信仰が流行することで、支配者層の個人的な悩みや問題を解決し、死後の往生を保証するものとしての役割を与えられていくことになる。だが、民衆にとって、まだ仏教は遠い存在であった。

古代から中世にかけて、寺院を建立し、それを経済的に支える体制を作ることで、自分たちの死後における安穏や現世における幸福を保証してもらうのは、あくまで社会の支配階層であった。平安時代末期には、武士が台頭し、彼らも仏教信仰をもつようになるが、仏教が民衆全体に広がるまでには至らなかった。鎌倉新仏教は、個人の救済の可能性を拡大したものの、民衆がその恩恵に与るまでには至らなかった。

それが、近世の社会が訪れ、それぞれの村に存在する菩提寺としての寺との関係が密接になることで、仏教は民衆の生活のなかにも溶け込んでいった。経済力をつけた農民たちは、現世における生活を保証し、死後の往生を約束してくれる仏教とのかかわりを深めていったのである。その際に仏教は、すでに述べたように、祖先崇拝を核として、民衆の生活のなかに溶け込んでいった。それぞれの家では、仏壇を備え、そこに家の祖先の位牌を祀ることで、盆や彼岸など仏教に由来する死者儀礼を営んだ。

さらには現世利益の実現を求めて、観音や薬師、地蔵や不動といった仏を祀るようになり、さらには仏と習合したさまざまな神を祀るようになっていく。基本的に、仏教と神道とは明確に区別されず、神仏習合的な信仰が広く受け入れられていった。

そうした民衆の信仰の場として機能したのが、「講」の組織であった。講とは、もともとは仏典を講義したり、仏や菩薩、祖師などを賛嘆するための法会を意味したが、やがて信仰を同じくする同信者によって組織された集団を意味するようになる。

講の形態は多様で、そのなかには、性格を異にするものも含まれるが、およそ三つの種類に分けることができる。

一つ目は、地域における同信者集団で、そのなかには山の神講、田の神講、石神講、水神講、雷神講、日待講、二十三夜講、庚申《こうしん》講、地蔵講、観音講、念仏講、子安講などが含まれる。こうした講は、ときに性別、年齢別に組織され、嫁や姑、あるいは成人男子といった同じ境遇にある者同士が親睦を深める場としても機能する。

二つ目は、特定の寺社へ参拝することを主たる目的として組織される講で、伊勢講、金比羅《こんぴら》講、戸隠講、熊野講、富士講、善光寺講、成田講、身延講、永平寺講などが含まれる。遠隔地にある有名な寺社に詣でるには相当の費用がかかるため、講のメンバーは、金を貯め、交替で参拝を行う。

三つ目は、それぞれの宗派が、信仰を伝えるための布教の手段として組織する講で、その代表的なものとしては、浄土真宗の報恩講や日蓮宗の法華講がある。そうした講では、祖師の忌日に集って法会を行ったり、本山に団体で参拝する。

それぞれの村において、各家では祖先崇拝の儀礼が営まれ、村全体では、氏神を中心とした祭礼が営まれた。盆の行事などは、各家の行事であるとともに、同じ日に、同じ形態で営まれることから、同時に村全体の行事ともなった。さらに村人たちは、講に集うことによって、同信者のあいだだけで儀礼を営み、人間関係におけるつながりを深めていった。このように、家の儀礼、村の儀礼、そして講の儀礼が複雑に絡み合うことで、村の統合が保たれ、生産活動を支えたのである。

町人の信仰世界とその爆発

一方、近世の時代においては、江戸幕府が開かれた江戸や、もともと都のおかれていた京都、中世の終わりに経済力をつけた大阪（坂）などの都市への人口集中が起こり、都市化が進んだことで、都市に特有の宗教や信仰のあり方が生み出されていった。

村にはない都市に特有の習俗が、規模の大きな寺社における祭礼である。もちろん、村においても、氏神の祭礼が営まれたわけだが、それは豊年祈願や収穫感謝のために行われる春と秋の祭であった。これに対して、都市においては、稲作などの農業が営まれているわけではないので、祭礼のなかで盛んなのは、悪疫退散を目的とした夏祭りであった。その代表的なものとして、京都の祇園祭、大阪の天神祭、江戸の山王祭、三社祭、天下祭などがあげられるが、地方都市においても豪奢な祭りが催されるようになっていく。

こうした祭りは、悪疫退散を目的としながら、同時に町に住む商業者や手工業者である「町衆」や「町人」の財力を誇示する機能を果たし、山車《だし》や御輿を出す町同士が対抗意識を燃やして、盛り上がりを見せる仕組みになっている。それを近隣からやってきた多数の見物人が見守り、一大イベントとなっていったのである。

また、町において特有の信仰も生み出されていった。たとえば、江戸の町に多いものとして、「伊勢屋、稲荷に犬の糞」と言われたように、稲荷信仰が盛んになった。稲荷はもともと、インドのダキニ（荼枳尼天）とつながりをもち、主に食物神や農業神としての性格をもっていた。ところが、次第に商売繁盛を司る商業神としての性格を強め、都市においては、路地や屋敷内などいたるところで祀られるようになっていく。だからこそ、江戸の町に多いものの代表としてあげられるようになるわけだが、稲荷を祀る人々は、伏見稲荷大社や豊川稲荷に参詣するようになっていく。

現在でも、東京の銀座の町のなかには、たくさんの小祠《しょうし》が祀られている。その大半は稲荷である。都市化が進むなかで、ビルの屋上に鎮座するようになった稲荷社も少なくないが、依然として路地の奥に鎮座し、地域の人々の信仰を集めているところもある。そこには、近世からの信仰の連続性を見ることができる。

これは、他の神仏についても言えることで、江戸時代に、交通網が整備され、交通の安全が確保されるようになると、遠隔地にある寺社に参詣することが流行するようになる。寺社の側も、積極的に都市に進出し、本尊などを開帳する「出開帳《でがいちょう》」が行われた。

江戸時代の後期になると、江戸のなかの名所を紹介した『江戸名所図会《ずえ》』（齋藤長秋・莞斎《かんさい》・月岑《げっしん》の三代が約四十年かけて天保年間に完成した）が刊行される。そこで描かれた名所の多くは寺社の風景であり、江戸の庶民がいかに神仏への信仰に熱心であったかがわかる。また、寺社への参拝は、娯楽として物見遊山の側面をもっており、庶民にとっては生活を彩る楽しみの一つでもあった。

ここまで述べてきた近世に定着した庶民の信仰は、日常生活のなかに溶け込んだ、穏健なものであったが、ときには、爆発的な信仰が生み出されることもあった。その代表が、集団で伊勢神宮に参拝する「おかげまいり」であった。おかげまいりは、江戸時代において何度かくり返されるが、全国的な規模に発展したのが、宝永二年（一七〇五）、明和八年（一七七一）、文政十三・天保元年（一八三〇）のものである。慶應三年（一八六七）には、それに似た「ええじゃないかおどり」が起こっている。どちらも、伊勢神宮の札が空から降ってくることでは共通しているが、おかげまいりが伊勢神宮への参拝をともなったのに対して、ええじゃないかおどりでは、参拝には発展しなかった。

おかげまいりの参加者は、二百万人から五百万人と推計されている。十八世紀以降の江戸時代の総人口が二千万人〜三千万人だったことを考えると、いちどきに人口の十パーセント前後が参加したことになる。

おかげまいりは、別名「ぬけまいり」とも呼ばれた。それは、おかげまいりに参加する民衆が、主人などの許可を得ないまま勝手に参拝に出かけたからである。突発的に伊勢神宮をめざすため、十分な旅の準備などしていなかった。参拝者たちは、路用の金などももっておらず、道中の街の人たちからの施しをあてにした。

信仰と芸能

近世は、庶民のあいだにさまざまな芸能が浸透していった時代でもあったが、芸能のルーツはほとんどが宗教的な儀礼や布教手段に求められる。落語のルーツとなったのが、説経師が節をつけて説教を行う「節談説教《ふしだんせっきょう》」であった。節談説教は、さまざまな宗派で行われてきたが、盛んなのが浄土真宗、浄土宗、それに日蓮宗であった。

平安末期から鎌倉時代にかけて説教の名手として活躍したのが、澄憲《ちょうけん》と聖覚《しょうがく》の親子である。澄憲は天台宗の僧侶であったが、聖覚は比叡山で学んだ後、法然の浄土宗に帰依し、浄土信仰を広めることに寄与した。この二人から「安居院流《あぐいりゅう》」という説教の流派が生み出される。浄土真宗の開祖、親鸞は聖覚の影響を受け、「浄土和讃」など七五調の和讃を数多く作った。浄土真宗で節談説教がもっとも盛んで、今日にまで受け継がれてきているのも、親鸞の和讃の影響が大きい。

近世に入ると、各宗派では、数々の名説経師が輩出され、寺の高座にあがって、信仰を喚起するような物語を、見事な節回しをつけて語った。浄土宗や浄土真宗の場合には、「受け念仏」というものがあり、聴衆も、説経師の説教に対して、念仏でこたえ、場を盛り上げていった。

この節談説教の形式は、まさに落語の原型となるもので、古典落語のなかには、仏教信仰に題材をとったものが少なくない。代表的なものをあげれば、「黄金餅」、「蒟蒻《こんにゃく》問答」、「宗論」、「寿《じゅ》限無《げむ》」、「野崎詣り」などがある。怪談噺や人情噺も、節談説教と密接な関係をもっている。

同じく仏教と芸能とのかかわりということで言えば、歌舞伎の場合も密接な関係をもっている。歌舞伎のはじまりは、出雲のお国と称した女性の芸能者が慶長八年（一六〇三）に京都で歌舞伎踊りを披露したことに求められ、それはまさに江戸幕府が生まれた年にあたっていた。

歌舞伎の演目のなかには、能や狂言に題材をとったものがあり、そうした演目には仏教信仰が色濃く反映されている。舞踊の「京鹿子《きょうかのこ》娘道成寺」は、能の「道成寺」をもとにしており、道成寺で鐘の供養があると聞いて、清姫の亡霊があらわれ、舞を見せた後、鐘に飛び込み、蛇体をあらわすという物語である。

あるいは、江戸歌舞伎の宗家である市川團十郎家に伝わる「荒事《あらごと》」などは、演目すべてが直接に仏教の信仰に結びつくわけではないが、超人的な存在を演じることで、舞台上に非日常の空間を現出させるという点で、宗教性を備えている。

このように、近世においては、仏教と神道とが融合した神仏習合的な信仰が民衆のあいだに広く浸透していった。そこでの信仰は、現世での安楽を保証してくれる現世利益的なもので、芸能などの娯楽と密接に結びつくものであった。その点では、信仰としての厳格さや倫理性、思想的な洗練を欠いたものではあったが、その分、宗教的な信仰において一番問題になる排他性を特徴とするものではなかった。したがって、庶民のあいだで、宗教をめぐる対立が起こることはなかった。

しかし、差別ということに関しては、それを助長することもあった。戒名に尊卑がつけられたことについてはすでにふれたが、今日「差別戒名」と言われているものは、被差別部落出身の死者に対して、「畜男」や「僕男」、あるいは「革女」といった一目でそれとわかる戒名をつけたもので、これによって、現世における差別が来世にまで持ち込まれることとなった。

4 仏教、神道、儒教の展開

近世仏教は堕落しているか

前の章で見たように、近世は、一般の庶民のあいだに、神道と習合した仏教の信仰が広く浸透した時代ではあったが、同時に、既存の仏教教団は、寺請制を担い、本末関係を確立していくなかで、教団組織の整備を進めていった。江戸時代の仏教にかんしては、仏教史の大家である辻善之助の影響で、堕落したという見方が一般的だが、そうした見方が、近世仏教の実態を反映しているかどうかは怪しい。辻の見解は、鎌倉新仏教を過度に理想化し、そこから新たな仏教の流れが生み出されなかった近世を否定しているところがあり、そのままは受け入れられない。

鎌倉新仏教の祖師たちは、現存する宗派の開祖であり、それぞれの宗派では、祖師を高く評価し、その信仰や思想が純粋で高度なものであることを前提としている。その立場からは、祖師の教えをただ受け継ぎ、世俗権力の末端を担うようになった近世仏教は、価値が低く、堕落したものに見える。けれども、仏教が一般の民衆のあいだにも根づいていった近世という時代において、既成の宗派の側が、それにこたえる形で制度の確立を進め、信仰体制や信仰内容の充実に力を注がなかったわけではない。少なくとも、中世の終わりから近世のはじめにかけて増加した寺院を維持、運営していける能力をもつ僧侶の養成は不可欠であった。

幕府は、寺院法度において、各宗派や本山に対して、学問を実践することを奨励した。僧侶の階級である「僧階」については、一定の年限にわたって学問をおさめていることを求めた。そうした幕府の求めにしたがって、各宗派では、宗派の学問を研鑽《けんさん》する場として「檀林《だんりん》」と呼ばれる場を作り、その充実をはかった。都が京都から江戸に移ったことで、とくに関東においては檀林が不足しており、各宗派は関東における檀林の設置を進めた。

檀林での学問を充実させるためには、祖師の教えを学ぶことのできる聖典を編纂、校訂し、それをテキストとして配布する必要があった。各宗派では、そうした作業を進めていったが、その過程で、どれが正しい原典であるかを見極めるためのテキスト・クリティークの作業が必要であった。そうした作業は、のちに近代仏教学を進展させることに貢献することになる。

宗派の枠を超えた、仏教聖典の編纂も進められた。その代表が、黄檗宗《おうばくしゅう》の鉄眼道光《てつげんどうこう》(一六三〇〜八二)による大蔵経《だいぞうきょう》の開板《かいはん》である。これは、黄檗版大蔵経と呼ばれ、天和元年(一六八一)に完成した。これによって大部数の大蔵経の印刷が可能になり、日本の仏教史において極めて重要な役割を果たすことになった。

学僧の輩出と在家仏教の展開

学問の研鑽を進めることのできる体制が作られることで、各宗派において学僧が輩出されることにもなった。また、戦国時代に乱れた戒律の復興運動も進められた。ただ、宗派同士の論争は必ずしも盛んではなく、むしろ同じ宗派内での対立の方がはるかに大きな意味をもった。その代表が、天台宗における安楽律《あんらくりつ》騒動（戒律の復興をめぐっての論争）や、浄土真宗における三業惑《さんごうわく》乱《らん》（祈願を他力の信心とするかどうかをめぐる論争）であった。

ただし、仏教の各宗派は体制のなかに組み込まれた分、権力による弾圧を受けることは少なかった。禁制とされ、弾圧されたのは、日蓮宗の不受不施派や、非田宗、あるいは三鳥派などであった。日蓮宗以外では、浄土真宗の隠れ念仏や異安心《いあんじん》、あるいは性の技法を密教の儀礼のなかに取り込んだ真言宗の立川流などであった。

このように、学問としての仏教には大きな進展が見られ、聖典や教義の整備などが進められていったものの、それは檀林など世俗から隔離された場において行われたもので、現実の社会とのかかわりは薄かった。そもそうした学問は、宗派の存在を前提としていて、宗派における信仰を絶対視し、その真偽を問うことはなかった。他の宗派の教えに反駁するために、自分の宗派の教えではないものを研究することはあっても、法論の場で議論を戦わせたわけではないので、その研究が正しいものであるかどうか、検証されることはなかった。

僧侶たちは、宗派の閉鎖された世界のなかで生きていて、社会と積極的にかかわることはなかった。江戸時代において、曹洞宗の鈴木正三（一五七九～一六五五）や臨済宗の白隠（一六八五～一七六八）などが民衆教化《きょうけ》にあたった僧侶として取り上げられる。だが、他の事例があげられることは少なく、これは、僧侶が積極的に社会性を発揮しなかったことを示している。

新たな宗派として誕生したのがすでにふれた黄檗宗で、それは明の僧、隠元によってもたらされた。宇治に黄檗山万福寺が創建され、この寺の住職となったのはほとんどが渡来僧であった。禅では他に、曹洞宗の良寛が超俗の生活を送って影響を与え、臨済宗の白隠が世俗倫理を説いて民衆教化にあたった。とくに良寛の場合は、「良寛さま」として親しまれ、子どもと遊ぶその姿や歌、書が今日まで愛されている。

近世初頭の段階で、宗教的な権力が力を失うことで、社会のなかにおける仏教の担い手は、俗信徒に移り、出家した僧侶が現実の社会のなかで、宗教的な運動を展開し、それを主導的に導くことはなくなった。その意味で、近世における仏教は、基本的に「在家仏教」としての性格を強くもつようになったのである。

在家仏教における活動の場となったのが、すでにふれた講であった。講に属する人間は、それを率いる指導者的な存在である講元を含め、基本的に皆俗信徒であった。そうした講のなかで、もっとも積極的に活動したのが日蓮系の法華講であった。京都や江戸といった大都市では、法華講が大きな力をもち、庶民の信仰を集めた。法華講では、講元が強い力をもち、ときにはカリスマ的な指導力を発揮した。また、日蓮を「祖師《おそつさま》」と呼んで、熱烈に崇拝した。日蓮の命日には、万灯行列を行う「御会式《おえしき》」を営んだ。また法華講は、頼母子講《たのもしこう》の役割をも果たし、信仰集団であるとともに、経済集団としての性格をもった。この点は、戦後の高度経済成長期に急拡大する創価学会のような日蓮系の新宗教教団に受け継がれることになる。

吉田神道の形成

神道の場合には、神社が活動の場となるが、それは仏教の寺院の場合とは性格を異にしている。仏教寺院では、本尊をはじめとしてさまざまな仏、菩薩、諸天などを祀り、その供養を行うために各種の法会が営まれる。ただ、それにとどまらず、僧侶による研鑽や学問も実践され、寺院は宗教施設であると同時に、学問のための教育・研究施設としての性格をあわせもった。

これに対して、神道の場合には、近世の段階では、必ずしもどの神社にも専門の神職がいるような体制は作られていなかった。まして神社が、仏教寺院のように、神職にとっての教育・研究施設になったわけではない。神道では、「言挙《ことあ》げせず」ということが言われ、教義の体系を構築していくことには関心がはらわれなかった。しかも、神社と寺院とが同じ敷地のなかに併存し、神職の上に僧侶が位置づけられているようなところも少なくなかった。そして、僧侶が神道の理論化の作業にあたったりしたのである。

神社における祭りは、現在の地鎮祭に見られるように、本来は、儀礼を行うごとに、周囲を結界し、臨時に祭壇を設けて、そこに神を降ろす形式のものであった。祭祀の中心となる神主は、祭りを営むたびごとに、定められた形式に従って精進潔斎を行った。仏教の場合に、僧侶は出家で、その点で俗人とは区別されるわけだが、出家という考え方が存在しない神道では、神主が一つの固定的な地位として確立されることはなかったのである。

また、神道においては、明確な教えというものが存在しないため、仏教のような宗派が成立することもなかった。したがって、本山と末寺とのあいだの本末関係のようなことも成立せず、神社界は組織として統合されなかった。

そうした状況のなかで、天皇家の祭祀を司っていたことから権威をもった白川家に拮抗する形で、吉田家が台頭していく。吉田家の吉田兼倶（一四三五～一五一一）は、独自に吉田神道の基礎を築いた。神祇管領長上を自称して、天皇や公家に講義を行い、地方の神職に対して許状を与えるなどして、支配体制を確立していった。その地位は、「諸社禰宜神主法度」で確立された。

それぞれの神社の神主は、京都の吉田家に出向いて修行を行い、装束などの許状をもらって神職としての位階を受けることを求められるようになったのである。

兼倶は、「元本宗源神道《げんぽんそうげんしんとう》」あるいは「唯一神道」を説き、その著書『唯一神道名法要集』において、聖徳太子の秘伝として、「根本枝葉花実説」を展開した。これは、正しい教えの根本は日本の神道にあり、その枝葉が中国で儒教となって伸び、果実としてインドで実ったとする説だった。これは、日本の神々は仏の化身であるとする「本地垂迹説」をまっこうから否定し、神道の優位を説くものであった。

この根本枝葉花実説は、歴史的な流れからすればまったくあり得ない考え方だが、近世における思想は、それが仏教の流れのなかにあるものを除けば、おおむねどこかにこうした日本優位の発想を含んでいた。それは、はるか下って柳田國男の民俗学にも踏襲されるが、圧倒的な影響力をもつ仏教の影響から脱し、日本に独自の思想を確立していくためには、日本の優位性を過度に強調するこうした試みが生み出されるのも必然的なことであった。

神道がぶちあたった壁

しかし、日本宗教の独自性、優位性を主張する上で、大きな困難が存在した。日本に独自な宗教としては、神道しかあり得ない。仏教も儒教も、あるいは道教も、外来の宗教であり、日本に独自なものではない。しかも、神道の場合には、すでに述べたように、言挙げせずということが伝統になっていて、その思想を言語化して表現することを嫌った。表現手段として存在するのは、『古事記』や『日本書紀』といった古代の神話である。そこでは、神話的な物語はつづられているものの、神道の教義が明確に説かれているわけでもなければ、その体系化が試みられているわけでもなかった。

そのため、神道の教義の言語化、体系化を試みる際には、結局のところ、外来宗教の言語体系や観念に依拠《いきょ》するしかなかった。それを象徴するのが、神仏習合や本地垂迹といった方向性で、平安時代には、真言密教と融合した両部神道や、天台密教と融合した山王神道が生み出された。鎌倉時代に伊勢外宮の神主度会《わたらい》氏から起こった伊勢神道の場合にも、仏教を退け、神道の理想を神代に求めようとした。けれども、老荘思想や陰陽五行《いんようごぎょう》説の影響を受けただけではなく、排斥したはずの仏教の影響さえ受けていたのである。

その傾向は、すでに見た吉田神道にも見られた。本地垂迹の考え方をまっこうから否定しようとしたところには、いかに神道の理論化を進める上で、仏教の影響力が大きなものであったかが示されている。実際、吉田神道では、神道護摩や神道加持が実践され、その点で密教の影響を受けていた。

江戸時代は、この吉田神道から吉川神道《きっかわしんとう》が生まれるが、そこにも外来宗教の影響は強かった。

吉川神道の創始者である吉川惟足《これたり》（一六一六〜九四）は、江戸日本橋に生まれ、魚屋を営んでいたが、京都に出て吉田家に入門し、吉田神道を学んだ。吉川神道では、その影響で国常立尊《くにとこたちのみこと》を天地万物生成の本源ととらえ、それが個々の人間のこころにも内在するとする神人合一の説を立てた。人は「敬《つつしみ》」によって神に向かい、具体的には「祓《はらい》」を実践することが重視された。吉川神道は、仏教の影響から離脱することには成功したものの、今度は、教えを理論化する上で儒教の朱子学を大幅に取り入れざるを得なかった。朱子学では、天人合一が説かれているし、敬の重視も、朱子学の特徴であった。

晩年に、この吉川神道の影響を強く受けたのが、垂加《すいか》神道を立てた山崎闇斎《あんさい》（一六一八〜八二）であった。闇斎の歩みを見ていくと、日本に独自な宗教思想を確立しようとする試みが、いかに困難なものであるかが明らかになる。

闇斎は、京都で鍼師《はりし》の家に生まれ、幼少期には比叡山に稚児として預けられるが、いったん生家に戻り、改めて禅宗の妙心寺に出家した。十九歳のとき、土佐の吸江寺に移り、そこで土佐藩の武士であった野中兼山と出会い、朱子学を学ぶようになる。寛永十九年（一六四二）には還俗して朱子学に専念するようになり、仏教を批判した『闢異《へきい》』という書物を著し、京都で私塾を開く。その後、江戸から会津に行き、そこで吉川惟足と交わり、神道に傾倒していく。そして、朱子学の宇宙生成論や存在論、太極説や陰陽五行説によって日本の神話を理論づける垂加神道を確立することになる。

闇斎は仏教の影響から脱するために儒教に頼らざるを得ず、朱子学の用語を使って神道の理論化を進めた。儒教、朱子学からの影響を払拭するためには、本居宣長らの国学の進展を待たなければならなかった。

5 ナショナリズムの形成

復古主義の登場

惟足や闇斎に見られるように、神道と朱子学という本来は伝統を異にする宗教思想が融合されたのは、朱子学が、宇宙を生成する根本因である「理」と、その材料となる「気」の理気二元論によって世界の成り立ちを説明しようとしたところに示されているように、形而上学的であり、その点で、現実の世界を超えた神霊の世界の実在を説く神道と共通したものをもっていたからである。

朱子学が形而上学的な部分を発展させたのは、仏教との対抗関係が存在したからである。儒教の開祖である孔子は、「怪力乱神を語らず」や「鬼神は敬してこれを遠ざける」といったことばが示すように、形而上学的な方向にはむかわなかった。そうした傾向は、老子にはじまる道教に任される形になったが、その点で儒教は、形而上学的な部分を含め、世界をトータルに説明しようとする仏教に劣るところがあった。そこで、仏教における汎神論《はんしんろん》的な思想を取り入れることで成立したのが、宋の時代（九六〇～一二七九）の宋学であり、とくに朱子学だったのである。

その点で、仏教の影響を払拭するには、仏教そのものを排除するだけではなく、朱子学の影響をも取り除く必要があった。そこで起こってくるのが、朱子学以前の、つまりは仏教の影響を受ける以前の古代の儒教に帰ろうとする復古主義的な思想の傾向であった。その先駆となったのが、伊藤仁斎（一六二七～一七〇五）であり、貝原益軒《かいばらえきけん》（一六三〇～一七一四）であった。

仁斎は、京都の商家に生まれたが、家が傾いてしまったために、医師になることを志す。母方が医師の家系だったからである。だが、本人としては儒学者となることを希望していて、京都に古義堂という家塾を開き、門弟三千人を集めた。この古義堂の堀川を隔てた向かい側には山崎闇斎の私塾が存在したが、仁斎は、闇斎とは異なり、朱子学の影響を排して、古代儒教の教えである孔子や孟子の著作を直接学ぼうとした。仁斎の学問は、「古義学」と呼ばれ、形而上学的な傾向をもたず、仁義という個人の倫理的な姿勢をもっぱら強調した。

益軒の場合には、福岡藩士の家に生まれ、藩主の怒りをかって浪人生活を送っていたときに、京都に遊学し、朱子学者や本草《ほんぞう》学者と交流をもった。その後、藩に戻り、藩主や藩士へ儒書の講義を行ったり、藩政に対する提言を行った。老年になって引退後は著作に専念する。益軒の著作としては、健康書の先駆けとなる『養生訓』などが名高いが、最晩年に著した『大疑録』では、朱子学の形而上学的な傾向を老荘思想や仏教の影響によるものとして批判した。

近代思想の芽生え

こうした儒学者のなかで、後世に対してもっとも強い影響力を発揮したのが、荻生徂徠《おぎゅうそらい》（一六六六～一七二八）である。徂徠は、町医の家に生まれ、幼少期から漢学を学んだ。私塾を開き、儒学を講じていたが、柳沢吉保《よしやす》に仕え、その藩校の教授となった。はじめは、朱子学を学んでいたが、そこから脱して「古文辞学」、「復古学」を確立していく。吉保が仕えていた将軍綱吉が亡くなり、吉保が罷免されると、それまでいた藩邸を出て、私塾である蘐園《けんえん》塾を開いたが、吉宗が将軍の座につくと、『太平策』などを献上し、彼の古文辞学、復古学は、社会的に大きな影響力をもつことになる。

徂徠の思想の特質は、理想を古代に求めるところにあり、中国の堯《ぎょう》、舜《しゅん》、禹《う》、湯《とう》、文、武、周公の時代を理想の社会として評価した。徂徠は、そこから、武士たちが領地に帰って生産に従事することと、人々の移動を統制し、身分制度を確立することを求めた。その点で、徂徠の政治学は、形而上学的な側面をいっさい欠いた、純粋に制度論的な方向性をもつものであった。

徂徠の方法は、原典に帰り、その本来の意味を回復させようとするものであった。徂徠は、中国古代の古典を語順を変えて訓読するのではなく、中国語をあくまで中国語として読んでいくという方法をとった。これは、近代における文献学の先駆となるものであった。そうした徂徠の方法と同様に、文献学的な立場から、仏教だけではなく儒教や神道まで批判的にとらえたのが、富永仲基《なかもと》（一七一五～四六）であった。

仲基は、醤油を商う商家に生まれた。父親の芳春は、大阪町人の学堂である懐徳堂《かいとくどう》の創設に加わった五人の町人のうちの一人で、仲基はその懐徳堂などで学んだ。徂徠との関係で言えば、徂徠の親友であった田中桐江《とうこう》に古文辞を学んでいる。このように、仲基は、出家した経験もなく、仏教との直接的なかかわりはなかったわけだが、仏教について深く研究し、その成果は主著となる『出定後語《しゅつじょうこうご》』や『翁の文《おきな》』にまとめられた。

仲基の宗教批判の道具として用いられたのが、「加上説」である。加上説とは、思想家は、その時代すでに存在している思想の上に、何か新しいものを付け加えて、独自性を主張するという考え方である。仲基は、この加上説によって仏教の思想的な展開をあとづけ、大乗仏教も、小乗仏教をもとに、そこに独自の説を取り入れることで成立したと主張し、大乗仏教が直接には釈迦の教えではないとする「大乗非仏説論」を展開した。仲基の場合には、漢訳仏典を研究しただけで、サンスクリット語の原典にまでは遡らなかったものの、その方向性は、近代の文献学にもとづく仏教学や宗教学の先駆となるものであった。

ただ、仲基が三十一歳の若さで亡くなった上に、最後まで町人という立場にとどまり、幕府や藩とかかわりをもたなかったため、文献学的な宗教批判を超えて独自の思想を確立し、社会的な影響力を発揮するまでには至らなかった。加上説では、仏教をはじめとする宗教の成立過程を明らかにすることはできる。それは、有効な宗教批判だが、そこには、どういった思想にもとづいて倫理や道徳、あるいは君主の道や国家の原理を説いていくかという問題意識は欠けていたのである。

宣長の国学

その点では、国学の系譜に連なる本居宣長（一七三〇～一八〇一）の方が、仲基と同じように荻生徂徠の影響を受けながら、より大きな役割を果たしていくことになる。宣長は、原典に回帰していくという方向性をとる点では、仁斎、益軒、それに徂徠などの儒学者と共通した関心をもっていた。だが、彼が回帰しようとしたのは、中国の古代やその時代の古典的な著作ではなく、日本の古代のありさまを伝える『古事記』であり、日本の古典文学の白眉となる『源氏物語』であった。この宣長の日本の原典へと回帰していく姿勢は、幕末から明治期にかけて確立される日本的なナショナリズムの原型となるものであった。

宣長は、伊勢松阪の木綿問屋に生まれたが、父親が亡くなるなど家が衰えたため、京都に遊学して医学を学んだ。松阪に戻ってからは、医業を営むかたわら、日本の古典の研究と教授にあたった。最晩年には紀州藩に仕えたものの、宣長は基本的に市井《しせい》の一学者にすぎなかった。

京都では、医学を学ぶとともに、徂徠の影響を受けた堀景山に儒学を学んだ。ただし、関心は和歌の方向にむかい、『排蘆小船《あしわけおぶね》』を著す。それ以降、日本の古代や中世の古典文学の研究を進めていくが、そのなかで「もののあわれ」の重要性を強調するようになる。歌にしても、物語にしても、それが描くのは、人間の本来的なこころの働きであるもののあわれだというのである。

宣長は、このもののあわれがいかなるものであるかを明らかにするために、儒教や仏教の影響を受ける以前の古代の心性のなかにそれを見出そうとして、『古事記』の研究を進める。宣長は、『古事記』には、ありのままの人間の情が表現されているとし、中国的な解釈の枠組みである「漢意《からごころ》」を排して、それに接近していかなければならないと主張した。

宣長が試みたことは、仏教や儒教といった宗教思想の分野において行われているような、さまざまな概念によって世界の成り立ちを説明していくような体系的、理論的なものではなかった。そこには、彼が対象として取り上げたのが、主に文学作品であったことが影響していた。古事記にしても、それは神話としてよりも、古代文学の代表として研究され、文学作品に示された日本人固有のこころの働きが問題にされた。

ただし、探求の方向が古代に定められた結果、古代において活躍した神々の姿に理想が求められ、ひいては、神々に直結する天皇の存在が理想化されることになった。宣長は、その著書『玉くしげ』のなかで、「本朝は、天照大御神の御本国、その皇統のしろしめす御国にして、万国の元本・大宗たる御国」と述べ、日本の優位性を強調した。さらに宣長は、漢意とものあわれを体現する「大和心」を対比させることで、中国という他国の文化と日本の文化とを明確に区別する二元論を強調した。

尊皇攘夷の思想

この本居宣長の議論を受け継いで国学を新たな方向に導いていったのが、平田篤胤《あつたね》（一七七六〜一八四三）であった。篤胤は、秋田藩士の家に生まれ、江戸に上がってから、備中松山藩の兵学者、平田篤穏《あつやす》の養嗣子となり、最初儒学を学んだ。二十六歳のときに宣長の著作と出会い、国学にめざめるが、この時点ではすでに宣長は亡くなっていて、弟子になることはかなわなかった。そこで、宣長の子である本居春庭の門下となり、宣長の「没後の門人」と称した。

古代史の研究を行ったところで、篤胤はまさに宣長の影響を受けていたが、その関心の方向性はまるで異なっていた。宣長は、もののあわれの考え方に示されているように、生きた人間のこころの働きをもっぱら問題にしたのに対して、篤胤は、黄泉の国や「幽世《かくりよ》」といった他界に強い関心を示した。篤胤にとっての他界は、仏教が説く浄土のように現世と隔絶した世界ではなく、現世に接した身近な世界であった。死者の魂は、墓にとどまり、現世の人々の暮らしを見つめている。生者は、祭祀を行うことで、他界の死者と交流をはかることになる。これは、すでに述べた柳田國男の祖先崇拝の考え方に通じるもので、柳田は篤胤の強い影響を受けたことになる。実際柳田は、自らの試みを「新国学」とも呼んでおり、その密接な関係は明らかである。

さらに篤胤は、人の死後においては、幽世でオオクニヌシによる審判が行われるとし、また、アマテラスを超えた主宰神としてアメノミナカヌシを立てた。こうした篤胤の思想には、彼が学んだキリスト教の影響があるとも言われるが、篤胤の説は、彼が師として仰いだ宣長の思想とはまっこうから対立するものであった。宣長は、黄泉の国の存在は認めていたものの、神霊には関心をもたなかった。

これまで見てきたように、近世に発展した思想は、それがどのようなものであろうと、世俗化された社会のあり方を反映し、現世主義的な方向性をもち、来世や他界のことはほとんど問題にしなかった。篤胤の思想は、そうした近世の思想全般と対照的で、現世だけではなく、来世、他界を視野におさめようとする方向性をもっていた。

篤胤の時代には、すでに近代への胎動がはじまっていて、欧米の列強が日本に接近しつつあった。やがて日本は開国を迫られ、欧米列強に対抗しながら国の独立を守っていかなければならない状況に立ち至る。そのなかから、日本的なナショナリズムの運動が生み出されていくことになるが、篤胤の思想は、尊皇攘夷《そんのうじょうい》の思想の精神的な支柱としての役割を果たしていった。

神話は、世界の成り立ちを説明するための物語であり、日本の記紀神話でも、その冒頭では、日本の国土が生み出されていく過程がつづられている。そこでは、中国や朝鮮半島、あるいはインドといった周辺に存在する他の国々がどのようにして生み出されていったかは語られていない。記紀神話の価値を強調することは、日本の独自性、さらには優位性を主張することにもつながっていく。

それは、篤胤の平田国学とともに、尊皇攘夷の思想の形成に大きな役割を果たした「水戸学」についても言える。水戸学は、水戸藩のなかで形成された学問のことを言うが、水戸藩では、すでに江戸時代初期、第二代藩主水戸光圀《みつくに》のもとで、神仏分離が推進され、寺院整理が行われた。寛政年間（一七八九～一八〇〇）以降になると、水戸学では国体論や尊皇攘夷論が唱えられ、幕末の尊皇攘夷の運動だけではなく、明治以降の国家主義的な思想にまで影響を及ぼしていった。

また、尊皇攘夷の運動を思想的に支える役割を果たしたのが陽明学である。陽明学は儒学の伝統のなかで朱子学に対抗するような形で登場し、朱子学が秩序ある体制の構築を志向したのに対して、個人のこころを重視し、武士道に結びつくとともに、「良知」と呼ばれる個人の道徳観にもとづく体制変革の思想を支えた。吉田松陰《しょういん》、高杉晋作、西郷隆盛、大塩平八郎などが陽明学の影響を受けている。

民衆宗教の登場

一方で、幕末期になると、新しい宗教を生み出す動きが見られるようになる。如来教、黒住教、天理教、金光教などが誕生する。こうした宗教が、確固とした教団組織を確立するのは明治期に入ってからのことであるが、それぞれの教団の教祖が活動を開始するのは、幕末維新期においてだった。ほかに、富士信仰の系統からは丸山教が、法華系では本門仏立宗《ほんもんぶつりゅうしゅう》などが誕生する。

こうした宗教は、後に「新興宗教」、「新宗教」、あるいは「民衆宗教」と呼ばれるようになる。戦前には、「類似宗教」と呼ばれたこともあった。本書では、学界で定着している新宗教の名称を使用することにするが、その基本的な特徴は、カリスマ的な教祖を中心にして、一般民衆の救済にあたった点に求められる。その点では、近世において流行した講と共通している。実際、奈良県天理市を発祥の地とする天理教の教祖である中山みき（一七九八〜一八八七）は、信者に対して「講を作ろうやないか」と呼び掛け、教団の組織化を促した。

天理教の開教は、天保九年（一八三八）とされているが、みきが実際に宗教活動を開始するようになるのは、かなり後のことで、みきは「おびやゆるし」と呼ばれる安産にまつわる信仰治療を実践し、拝み屋的な民間の宗教家として近隣に知られるようになる。その活動がある程度の広がりを見せると、山伏などからの迫害を受けるようになる。そこで、みきの息子である秀司は、京都の吉田家に出向いて入門し、その裁可を受ける。

この後、中山家では、天輪王明神という神を祀り、秀司は狩衣を着て、吉田神道の作法に従って神事を執り行うようになる。天輪王明神は、国常立尊をはじめとして記紀神話に登場する十二柱の神があわさったものとされ、そこにも吉田神道の影響を見ることができる。みきは、その直後から、天理教の原典の一つである「みかぐらうた」を作り、それを周囲に教えるようになるが、そこには神の存在を知った喜びが歌われており、「みかぐらうた」の作成は秀司の吉田家への入門と密接な関係をもっていたものと考えられる。

教義的な面にかんしても、みきの説いた、人間の欲望を表現した八つのほこりを払うことの重視には、不浄を祓い清めることを重視する吉田神道の影響を見ることができる。天理教は、明治に入り、吉田家の力が衰えると、一時真言宗の傘下に入るなど、真言密教の影響も受けていくが、最終的には教派神道の一派として独立を果たす。それが可能だったのも、教団の形成期において、吉田神道の強い影響を受けていたからである。

天理教の神は、やがて「天理王命」と呼ばれるようになるが、それが記紀神話にもとづく神々と同一視されているところには、平田国学の直接の影響はないにしても、宗教の方向性として共通したものを見ることができる。それは、天皇を中心とした日本近代のナショナリズムに通底するものをもっており、その点で、まさに時代にかなうものであった。

実際、明治期に入って、みきの自動書記の状態で書き記したもう一つの原典「おふでさき」には、「今、では唐が日本を儘にした　神の残念何としよやら　第三号八十六」とある。ここで言われている唐は、中国だけではなく、欧米列強を含む諸外国をさすものと思われるが、みきには、日本が外国の勢力によって支配されているという認識があったことになる。それは、尊皇攘夷の思想につながる考え方にほかならない。

仏教の民衆への浸透と自然科学への無関心

近世の社会において、仏教や神道をはじめとする宗教は、世俗的な権力の下に組み込まれ、強い社会的な影響力をもたなかった。だからこそ、『日本仏教史』の著者である辻善之助は、その最後に、「仏教のみは、江戸時代に惰眠を貪り、為めに一般社会の進展に伴わなかった」と言い切ったのである。

たしかに、鎌倉時代に、法然をはじめ、親鸞や道元、そして栄西や日蓮などの宗教的な天才があらわれ、仏教を大きく革新したのに比較すれば、江戸時代の仏教に革新的なものは見られない。寺請制度のもとで、権力の末端を担い、体制に迎合していたように見える。仏教徒が、体制に反抗し、弾圧を受けた例としては、不受不施派などごく一部にとどまった。

しかし、鎌倉新仏教の祖師たちの活動や教えが今日まで高く評価されてきたのは、彼らが現存する宗派の開祖であり、宗派の内部において絶対的な存在として崇拝の対象となってきたからである。その点で、祖師に対する批判は生まれにくく、宗派の内部での評価が宗派の外側での評価にも影響を与えてきた。鎌倉新仏教の祖師たちは、難解なそれまでの仏教を民衆にも理解できる容易な行法である「易行」に転換させたとされる。だがそれは、仏教の教えを過度に単純化し、他の重要な部分を切り捨てたとも言える。また、どのようにして易行とするかで、宗派によって異なっており、その違いが宗派の閉鎖性や排他性に結びついた部分もある。

仏教が本当の意味で民衆の生活のなかに浸透したのは、すでに述べたように、近世になってからのことで、神道や民間習俗と融合し、とくに祖先崇拝の役割を司ることによって、民衆の生活を支える役割を果たすようになった。それまでの仏教は、決して民衆のものではなく、公家や貴族、武家といった支配階層のためのものであった。その点で、江戸時代における仏教が惰眠を貪っていたとして、全否定することは必ずしも正しいことではないのである。

他の宗教に関しても、これまで神道やそれと融合した儒教、あるいは国学などの展開を見てきたが、そうした仏教以外の宗教は基本的に武士などの支配階層が関心をもつもので、ほかには豪農や富裕な商人層としかかかわりをもたなかった。儒教や国学の理論がたとえ精緻を極めたものとして進展を見せたとしても、それは一般の民衆の生活とはほとんどかかわりをもたなかった。

しかも、これは近世までの日本の思想界、学問の世界全般に言えることだが、キリスト教やイスラム教の世界と比較した場合、自然科学的な領域に対する関心は薄かった。もちろん、十八世紀後半になって、オランダを通してヨーロッパの学術や文化、技術などが紹介されるようになると、その影響で、自然科学への関心が高まった。その代表的な試みとしては、杉田玄白、前野良《りょう》沢《たく》らによる『解体新書』の刊行や、平賀源内によるエレキテル（摩擦起電機）や寒暖計の製作などがあげられる。

しかし、日本の社会のなかで自生的にそうした試みが生み出されてきたわけではなかった。なぜ日本の社会のなかで自然科学への関心が、いわば自然に生み出されていかなかったのかは、極めて重要な問題である。そこには、たんに鎖国という社会状況だけではなく、仏教や神道、儒教といった思想的な問題もかかわっていたにちがいない。

ヨーロッパにおいて、自然科学的な試みは、キリスト教に対抗する形で発展した。キリスト教の説く世界のはじまりや、世界を動かす神の力といったものが、現実の世界の動きと合致せず、矛盾を生じさせるものであるからこそ、それとは異なる形で世界を説明する原理が求められ、そのなかから自然科学的な発想が生み出されていった。

ところが、日本の宗教は、世界のはじまりや成り立ちを説明する確固とした体系として社会に君臨することはなかった。しかも、近世がはじまる時点で世俗化が進んでおり、宗教の力はいっそう衰えていた。そうした環境のなかでは、自然科学的な発想が、宗教的な世界観と対抗しながら発展していくことにはならなかったのである。

第6章　明治・大正・昭和・平成

1　近代の幕開け

神仏分離令と廃仏毀釈

近世がはじまる時点で起こったのは、社会的な権力を握っていた宗教勢力への世俗権力からの攻撃であった。宗教の側の激しい抵抗はあったものの、最終的には宗教的な権力は力をそがれ、世俗的な権力の支配下に組み込まれた。時代の大きな変化は、宗教の世界における権力関係の変化をともなったのである。

それ以降、近世社会において、宗教的な権力、とくに仏教が大きな力をふるうことはなかった。一向一揆を起こした本願寺は、東西に分割された。信長によって焼き討ちされた比叡山延暦寺の天台宗からは、天海が出て、徳川家康から第三代将軍の家光まで仕え、幕政のブレーンの役割を果たしたものの、仏教自体は寺請制度のもと、権力の末端を担う役割を負わされることとなった。

そうした事態は、近代がはじまる時点で、異なる形ではあるもののくり返されることとなった。

それが、「廃仏毀釈《はいぶつきしゃく》」の動きである。日本人の宗教生活においては、「神仏習合」の傾向が強く、神道と仏教とは習合した形で信仰されてきた。神社と寺院とが同じ境内のなかに祀られている例は多く、神社のなかには「神宮寺」をもつものが少なくなかった。僧侶が神官を兼ねていたり、神社の神体が仏像であるようなことも珍しくなかった。浅草の三社祭で知られる浅草神社が浅草寺《せんそうじ》の境内にあるかのように見えるのは、その名残りである。

こうした神仏習合の状況に対して、儒学者や国学者からは強い批判が起こった。江戸時代の初期には、すでに述べたように、伊勢神道を信奉した水戸藩の水戸光圀のもとで、神仏分離が押し進められ、寺院整理が行われた例もある。儒学者や国学者たちは、排仏論を唱えた。幕末には、尊皇攘夷の波が起こり、ナショナリズムの傾向が強まった。仏教は外来の宗教として、排除の対象となったのである。

それが政策として具体化されたのが、慶応四年（明治元、一八六八）、明治維新によって誕生した明治新政府の太政官による布告、「神仏分離令（神仏判然令）」であった。これは、神仏習合の実態を変え、神道と仏教とを厳格に分けようとする試みであった。仏像を神体としているところは、それを改めさせ、社僧を還俗させて、神主と称させることが行われた。宮中では、それまで仏教の信仰が伝えられ、仏教関係の儀礼が営まれていたが、そうしたものは宮中から排除されることになった。

これにともなって、仏教を排斥する廃仏毀釈の運動が起こった。神仏分離令は、仏教の神道からの分離をめざすもので、ことさら仏教の排斥を意図したものではなかった。けれども、時代が大きく変化していくなかで、神道を中心に新しい国造りをめざそうとする人々の情熱は過激な運動へと発展した。江戸幕府のもとで、仏教は権力の末端を担っていたわけで、新たな体制を作り上げる上での障害と見なされたのだった。

この廃仏毀釈によって、仏教寺院自体が廃寺になったり、仏像や経典、伽藍などが焼却されたり、僧侶が無理やり還俗させられたりした。奈良の興福寺は多数の国宝を所蔵していることで知られるが、僧侶全員が還俗して春日大社の神主となり、堂宇、伽藍はことごとく破壊された。現存する五重の塔などは、わずか二十五円で売却されるところだった。

興福寺と同じ奈良県には、鳥羽院の勅願で十二世紀に創建され、立派な伽藍が建ち並んでいたことから「西の日光」と称された内山永久寺があったが、今残されているのは本堂の池と石垣だけである。廃仏毀釈の起こるなかで、内山永久寺の寺領は返還され、境内の土地や建物は売却された。私は一度そこを訪れたことがあるが、池のほとりに立って、往時の伽藍を配した境内図をながめていると、信じ難い思いにかられる。廃仏毀釈の波は、大伽藍を消滅させてしまうほど激しいものだったのである。

廃仏毀釈は明治四年ごろまで続くが、これによって、仏教は大きな打撃を受けた。さらにこれに追い打ちをかけたのが、明治四年一月の「社寺上知令」で、境内地以外の寺の領地、寺領が没収された。これによって、仏教寺院は経済的な基盤を大きく損なわれることとなった。重要な仏教美術の海外への流出ということが起こるのも、こうした廃仏毀釈や社寺上知令の影響である。この時期には、戸籍制度が確立され、寺請制度も廃止されており、仏教寺院の社会的な重要性は失われた。

神道国教化の試みとその失敗

このように、仏教を排斥し、その力をそぐ動きが生まれたのは、明治政府が、神道を国の宗教と定めて、それを中心に新しい国造りを進めようとする「神道国教化」の動きを見せたからである。江戸幕府を倒し、皇室を頂点にいだく新政府を樹立する尊皇攘夷の運動のイデオローグとなったのは、本居宣長や平田篤胤の国学の流れから生まれた「復古神道」系の神道家たちであった。そのなかには、篤胤の養子であった平田銕胤《かねたね》をはじめ、大国隆正、矢野玄道《はるみち》、福羽美静《ふくばびせい》などが含まれる。

復古神道系のイデオローグたちは、明治の新政府を古代にならって祭政一致の国家にしようと計画した。明治政府は、それにしたがって、明治元年には、「神祇事務局」を設けた。同じ年には太政官制をしき、古代の律令制のもとで生まれた「神祇官」を復活させた。この神祇官は、翌年、太政官から独立し、行政機関の筆頭におかれた。神祇官の役割は、宮中祭祀などの神事を司り、全国の神社を統括、管理することにあった。

しかし、近代国家を建設するために、古代の制度を復活させるということには無理がある。まして、祭政一致の近代国家などあり得ない。早くも明治四年には、神祇官は神祇省に格下げされ、ふたたび太政官の下におかれることになった。さらに翌明治五年に、神祇省は廃止されている。このように、制度がめまぐるしく変化し、最終的には廃止されたところには、いかにそれが矛盾したもので、数々の問題をはらんでいたかが示されている。これによって、復古神道にもとづく神道国教化の政策は挫折した。

廃止された神祇省は、教部省に組み込まれることになるが、島崎藤村の小説『夜明け前』の主人公、青山半蔵（藤村の父、島崎正樹がモデル）は、幕末から復古神道の信奉者であったことで、一時、その教部省に奉職した。半蔵は、教部省の政策に平田国学がまったく生かされないことに慨嘆し、「これでも復古と言えるのか」と、自らに問いかけてみなければならなかった。

神道国教化の動きは、復古神道を信奉する人間には当然の政策でも、民衆のあいだに根づいた仏教を排斥してしまうことには無理があった。たしかに、廃仏毀釈などの影響で、明治に入ってからの仏教は衰えを見せることになる。けれども、全国の農村や山村、漁村に生活する一般の人々の暮らしを支えていたのは、依然として神道と習合し、習俗化していた仏教である。明治に入っての近代化は、日本の社会を大きく変えたものの、村の暮らしが根本から改められたわけではない。農業や林業、漁業の生産形態に大きな変化はなく、その上に展開される人々の暮らしも、近世から連続していた。

復古神道を信奉したのは、知識階級であり、一般の民衆ではなかった。青山半蔵の場合も、馬籠宿の本陣であり、庄屋であった。他の馬籠宿の人々が、平田国学に強い関心を示したわけではなかった。神道の弱点は、葬送儀礼の領域に浸透できなかったことにある。一部の地域では、仏教式の葬儀にかわって、神道式の葬儀である「神葬祭」を採用するところもあった。だが、それは一部にとどまった。

神祇省にかわって、教部省が設立されるのも、仏教を利用しなければ、民衆の教化は不可能だったからである。教部省では、中央に大教院を、地方に中教院と小教院をおき、神職だけではなく、僧職にある者を教導職に任命し、教化活動にあたらせた。教部省では、神社仏閣における女人結界の廃止やキリシタンの禁制の解除といった宗教の近代化に貢献する政策などを実現したものの、明治八年に浄土真宗の諸派が大教院を離脱したことで、機能しなくなり、明治十年に廃止され、その事務は内務省の社寺局に引き継がれる。

発見されたキリシタン

廃仏毀釈や、神道国教化の動きとその失敗とともに、日本の社会が近代へ突入するなかで宗教をめぐる大きな問題となったのが、キリスト教をめぐる動きであった。幕末に日本が開国にむけて動き出すなかで、欧米各国からは、神父や牧師、宣教師が来日するようになる。近世のはじまりの時点では、ポルトガルやスペインからカトリックの宣教師が訪れたが、今回は、カトリックだけではなく、プロテスタントや東方教会の宣教師が訪れた。安政六年（一八五九）には、ヘボンやブラウンといったプロテスタントの牧師が来日し、文久元年（一八六一）には、ロシアからニコライが日本にやってきて没するまでロシア正教の伝道に従事した。

それに関連し、非常に興味深いのが、潜伏していたキリシタンの発見という出来事であった。元治二年（一八六五）、長崎に大浦天主堂が建設された。当時はまだキリスト教は禁教とされていたため、それは外国人専門の教会として建てられた。天主堂が完成して一カ月経ったとき、この神父であったプチジャンの前に、潜伏していたキリシタン十五名があらわれた。彼らは、プチジャンに対して、「ワタシノムネ、アナタトオナジ」と言い、サンタ・マリア（聖母マリア）の像のありかを尋ねた。これをきっかけに、長崎の各地域に潜伏していたキリシタンの存在が明らかになった。彼らの大半はカトリック教会に復帰した。しかし、一部は潜伏していた期間に信仰が大きく変容してしまった結果、カトリック教会に復帰せず、そのまま「カクレキリシタン」

として独自の信仰生活を続けることになった。

潜伏していたキリシタンの出現は、「信徒発見」として世界に伝えられ、ローマ教皇をも感動させた。ただし、日本では依然として禁教が続いていた。公然と信仰をあきらかにしたキリシタンたちは檀家から離脱しようとしたため、長崎奉行は、信徒六十八名をとらえた。これは、「浦上四番崩れ」と呼ばれ、最後のキリシタンに対する弾圧としてとらえられている。明治に入っても取り締まりは続き、浦上のおよそ三千四百名の信徒は、名古屋以西の二十一の藩に流罪とされた。これは、明治六年に諸外国の抗議でキリスト教の禁教が解けるまで続いた。

神道国教化の政策を生む復古神道の動きが生まれ、それが活発化していったのも、開国という事態が訪れ、欧米列強の手によってキリスト教が日本の社会に広まっていくのではないかという懸念が広まったからだった。明治政府は、当初、江戸幕府の政策を継承し、キリスト教を禁教としたものの、欧米列強からの圧力で、禁教を解かざるを得なかった。それは、キリスト教が日本の社会にも広く浸透し、国の統合を危うくするのではないかという危機感を生み出すこととともなった。明治期における宗教は、キリスト教との関係を軸に動いていくことになる。

2　キリスト教の展開

キリスト教が浸透しなかった国

キリスト教は、世界の宗教のなかでもっとも信者の数が多い。信者数について厳密な調査があるわけではないが、現在、世界の総人口六十三億人のうち、およそ二十億人がキリスト教徒だと言われる。全体に占める割合は三〇パーセントを越えている。ついで十二億人を越えるイスラム教徒が多く、総人口の二〇パーセント近くに及んでいる。二つの一神教をあわせれば、人類のおよそ半分は、キリスト教徒かイスラム教徒であるということになる。

これに対して、日本の場合には、どちらの宗教の信者も決して多くはない。そもそも信仰をもっている人間の割合が小さく、オウム真理教の事件や世界各地で頻発するテロの影響で、最近の信仰率は二〇パーセント程度にまで落ち込んでいる。そのなかで国内のキリスト教徒は、人口の一パーセント程度と推測されている。イスラム教徒にかんしては、統計上の数字にあらわれないほどその数は少ない。世界の国々のなかで、これほど一神教を信仰する人間の数が少ない国は珍しい。先進国のなかで考えても、日本ほどキリスト教徒の割合が小さい国は他に存在しない。

十六世紀半ばにはじめてキリスト教がもたらされたとき、キリスト教は相当の勢いで広がった。

禁教になる十七世紀はじめの時点で、信者数は六十五万人に達したとも言われる。当時の総人口が千二百万人程度だから、信者の割合は五パーセントにも達していたことになる。ちなみに、現在のカトリック教徒の数は四十五万人にすぎない。

その後、キリスト教は禁教となり、一部が隠れキリシタンとして信仰を保ち続けたものの、信者の数は大幅に減る。隠れキリシタンが、「オラショ」と呼ばれるヨーロッパからもたらされた聖歌をほぼそのまま唱え続けてきたのは有名な話だが、信仰の中身ということで言えば、日本の土着の信仰に溶け込んでしまい、祖先崇拝や祟り神信仰に変貌してしまった。

明治に入ると、キリスト教の禁教は解け、自由に布教ができるようになる。すでに述べたように、欧米各国からは、たくさんの宣教師が来日し、さまざまな形で布教活動を展開した。明治政府を含め、社会の上層部は、欧米の優れた科学や技術、社会制度、文化などは積極的に取り入れたいと望んだ。しかし、キリスト教に対しては警戒した。教部省が作られ、国民教化の方策がとられたのも、神道と仏教の力で、キリスト教が日本社会に浸透することを防ごうとしたからである。

キリスト教には、「神のものは神へ、カエサル（ローマ皇帝）のものはカエサルに」ということばが示すように、政治と宗教とを分けて考えようとする傾向があり、神に象徴される宗教的な権力は世俗的な権力の上位にあるという発想がある。その点で、キリスト教が広まるということは、世俗の権力がその支配下におかれ、その強い影響を受けるようになる可能性がある。

ただし、明治時代に日本に広まったキリスト教は、近世はじめとは異なり、カトリックではなくプロテスタントが中心だった。プロテスタントの場合には、カトリックとは異なり、強大な権力をふるう教会制度は確立されていない。プロテスタントで重視されるのは、個人の内面における信仰である。しかも、明治時代にキリスト教に関心をもったのは、一般の国民ではなく、エリートの知識階級であった。そのため、キリスト教は、かつてのように広く浸透することはなかった。そして、日本に独自の発展の仕方を示していくことになる。

キリスト教を拒む壁

キリスト教が宗教として日本の近代社会に浸透していこうとすれば、高い壁にぶつからざるを得なかった。それを象徴するのが、内村鑑三の場合である。

高崎藩士の子に生まれた内村は、札幌農学校に二期生として入学することで、キリスト教に感化され、洗礼を受けて信者となる。卒業後は北海道開拓使に勤めたものの、離婚などを経験することで、アメリカに渡り、そこで宗教的な回心をとげ、強い信仰をもって帰国する。

帰国後は、第一高等学校の嘱託教員となったが、教育勅語奉読式で明治天皇の署名に対して最敬礼を行わず、それが不敬として非難され、退職に追い込まれる。さらに退職後、東京帝国大学の教授であった井上哲次郎が「教育と宗教の衝突」を雑誌に掲載し、内村を激しく批判するという出来事に遭遇する。

こうして内村は、キリスト教の社会への浸透を食い止めようとする日本社会の壁に直面する。それでも精力的な著作活動を続け、知識階級を中心に思想的、信仰的な影響を与える。内村は、日本のキリスト者の代表的な存在となっていく。

ここで注目されるのが、内村の唱えた「無教会」という考え方である。内村は、儀礼や制度にとらわれたキリスト教会のあり方を批判し、無教会主義を主張するにいたる。教会という存在は、キリスト教の信仰において、神による救済が実現される場として決定的な重要性をもっている。フランスの社会学者、エミール・デュルケムが行った宗教の定義においても、宗教と呪術とを分ける決定的な要因として教会の有無があげられている。その点で無教会主義は、キリスト教の正統的な信仰からの逸脱を意味する可能性があるが、その運動は、塚本虎二、南原繁、矢内原忠雄といった内村門下に受け継がれ、教会革新の具体化として高く評価されることになる。

明治期の日本において、キリスト教をそのまま広めようとすれば、それを拒もうとする壁にぶつからざるを得ない。内村の遭遇した教育勅語にかんする不敬事件が、まさにそのことを教えている。無教会であるなら、欧米のキリスト教会との直接的な関係は生まれず、摩擦は起こらない。内村は、教会という制度ではなく、制度と切り離された信仰をあくまで守ろうとしたのである。

それは、内村と同様に、札幌農学校の二期生だった新渡戸稲造《にとべいなぞう》についても言える。新渡戸は農学校でキリスト教の信仰にめざめたあと、東京帝国大学に進学し、アメリカに留学した。そこでクエーカー派の信仰をもつようになる。

帰国後は、札幌農学校の教授になったのを皮切りに、京都帝国大学教授、旧制一高校長など主に教育畑を歩む。新渡戸はキリスト教の信仰をもっていたにもかかわらず、それを積極的に布教しようとは考えなかった。おそらく、内村が直面した壁を意識してのことだろう。彼が選択したのは、信仰としてのキリスト教をそのまま伝えるかわりに、キリスト教の精神を修養という形に変化させ、それを伝える試みであった。新渡戸がアメリカ留学中に英文で執筆した『武士道』にしても、ベルギーの法学者、ラブレーから、日本の学校では宗教なしにどうやって道徳を教えるのかと問われ、即答できなかったのが執筆のきっかけだった。新渡戸は、侍の道徳規範を武士道という形で示すことで、ラブレーの質問に答えようとしたのである。

ミッション・スクールとキリスト教文学

キリスト教を、信仰ではなくあくまで道徳として伝えようとする試みをより具体化させたものが、「ミッション・スクール」であった。ミッション・スクールのはじまりとなったのは、女子学院の前身で、東京築地に誕生したA六番女学校と、横浜に生まれたフェリス女学院であった。

ともにプロテスタント系で、最初はプロテスタント系のミッション・スクールが次々と創立されていった。その役割は明確で、教育はキリスト教の宣教のための手段としてとらえられた。

これに対して、カトリック系のミッション・スクールは、少し遅れて誕生し、シャルトル聖パウロ修道女会が東京神田に設立した白百合学園の前身が最初だった。カトリック系の学校では、プロテスタント系に比べて、宣教の手段という位置づけは明確ではなかった。それでも、次々とカトリック系のミッション・スクールが作られていき、現在では、学校の数ではプロテスタント系を上回っている。現状では、小学校から高校まではカトリック系が多く、大学以上ではプロテスタント系が多い。

現在の時点で比較してみると、宗教教育に対する熱意ということでは、初期の段階とは反対で、カトリック系の方が上回っている。そこには、初等・中等教育を中心としている点も関係しているが、多くの学校では、カトリックの信仰をもっていようといまいと、定期的に礼拝に参加することが義務づけられ、生徒たちがキリスト教の教えや道徳規範に接する機会は多い。とくにカトリック系には、十代の思春期の生徒が多いわけで、性的な厳格さを要求するミッション・スクールの教育は大きな影響を与えている。

キリスト教の禁教が解けてから百五十年近い年月が流れ、その間、熱心な布教活動が行われたものの、キリスト教の信者の数はそれほど増えていない。キリスト教が宗教組織として社会に影響を与えることも少ない。しかし、知識階級、とくに社会的に上の階層の女子の教育を担ってきたという点では、キリスト教は日本の社会に浸透し、着実に根づいている。それは、非キリスト教国で必ず起こる、キリスト教の土着化の一つの例と言える。

もう一つ、キリスト教が近代の日本社会に大きな影響を与えた例としては、文学があげられる。文学者のなかには、キリスト教の信仰をもったり、その強い影響を受けて創作活動を展開した人間が少なくない。北村透谷、徳冨蘆花、国木田独歩、木下尚江、島崎藤村、正宗白鳥、芥川龍之介、堀辰雄、横光利一、芹沢光治良、太宰治、坂口安吾、椎名麟三、遠藤周作、曾野綾子、小川国夫などである。

ただ、そうしたキリスト教文学者たちも、信仰の変容や土着化という問題と直面せざるを得なかった。その代表が、『沈黙』の作者、遠藤周作である。彼自身はカトリックの信仰をもつが、『沈黙』のなかには、信仰を捨てた老司祭が、日本にはキリスト教が根づかないことを指摘し、「この国は沼地だ」と言い放つ場面が出てくる。老司祭は、日本人が信じたものは、キリスト教の神ではなく、けっきょくは日本の神だったのだと言うのである。

キリスト教の信仰にかぎらず、あらゆる宗教は伝えられた国や地域、民族によって変容していく。もともとの信仰がそのまま伝えられることはない。その点では、老司祭の嘆きは、あまりに信仰の純粋さにこだわりすぎているように思われるが、遠藤が日本のことを沼地にたとえているのも、日本にはキリスト教が信仰として入ってくることを拒む壁が存在するからである。

キリスト教は、倫理・道徳として、あるいは教育や文学として日本の社会に浸透していった。けれども、現実的な勢力としては大きな広がりを見せなかったため、日本の社会に根本的な変化を生むことはなかった。また、社会批判の役割を十分に果たすこともなかった。むしろ日本の近代社会において、社会を批判する役割を果たしたのはマルクス主義であり社会主義の運動であった。

3 国家神道の形成

神道は宗教にあらず

前に見たように、神道国教化の試みや、大教院を使っての国民教化の試みは、けっきょくのところうまくいかず、挫折した。近代国家を建設する際に、古代の律令制度に戻ろうとするかのような試みが成功をおさめるはずはなかった。それは、時代錯誤のアナクロニズムにほかならない。

したがって、明治二十二(一八八九)年に発布された大日本帝国憲法においては、その第二十八条において、信教の自由が保証された。ただし、その自由は、「日本臣民ハ安寧秩序ヲ妨ケス及臣民タルノ義務ニ背カサル限ニ於テ信教ノ自由ヲ有ス」とあるように、制限つきのものであり、そのことはやがてさまざまな問題を生むことになる。

さらに、帝国憲法の第三条では、「天皇ハ神聖ニシテ侵スヘカラス」と規定された。これは、天皇を統治権を総覧する元首と定め、陸海軍の統帥権を与えるとともに、日本を創造した神々の系譜を引く万世一系の神聖な存在として位置づけるものであった。

帝国憲法発布の翌年、明治二十三年には「教育勅語（教育ニ関スル勅語）」が発布される。教育勅語においては、記紀神話に述べられた神話上の天皇の祖先である「皇祖」と、歴代の天皇である「皇宗」を中心とする「国体」が教育の基本理念とされ、天皇の臣民である国民の教化に活用されることとなった。

教育勅語では、「爾《なんじ》臣民父母ニ孝ニ兄弟《けいてい》ニ友《ゆう》ニ夫婦相和《あいわ》シ朋友《ほうゆう》相信シ恭儉《きょうけん》己レヲ持シ博愛衆ニ及ホシ學《がく》ヲ修メ業《ぎょう》ヲ習ヒ以テ智能ヲ啓發シ徳器ヲ成就シ進テ公益ヲ廣メ世務《せいむ》ヲ開キ常ニ國憲ヲ重シ國法ニ遵《したが》ヒ一旦緩急《かんきゅう》アレハ義勇公ニ奉シ以テ天壤《てんじょう》無窮《むきゅう》ノ皇運ヲ扶翼《ふよく》スヘシ是ノ如キハ獨《ひと》リ朕《ちん》カ忠良ノ臣民タルノミナラス又以テ爾祖先ノ遺風ヲ顯彰スルニ足ラン」と述べられ、臣民の従うべき道徳が示された。それは、祖先崇拝や孝の重視など、儒教にもとづく家父長制的な家族道徳を説くものであった。

神道については「神道は宗教にあらず」とされ、神社は内務省の管轄下におかれ、他の宗教とは異なる特権的な地位を与えられることになる。

近代に入って創建された神社も少なくないが、そうした神社の創建は、国威発揚を目的としたものであった。近代に創建された神社としては、靖国神社や護国神社のように戦没者を祀ったもの、湊川神社のように南北朝時代の南朝の忠臣を祀ったもの、橿原《かしはら》神宮や平安神宮、明治神宮のように天皇、皇族を祀ったもの、あるいは朝鮮神宮など植民地に設けられたものがあげられる。

近代に創建された神社のなかでも、とくに大きな役割を果たし、今日まで影響を与えているのが靖国神社である。靖国神社は、明治二年に東京九段に創建された招魂社《しょうこんしゃ》を起源とする。招魂社には最初、鳥羽伏見の戦いから函館戦争にいたる官軍の戦没者が祀られた。一般の死者の供養は、もっぱら仏教が担ってきたわけだが、戦没者ということで、国家による祭祀を必要とした。明治天皇は、招魂社に対して社領一万石（実際には財政難で五千石）を与えたし、明治七年の大祭には自ら参拝している。

明治十二年に、招魂社は靖国神社と改称され、別格官幣社の社格を与えられた。靖国神社を管轄したのは、最初は軍務官で、そののち、内務省、あるいは内務省と陸・海軍省の共同管轄を経て、陸・海軍省が所管することとなった。日本が戦争を重ねるたびに、戦没者の数は増え、彼らは「英霊」として靖国神社に祀られた。

こうした近代天皇制のもとでの神道のあり方は、一般に「国家神道」と呼ばれる。ただし、この用語は戦前には存在せず、戦後になって、そうした体制を批判的に分析するための道具としてつかわれるようになったものである。戦前においては、神道は国家の管轄下におかれたわけだが、国家神道に、復古神道のような思想性が伴っていたかは必ずしも明確ではない。その点で、戦前までの近代の神道のあり方を国家神道という概念で一括りにしていいかは議論の余地がある。

教派神道の形成

その一方で、国家の管轄下におくことのできない独立した神道の流れも存在し、それはやがて「教派神道」として制度化されていく。

国民教化のために設置された大教院が、仏教界からの反対で頓挫し、廃止されたあと、明治八年に、教導職についていた神官が集まり、神道事務局が設置された。翌年には、黒住《くろずみ》教と神道修成派がそこから別派独立した。さらに明治十五年に、教導と神官との兼職が禁じられると、大成教・神習教・御嶽《おんたけ》教・出雲大社《おおやしろ》教・実行教・扶桑教が独立し、明治十七年に教導が廃止されると、神道事務局の教導は神道大教を作り、その後に、神理教、禊《みそぎ》教、金光《こんこう》教、天理教が独立し、教派神道十三派が形成される。

こうした教派神道の各教団は、それぞれ性格を異にしており、なかには仏教と習合した信仰をもっているところも少なくなかった。たとえば、天理教の場合だが、すでに述べたように、幕末の時点で、吉田家から許可を得て、さまざまな点で吉田神道の影響を受けた上で活動を展開していたわけだが、明治に入ると、吉田家からの許可に意味がなくなる。しかも、明治六年には教部省から布達《ふたつ》が出され、呪術的な信仰に頼って、医者や薬を否定することは禁止された。また、明治十三年に発布された大阪府の違警罪（今日の軽犯罪）では、公の許可を得ないで神仏を開帳し、人を集めることが禁じられた。天理教は、こうした布達や法律のため、明治十年代に入ると、たびたび取り締まりをうけることになり、高齢の教祖も警察に拘置された。

天理教の教団の側では、風呂と宿屋の鑑札を受けて、合法的に信者を集められるようにしたり、講の形態をとることで、取り締まりを避けようとした。そして、明治十四年には、修験道の寺院の傘下に入り、転輪王講社と呼ばれる講組織を作る。しかし、取り締まりはやむことはなく、大阪の新聞には、神懸かりする教祖の姿がおもしろおかしく取り上げられたりもした。

そうした状況のなかで、事態を打開するため、天理教の教団では、神道本局（神道大教）直属の教会として認めてもらえるよう願い出る。その際には、それまで天輪教会と名乗っていたのを、教部省が明治五年に出した「三条の教訓」のなかの第二条にある「天理人道ヲ明ニスベキ事」をもとに、天理教会と改め、その成立過程を明確にするなど、当時の宗教政策に合致した形で、内容の整備、体系化を進めた。それでも、願い出はなかなか受け入れられず、認められるのは教祖の死後においてだった。

天理教は、もともとは神仏習合的な庶民信仰を基盤としており、お産や病気直しを中心とした呪術的な信仰を核としており、信者たちは、頻繁に神懸かりする教祖、中山みきをこの世にあらわれた神として崇拝していた。しかし、そうした信仰のあり方は、近代社会における宗教にはそぐわないものであり、国家の宗教政策に合致する形で再編成される必要があった。天理教は、国家神道的な信仰を大幅に取り入れ、戦争に積極的に協力するなど、社会に貢献する存在であることをアピールすることで、その存続を許されるようになった。そして、大正時代に入ると、大阪などの都市部で教勢を伸ばし、各地に教会を設け、大教団へと発展していく。

神道が宗教の枠の外におかれ、国民全体に強制されていくことは、他の宗教にとっては、大きな打撃であるはずだった。しかし、他の宗教から積極的な抵抗が起こることはなかった。

仏教の近代化

仏教の場合には、近代がはじまる時点で、寺請制度が廃止されることで、権力の末端を担う機能が失われ、また廃仏毀釈や寺領の没収などで弱体化することで、社会的な影響力を行使できなくなっていた。国家が近代化されていくなかで、仏教の近代化も不可欠な課題とはなったが、それを担うだけの強力な運動は生まれなかった。浄土真宗の清沢満之（一八六三～一九〇三）による「精神主義」の運動は、教団改革をめざしたものではあったが、けっきょくは内面的な方向にむかい、社会運動として発展するにはいたらなかった。

各宗派の内部においては、学問的な研鑽が積み重ねられ、教団を近代化するための試みも実践された。しかし、宗派の違いが壁になり、仏教全体の近代化や革新という方向には必ずしもむかわなかった。

近世にない近代の特徴としては、明治時代に移入された西欧の学問の影響で、仏教学や宗教学が発展したことがあげられる。仏教学、宗教学においては、客観的、中立的な立場からの文献研究が実践され、宗派の枠を越えた研究が進められた。村上専精《せんじょう》は、富永仲基を引き継ぐ形で大乗非仏説論を展開し、姉崎正治は仏教の原初的な形態としての原始仏教の研究を行った。こうした研究によって、既成の仏教宗派の信仰が直接大きな影響を受けたわけではないが、宗派の学問を進める上でも、厳密な文献批判、聖典批判を行うことを求められるようになっていく。

4 個人の内面の探求から国家主義の時代へ

乃木夫妻の殉死

大正時代の幕開けを告げる衝撃的な出来事が、乃木希典《のぎまれすけ》大将夫妻の殉死だった。それは、大正元年（一九一二）九月十三日、明治天皇の大葬の日の夕刻に起こった。乃木は、西南戦争の際に軍旗を奪われるという失態をおかした。彼はそのことを生涯にわたって負い目と感じてきたとされるが、彼とその妻の死は、明治天皇への「殉死」としてとらえられ、武士道の伝統が生きていることの証として高く評価された。

乃木の死後には乃木神社が創建され、神として祀られることになったが、その死は当時の知識人に大きな影響を与えた。夏目漱石は、彼の代表作で、文学作品としてはもっとも読まれている『こころ』のなかで、主人公である「先生」が死を決意したきっかに乃木大将夫妻の殉死を位置づけている。漱石と並ぶ文豪の森鷗外も、乃木の殉死に触発され、『興津弥五右衛門の遺書』や『阿部一族』といった殉死をテーマとする作品を書いている。鷗外は、それをきっかけに歴史小説の分野に新境地を開拓していくことになる。

乃木夫妻の殉死に対しては、当時からそれを批判する声も上がった。しかし、この出来事が、天皇に対して死をもって殉ずるという行為の価値を高めたことは事実であり、日本が戦争に突き進んでいく上で大きな役割を果たしていく。

すでに大正に入る時点で、日本は、日清戦争と日露戦争に勝利をおさめ、欧米列強に伍していく力をつけつつあった。明治が始まった時点では、日本はまだ近代化が進んでいない後進国ではあったが、「富国強兵」の掛け声のもと、急速な勢いで国力を充実させていた。しかも、大正三年にはじまる第一次世界大戦の際には、戦争需要の高まりにより経済が拡大し、好景気がもたらされる。「大正デモクラシー」と呼ばれる自由な時代の雰囲気が生まれたのも、あるいは、前の

3の項の最後に述べたように、天理教などの教派神道の教団が都市で拡大したのも、景気の拡大という背景があったからである。

内面の探究と神秘主義

日本が近代国家として大きく発展していくなかで、個人の内面の世界を開拓することへの関心が高まっていく。それはすでに明治の時代からはじまっていた。明治三十六年（一九〇三）五月二十三日、十九歳の一高生、藤村操（一八八六〜一九〇三）が「巌頭之感《がんとうのかん》」という遺書を残して日光の華厳の滝で投身自殺をした。藤村は漱石の生徒で、自殺の一週間前に、漱石は訳読をしてこない藤村を叱っていて、それが原因ではないかと思い悩んだともされる。藤村の死は、哲学的な問いを究めようとしての自殺として、同時代の知識人青年に大きな影響を与えた。

藤村の死の二年後、明治三十八年には、綱島梁川《りょうせん》（一八七三〜一九〇七）が「予が見神《けんしん》の実験」という文章を雑誌に発表し、大きな反響を巻き起こした。梁川は文学を志していたものの、明治二十九年、二十四歳のときに吐血し、病が重くなるにつれて、宗教哲学に傾倒するようになっていく。そのなかで、神と出会う体験をし、それを「予が見神の実験」として発表した。

梁川は、神と出会った体験を鮮烈な形でつづっているものの、その神がどういった神であるのかを確かめようとする方向にはむかわなかった。そもそも、彼には個別の宗教への関心は希薄だった。梁川は、体験の三年後に亡くなっており、あるいはもっと長生きしていれば、自らの出会った神を特定の宗教の神と結びつけて考えるようになっていたかもしれない。しかし、梁川の体験に関心をもった周囲の人間たちも、それがキリスト教の神であるのか、神道の神であるのか、それともそれらとはまったく別の神であるのかには関心を抱かなかった。

そこには、日本人の宗教性の一つの特徴があらわれている。一般の神秘主義なら、神秘体験をした人間が出会った神は、特定の宗教のなかに位置づけられ、その宗教において信仰されている神としてとらえられる。ところが、日本の場合には、特定の宗教とは結びつかない神一般としてとらえられる傾向がある。重要なのは、その神がどういった存在なのかということではなく、体験そのものの方なのである。

それは、大正時代に起こる哲学ブームや禅ブームに結びついていく。明治の終わり、明治四十四年一月に、二冊の本が出版される。一つは漱石の初期三部作の最後の作品、『門』であり、もう一つは西田幾多郎《きたろう》の『善の研究』である。『門』のなかには、主人公の宗助が参禅する体験が出てくるが、これは漱石自身の参禅体験をもとにしていた。また、『善の研究』では直接禅の体験にはふれられていないものの、西田自身はくり返し参禅しており、そのなかで言われる「純粋体験」は、禅による体験を基盤にしていた。

漱石も西田も、ともにアメリカの哲学者ウイリアム・ジェイムズの強い影響を受けており、純粋経験ということば自体がジェイムズに由来する。ジェイムズは、人間の意識のなかに浮かんでくる移ろいやすい思考や感覚を「意識の流れ」としてとらえた。『門』のなかで、漱石が参禅体験を記述する際には、意識の流れが手法として用いられていたし、西田の純粋体験は、意識の流れそのままであった。ジェイムズは、宗教体験を集め、それを分析した『宗教経験の諸相』という書物を書いているが、その立場は、体験される神よりも体験自体を重視するものだった。だからこそ漱石や西田に強い影響を与えたのである。

とくに西田哲学の知識人青年への影響は大きく、大正デモクラシーの時代のなかで、西田が作った「絶対矛盾的自己同一」や「絶対無」といったことばが流行する。あるいは文学の世界において「白樺派」が台頭するのも、この時代だった。白樺派は、それまでの作家個人の生活を暴露的に描く自然主義とは異なり、理想主義や人道主義を掲げていた。そこには、白樺派の作家たちが、豊かな階級の出身であることが影響していたが、その代表的な存在である武者小路実篤《むしゃのこうじさねあつ》は、大正七年に理想の生活を実現する共同体として「新しき村」の建設に乗り出す。

革命をめざす宗教

このように、大正時代においては、神秘体験、禅、哲学、あるいは共同体への関心が生まれていたわけで、それは、戦後の一九七〇年代以降に生まれるヒッピーの運動や精神世界の運動に通じるものをもっていた。さらには、今日のスピリチュアル・ブームの先駆けとも言える。しかし、昭和の時代に入ると、日本は戦争の時代に突入していく。その背景には、大正十二年の関東大震災の際の手形の焦げつきから起こった金融恐慌や昭和四年の世界恐慌といった経済的な苦境があった。その苦境を脱するために、日本は欧米列強に対抗して中国などに進出し、植民地経営に活路を見いだそうとする。そうした社会状況のなかで、大正時代に芽生えた個人の内面を開拓していく試みは抑圧され、宗教もまた戦争を後押しする方向へとむかっていった。

その一つの例が、大本《おおもと》教の場合である。大本教は、教祖である出口なお（一八三六～一九一八）の神懸かり体験に発し、金光教の影響を受けながら、艮《うしとら》の金神による世の立替を説いたが、その女婿となった出口王仁三郎《おにさぶろう》（一八七一～一九四八）は、国家神道に合致するような形で教義を組み替え、大正三年には、「皇道大本」と改称する。皇道大本には、現状打破を求めて軍人や知識人が集まってくる。ところが、社会的な影響力が増したため、大正十年には不敬罪や新聞紙法違反で弾圧を受ける。

この経験を経た王仁三郎は、中国を中心としたアジア進出の波に乗り、軍部や張作霖《ちょうさくりん》の軍閥《ぐんばつ》の協力を得て、内モンゴルに赴き、神軍を率いて新蒙古国を建設しようとする。その計画は失敗するものの、海外進出を果たし、中国では、慈善団体である紅卍字会《こうまんじ》との連携も果たす。ただ、王仁三郎が頭山満《とうやまみつる》などの右翼とつながりをもち、「昭和維新」の実現を掲げて急進化したため、再度治安維持法違反などで取り締まりを受け、皇道大本は壊滅的な打撃を受ける。

この大本教の場合と同じように、国家神道体制を支え、日本を戦争へと駆り立てる宗教的なイデオロギーとして機能したのが、「日蓮主義」の運動であった。その代表的な存在が、「国柱会《こくちゅうかい》」を組織した田中智学（一八六一～一九三九）である。智学は、医師であった父を亡くしたあと、十歳で得度し、日蓮宗の僧侶となるが、十九歳のときには還俗し、在家仏教の運動に身を投じる。明治十七年には国柱会の前身となる「立正安国会」を組織し、日蓮の王仏冥合《みょうごう》の考え方にしたがって、政治と宗教とが合致した日蓮主義による国家主義の運動をめざす。

智学の影響は広範におよび、文学者の宮沢賢治や満州国の建国を推進した石原莞爾《かんじ》などが国柱会に入会し、活動した。また、「一人一殺」を主張し、要人の暗殺を実行した「血盟団事件」の井上日召（一八八六～一九六七）や、「二・二六事件」の首謀者で、青年将校に影響を与えたとして処刑された北一輝《きたいっき》なども、日蓮主義を信奉していた。

日蓮主義の団体の原型は、近世における法華講に求められる。この法華講からは、別に過激な政治的方向性をもたない宗教団体として、霊友会、立正佼成会、創価学会（創価教育学会）などが生み出されていく。ただし、霊友会と立正佼成会が、神秘的な病気直しや祖先崇拝を核としていたのに対して、創価学会は、当初教員を中心とした知識人層の団体であったため、日蓮主義の影響も受けており、創立者であった牧口常三郎（一八七一～一九四四）は、治安維持法違反などで逮捕、拘禁され、獄死している。

日蓮主義の流れのなかでは、「新興仏教青年同盟」を組織した妹尾義郎《せのおぎろう》（一八八九～一九六一）のように、反戦、反ファシズムを主張して、弾圧された例もある。ただ、全体としては、日本の国家主義を補完する役割を果たした。それは、他の仏教諸宗派、さらにはキリスト教などについても言えることで、宗教的な論理に従って国家主義の体制に反抗した例は少ない。ほとんどが戦争協力の道を歩んだ。その点は、戦後さまざまな形で批判を呼ぶことになる。

5 神々のラッシュアワー

国家神道体制の解体

昭和二十年八月十五日、日本は戦争に敗れた。日本は、連合国による降伏勧告であったポツダム宣言を受け入れ、無条件降伏した。これによって、連合軍が日本に進駐し、日本政府の権限は連合国最高司令官（ＧＨＱ）の制限下におかれた。

占領下の日本では、軍隊や国家警察が解体されるとともに、日本を戦争へと追いやった社会的な制度として財閥の解体や農地解放が推し進められた。こうした占領政策は宗教の面にも及んだ。ＧＨＱは、まず同年十月に、「政治的社会的及宗教的自由に対する制限除去」の覚書を出し、信教の自由を確立し、治安維持法や宗教団体法など、思想や信条にもとづく弾圧、統制を可能にする法律の撤廃などを求めた。

ＧＨＱは、十二月に、「国家神道、神社神道にたいする政府の保証、支援、保全、監督ならびに弘布の廃止にかんする件」という覚書を発した。これがいわゆる「神道司令」と言われるもので、国家と神社神道の完全なる分離、政教分離が指示された。神社神道は国家の手を離れ、民間の宗教団体として存続することになった。翌昭和二十一年二月には、神祇院が廃止され、その事態に対応するために、全国の神社の連合体として神社本庁が結成され、ほとんどの神社はその傘下におかれる。

それに先立って、昭和二十一年元旦、昭和天皇は、「年頭、国運振興ノ詔書」を出す。これは、敗戦の痛手をこうむった日本国民を励ますために発せられたものだが、そのなかに、戦前において主張され、国家神道の核となっていた現人神《あらひとがみ》としての天皇のあり方を否定する部分があったことから、一般には「天皇の人間宣言」として記憶されることになる。そこでは、「朕《ちん》と爾《なんじ》等《ら》国民との間の紐帯《ちゅうたい》は、終始相互の信頼と敬愛とに依りて結ばれ、単なる神話と伝説とに依りて生ぜるものに非ず。天皇を以て現御神《あきつみかみ》とし、且つ日本国民を以て他の民族に優越せる民族にして、延《ひ》いて世界を支配すべき運命を有すとの架空なる観念に基くものにも非ず」と述べられていた。

これは日本の近代社会において神として崇められてきた天皇自身が、自らの神性をまっこうから否定したもので、国家神道体制の土台を突き崩すものとなった。しかし、国家神道体制のもとでは、現在の天皇だけではなく、過去の天皇や、天皇のためにその命を捧げた武士や軍人、兵士なども神格化され、特別な神社に祀られていた。具体的には、すでにのべた明治神宮や湊川神社、乃木神社、東郷神社、そして靖国神社や護国神社の祭神がそれにあたる。天皇の人間宣言では、こうした祭神については言及されなかった。そのため、それぞれの神社は、もっとも国家色の強かった靖国神社を含め、民間の神社として存続する余地を与えられた。人間宣言が天皇個人に限定され、戦前の天皇制を支えた他の祭神にまで及ばなかったことは、今日の「靖国問題」に見られるように、後の時代に大きな影響を与えることになった。

人間宣言が生んだ空白

人間宣言によって、天皇が現人神の地位を下りることで、そこに精神的な空白が生まれた。宗教界には、その空白を埋めようとする動きが生まれる。その代表的な存在が、璽光尊《じこうそん》こと長岡良《なが》子《こ》（一九〇三～八四）が教祖となった璽宇《じう》である。長岡は昭和の初期、東京の蒲田に在住し、弘法大師を信仰し、加持祈禱で人を集めていた。敗戦直前に神の指示で璽光尊を名乗るようになり、敗戦を機に、天皇の皇威が彼女に移ったと自覚するようになる。自らの住居を「皇居」とし、転居を「遷宮」としてとらえる。昭和二十一年、天皇の人間宣言後に、昭和を霊寿と改元、璽宇憲法を発布して、信者であった囲碁の呉清源《ごせいげん》や横綱の双葉山を大臣とする璽宇内閣を組織した。昭和二十二年に璽宇は食糧管理法違反で取り締まりを受け、教祖が逮捕されるが、その際に、双葉山が大立ち回りをし、そのことは派手に報道された。

この璽宇とともに、敗戦直後に話題を集めたのが、「踊る宗教」こと天照皇大神宮教《てんしょうこうたいじんぐうきょう》であった。教祖の北村サヨ（一九〇一〜六七）は、山口県田布施の一介の主婦であったが、昭和十九年に祈禱師から生き神であると告げられ、肚の中のものがサヨに話しかけ、命令するようになる。敗戦直前には、その神が天照皇大神であることが明らかになり、昭和二十一年からはその年を紀元とする独自の年号、神の国年を用いるようになる。サヨは、肚の中の神が語るままに歌説法を行い、信者はそれにあわせて「無我の舞」を踊った。彼らは上京して、東京の繁華街でも歌説法と無我の舞を披露し、その様子は映画ニュースなどでも取り上げられ、大きな話題になった。

その後、璽宇の方はごく小規模の宗教団体にとどまるが、天照皇大神宮教の方は、海外布教を行うなど、発展し、現在もその活動を継続させている。ほかにも、当時は、宗教団体法が廃止されたものの、それにかわる宗教法人法が制定されていなかったため、宗教行政は混乱した状態にあり、その間隙をついて、脱税目当てに宗教団体を組織するような動きもあった。雨後の竹の子のように宗教団体が生まれる事態をさして、「神々のラッシュアワー」と呼ばれるようになる。ただし、この時代に生まれた宗教団体は、璽宇がそうであったように、必ずしも大きく発展することはなかった。

日蓮系新宗教の台頭

戦後、巨大教団が生み出されていくのは、昭和三十年代に入り、高度経済成長の時代がはじまってからのことだった。神々のラッシュアワーと言われた敗戦後間もない時代には、国家神道体制の解体にともなって、主に神道系の教団が特異な宗教活動を展開することで注目されたわけだが、高度経済成長の時代に発展するのは、主に法華系、日蓮系の教団であった。その代表的な存在が、すでに戦前から活動を開始していた創価学会、立正佼成会、霊友会である。

なぜ法華系、日蓮系の教団が教勢を伸ばしていったのか、その理由はさまざまに考えられるが、もっとも大きな理由は、その源である日蓮の教えが、現世における救済を中心として、来世といったことをほとんど問題にしなかったことに求められる。浄土真宗などの場合には、庶民の信仰を集め、巨大教団に発展してきたが、浄土信仰は来世での救済を約束するものであり、戦後社会に生きる庶民が宗教に期待したのは、現世における救済であった。

法華系、日蓮系の教団のなかで、もっともその勢力を拡大したのが創価学会である。創価学会は、戦前に創立されるが、戦時中に創立者である牧口常三郎が獄死し、終戦の時点では組織は壊滅的な状況にあった。それを立て直し、大きく発展する礎を築いたのが、二代会長となる戸田城聖（一九〇〇～五八）であった。戦前の戸田は、代用教員として出発し、牧口と出会うことによって日蓮信仰にめざめ、教育産業の分野で大きな成功をおさめた。

戸田は、牧口とともにとらえられるが、敗戦直前に釈放され、昭和二十一年に、戦前の創価教育学会を創価学会と改称し、活動を再開する。戸田は、出版や小口金融などの実業界で活躍しながら、宗教活動を実践した。昭和二十六年に第二代の会長に就任した際には、「折伏大行進《しゃくぶく》」というスローガンを掲げ、強硬な手段を使っての布教である「折伏」によって教勢を拡大する方向を打ち出す。牧口は、戦前から密接な関係をもっていた日蓮正宗の本山、大石寺《たいせきじ》に祀られた日蓮の直筆とされる板曼荼羅を「幸福製造器」と呼び、信仰しさえすれば豊かになれると、徹底した現世利益《げんせりやく》の実現を約束した。

戸田には、庶民的で、人を引きつける魅力があり、またたくまに創価学会は会員を増やしていくことになるが、高度経済成長という時代背景と合致したことが急成長の原因となった。高度経済成長の時代には、産業構造の転換が起こり、都市化が進んだ。都市で発展した新しい産業に労働力を供給したのが地方の農村部で、大量の人間が地方から都市へと出ていった。それは都市の過密化と、農村の過疎化を生むことになるが、創価学会や他の日蓮系の教団は、都会に出て来たばかりで、学歴もなく、安定した職につけない人間をターゲットに会員を増やした。日蓮系の巨大教団は、都市における新たな村として機能することで、会員を爆発的に増やしていくことができたのである。

その際に、創価学会と他の教団とでは、一つ大きな違いがあった。すでに述べてきたように、近世のはじめから高度経済成長の時代まで、日本人の多くは村の住人であり、その信仰の核には祖先崇拝の観念があった。ところが、高度経済成長の波に乗って都会に出てきた人間たちは、故郷の実家に墓や仏壇を残してきたままで、都市にはそれを持ちこまなかった。霊友会やそこから分かれてできた立正佼成会の場合には、そうした新たな都市民をターゲットにする上で、夫と妻、両方の家の祖先を祀る新たな祖先崇拝の形式を作り上げ、両方の家の祖先を記した「総戒名」と呼ばれる位牌を仏壇に祀ることを勧めた。

創価学会の特徴

これに対して、創価学会の場合には、より徹底していて、祖先崇拝そのものに関心をもたなかった。創立者が、拝み屋的な宗教家ではなく、教育者であったことも影響し、村社会に一般的に見られる霊信仰や祟りといった観念にはほとんど関心をもたなかった。貧しさや病気、争いごとといった障害が生まれた場合でも、それを祀られていない祖先の祟りとして説明することはなかった。他の新宗教では、霊友会や立正佼成会を含め、祖先の霊を正しく祀ることで祟りをおさめようとしたが、創価学会にはそうした発想がなかった。そこに、創価学会の信仰の特徴があった。

日蓮正宗という出家集団と密接な関係をもったことも、他の新宗教にはない創価学会の特徴だった。創価学会に入会した会員は、日蓮正宗寺院の檀家となり、葬式や法事だけではなく、結婚式、地鎮祭といった宗教儀礼についても、すべて日蓮正宗の檀那《だんな》寺に依頼することになった。とくに葬儀を自前の信仰にもとづいてあげられることは大きな意味をもった。他の新宗教では、出家集団と密接な関係を結んでいなかったため、会員が亡くなり、葬儀を行うという場合には、元々の家の宗派の寺などにそれを依頼するしかなかった。そうなると、死者は菩提寺に葬られることになり、それを契機に、また元の家の信仰に回帰してしまうことにもなった。ところが、創価学会の場合にはそうしたことがなく、だからこそ信仰が子どもや孫の世代にまでそのまま受け継がれていくことになったのである。

創価学会が、もう一つ他の教団と異なるのは、政界に進出したことである。昭和三十年にはじめて地方選挙で五十一名を当選させたのを皮切りに、翌三十一年には参議院選挙で三名を当選させた。三十三年に戸田が亡くなると、三十五年に池田大作（一九二八〜）が第三代会長に就任し、三十六年には公明政治連盟、三十九年には公明党が結成された。創価学会が政界に進出した目的は二つあり、一つは、社会福祉の対象となる可能性の高い会員の利益を確保するための大衆福祉の実現であり、もう一つは、王仏冥合の宗教的な理念にしたがって、日蓮正宗の国教化を意味する国立戒壇の建立であった。後者は、田中智学などの日蓮主義者の主張を焼き直ししたもので、時代錯誤のアナクロニズムという批判も受けたが、創価学会の会員たちを選挙にかり立てる大きな原動力となった。

しかし、高度経済成長の時代は、大阪万国博が開かれた昭和四十五年にピークを迎え、大きな転換点にさしかかる。そうした時代の変化を反映し、創価学会の急拡大にも翳りが見えるようになる。その年には、創価学会と公明党は、評論家藤原弘達の著作『創価学会を斬る』の出版に際して、それを妨害したとする「言論出版妨害事件」を起こし、世間の強い批判を浴びることになる。これによって、創価学会は、公明党との政教分離を明確にすることを求められ、王仏冥合や国立戒壇の建立といった政治目標を掲げられなくなる。強力な折伏もできにくくなり、新たな会員を獲得するよりも、子どもや孫に信仰を継承させていくことに力を注ぐようになっていく。

6 オウム真理教事件と宗教の衰退

新新宗教の時代

昭和四十八年、日本は「オイル・ショック」に見舞われる。それは、二十年近くにわたって続いた高度経済成長の時代に幕を下ろす出来事となった。日本は経済成長を続けるなかで、大量の石油エネルギーを消費するようになっており、石油の輸入が途絶えることは死活問題だった。食糧に関しても、輸入に依存するようになっており、食糧自給率も低下していた。国際化が進むなかで、国際情勢の変化が直接国民の生活に影響を及ぼす状況が生まれていた。

オイル・ショックの直後、五島勉による『ノストラダムスの大予言』が刊行され、ベストセラーになった。ノストラダムス（一五〇三〜六六）は、フランスの医師、占星術師で、彼が刊行した予言集はその生前に大きな反響をもたらしたが、次第に注目されなくなっていった。ところが、二十世紀に入るとふたたび注目を集めるようになり、それが五島の著作の刊行に結びついた。おりからのオイル・ショックの衝撃で、日本の先行きに対する不安が高まっていたなかで、一九九九年七月に世界が滅びるとするノストラダムスの予言は、信憑性のあるものとして受け取られ、とくに若い世代に影響を与えた。

昭和四十九年には、イスラエルのテルアビブ生まれの自称超能力者、ユリ・ゲラー（一九四六〜）が来日し、テレビ番組で、スプーン曲げを披露し、大きな注目を集め、超能力ブームを巻き起こす。こうしたノストラダムスや超能力のブームから、宗教の世界でも、終末論や超能力、神秘体験を強調するような教団が勢力を伸ばすようになり、やがてそれは、新宗教にかわる「新新宗教」と呼ばれるようになっていく。

新新宗教の教団としては、真光（崇教真光、世界真光文明教団）、神霊教、ＧＬＡ、阿含《あごん》宗、統一教会（世界基督教統一神霊協会）、エホバの証人（ものみの塔）、和尚ラジニーシ（バグワン・シュリ・ラジニーシ）などがあげられるが、従来の新宗教の信者が中年の、とくに女性が多かったのに対して、新新宗教の場合には、若者の信者が多いことが特徴になっていた。そうした信者の属性の違いを反映し、新宗教が貧しさ、病気、家庭内の争いごと、「貧病争」からの解放など現世利益の実現を志向していたのに対して、新新宗教では、現実を越えたもう一つの世界、精神世界への関心を特徴としていた。新宗教のなかには、霊友会のように、「インナー・トリップ」と呼ばれる若者たちをターゲットとした新たな運動を展開し、新新宗教と似た動きを示すところもあった。

ただし、新新宗教のなかには、宗教であることを隠して布教を行ったり、洗脳、あるいはマインドコントロールとも言える手法を使って信者の精神に影響を与え、法外な金を出させたりするところもあり、そうした集団は、「カルト」として危険視されるようになっていく。

昭和六十年代に入ると、日本は「バブル」の時代になり、金だけがすべてという風潮が生まれる。地価や株価は高騰し、投資によって大儲けした人間の派手な生活がマスメディアで大きく取り上げられたりした。その恩恵は若い世代にも及び、大学生の就職事情は、圧倒的な売り手市場になった。しかし、そうした風潮についていくことのできない若者もいて、そうした人間たちは、宗教や精神世界の運動に対する関心を深めた。

オウムと宗教的テロリズム

オウム真理教が登場するのも、そうした時代を背景としていて、より新しい新新宗教の集団として注目を集めるようになる。オウム真理教の特徴は、麻原彰晃（一九五五〜）というカリスマ的なリーダーを頂点に、空中浮揚などの超能力、終末論、ヨーガやチベット密教を取り入れた独自の修行法にあり、その点では、他の新新宗教の集団と変わらないが、出家の制度をとったことで、社会問題を引き起こすことになる。

オウム真理教は、昭和六十三年に静岡の富士宮市に最初の道場を作るが、修行の最中に騒ぎ出した信者を死にいたらしめ、その死体を秘密裏に処理したのをきっかけに数々の犯罪を重ねていく。隠蔽の事実を知りながら脱会しようとした信者を殺害し、子どもをオウム真理教に奪われたとして訴える親たちの相談を受け、被害者の会を結成した坂本堤弁護士の一家を殺害した。

オウム真理教は、ベルリンの壁が崩壊し、ソビエト連邦が解体された後、平成四年（一九九二）にはロシアに進出し、それと平行して武装化を進めていく。武装化によって、社会からの批判や弾圧に対抗しようとしたものと考えられるが、その過程で、教団に批判的な人間などを次々に殺害し、平成六年には、長野県松本市街で猛毒のサリンを撒き、多数の死傷者を出した。平成七年には、近々迫っていると予想された警察による強制捜査を遅らせるため、地下鉄でサリンを撒き、やはり多数の死傷者を出した。民間の一宗教団体であるオウム真理教が、化学兵器であるサリンを使ってテロ攻撃を実践したことの意味は大きく、事件は日本だけではなく、世界に大きな衝撃を与えた。

年齢が高い層ではなく、若者が中心になっていることが新新宗教の集団の特徴になるわけだが、オウム真理教の場合には、学歴が高く、エリートと考えられる若者が数多く信者として加わっていたところに最大の特徴があった。サリンを大量に生成するためのプラント作りなどが可能だったのも、あるいは少量だが実際にサリンを生成できたのも、オウム真理教には、化学などについて専門的な知識をもつ信者がいたからで、なぜそうしたエリートである若者がオウム真理教のような宗教に引かれ、テロを引き起こしてしまったのかに大きな注目が集まった。

オウム真理教の事件は、一般の人々の宗教に対するとらえ方にも大きな影響を与え、宗教は危険で怖いというイメージを拡大し、宗教離れを促進させた。日本人の信仰率は、それまでも決して高くはなく、各種の世論調査では、総人口の三分の一程度しか信仰をもっていないという結果が出ていたが、オウム真理教事件以降、その割合はさらに減り、信仰をもつ人間の割合は二十パーセント程度にまで減少している。

オウム真理教の事件以降、宗教に対する関心は衰え、とくに宗教団体を警戒する傾向が強くなった。その傾向は、平成十三年に起こったアメリカでの同時多発テロを通して、さらに加速された。世界では、宗教がからんだテロ事件が頻発し、それは宗教への恐怖感、警戒心を高める結果となった。

ただ、精神的なものへの憧れは強く、精神世界、スピリチュアリズムへの関心は衰えていない。あるいは、癒しといったことへの関心はかえって高まっており、事件から時間が経つにつれて、ヨーガなどがふたたび注目されるようになってきている。

金と政治

オウム真理教が教勢を拡大し、また武装化に費やされた膨大な額の資金を集めることができたのは、バブルという時代背景があったからで、その時代には、都会で家を処分すれば、億単位の布施をすることができた。それは、バブルが崩壊してから不可能になった。創価学会の場合には、バブル崩壊の直後に、創立以来密接な関係をもっていた日蓮正宗と決別することになるが、そこにはたんに教義上の問題だけではなく、経済的な問題もからんでいた。

創価学会は、庶民の宗教である証として、会費をとっていないが、多額の寄付をした会員を「財務部員」として認定し、それは名誉会員的な扱いを受けてきた。ただし、創価学会が、日蓮正宗の総本山である大石寺に多額の寄付をし、巨大な宗教的建築物の建立を行うようになると、一般の会員からも財務を募るようになり、会員から創価学会の組織へ、さらには日蓮正宗の教団へという金の流れが生まれた。しかしそれは、大石寺や他の日蓮正宗寺院を富ませるだけで、創価学会自体の財政には貢献しなかった。

　そうした金の流れを断ち切り、会員の金が創価学会の施設の建設や活動の資金に使われる体制を作るために、創価学会は日蓮正宗との決別の道を歩んだのであろう。その際に、葬儀や戒名をどうするかという問題が起こったが、創価学会では、会員が葬儀の導師をつとめ、戒名は授からない「友人葬」を導入することで、その問題を解決した。そこには、創価学会が、元々祖先崇拝に対して関心をもたないことが影響していた。祖先崇拝が信仰の核にないからこそ、僧侶を呼んでの伝統的な仏教式葬儀を否定できたのである。

　公明党の方は、平成に入ってからの政局の流動化にともなって、政権与党の座につくことに成功する。最初は、非自民、非共産の細川政権で与党となるが、一旦は野に下り、次には自民党と与党を組むことで政権入りを果たし、現在でも政権内にとどまっている。創価学会の会員は、選挙のたびに、公明党や選挙協力を行っている自民党の支援活動を展開し、強い政治的な影響力を行使している。それは、公明党が結成された、元々の動機である王仏冥合の実現とはかなり性格の異なるものではあるが、宗教政党が政権の座についたことは大きな問題をはらんでいる。

　創価学会が、公明党を支援することで、強い政治力を獲得した背景には、他の圧力団体が軒並み力を失ってきたという事態がある。自民党を支えてきたのは、農協や医師会、特定郵便局長会などの圧力団体だった。しかし、国際化や情報化が進むなかで、同じ利害関心をもつ人間が、結束し、一致団結して自分たちの利害を守ることが難しくなり、そうした団体は次第に力を失ってきた。

そこには、日本社会の根本的な変化が示されている。第1節の最初にも述べたように、日本の社会においては、近世から近代にかけて、共同体が重要な役割を果たし、共同体の原理は人と人とを結びつける絆の役割を果たしてきた。その絆は、時代が大きく変化するなかで、次第に弱いものにはなってきたものの、これまでは、そのたびに新たな形で再生されてきた。

戦後においては、高度経済成長という社会を根底から変化させるような出来事が起こり、多くの人々が地方から都市へ移ってくることで、共同体から離脱していった。しかし、創価学会をはじめとする日蓮系、法華系の新宗教団体の場合には、相互扶助組織としての性格をもつことで、都市における新たな共同体として機能した。

一方で、高度経済成長の時代には、企業が拡大し、その過程で、多くの人間が企業に雇用されるサラリーマンになっていったが、日本の企業は、たんなる職場ではなく、共同体としての機能をも果たすことになった。そのあらわれが、日本の経済成長を支えた「日本的経営」であった。終身雇用、年功序列、企業内組合を柱とする日本的経営においては、企業は雇用している社員の生活を丸抱えし、生涯にわたって安定した生活を保証することで、その勤労意欲を刺激した。社員の側は、そうした体制のなかで、企業に忠誠を尽くし、勤勉に働いた。日本的経営は、まさに村の原理を取り入れ、それを近代化したものであり、近世の村落共同体に生まれた社会原理が、高度資本主義の段階でも受け継がれることになったのである。

しかし、バブルの崩壊と、その後、十年、ないしは十五年にわたって続いた長期にわたる不況の結果、さらには国際化、情報化が進むなかで、企業が社員の生活を丸抱えする体制を維持することは困難になり、日本的経営のシステムは崩れていった。リストラが進み、能力主義が採用され、さらには正社員を採用せずに、非正規雇用などで労働力を確保する体制が作られていった。企業は、個人を集団、組織に結びつける絆としての役割を喪失しつつある。

創価学会にしても、日蓮正宗との決別以降、信仰の形骸化が進んだ。大石寺への参拝ができなくなることで聖地を失い、二世、三世の若い会員の信仰を喚起する役割を果たしてきた世界平和文化祭が開催されなくなったことで、大規模なイベントを失った。さらに、信仰活動の核にあった唱題の短縮化も進んでいる。創価学会にとっては、組織力を発揮するのは、公明党の選挙を応援するときだけで、組織の維持において選挙頼みの事態が生み出されている。

おわりに

前項の最後の部分で、日本の社会のなかから人と人とを結びつける絆が失われつつあるという点を指摘した。共同体の役割を果たしてきた村落などの地域社会、企業、宗教教団において、組織としての弱体化が進み、人と人との結びつきは極めて弱いものになりつつある。

それは、家族という面にまで及んでいる。戦後の社会においては、核家族が基本となり、日本のどの地域にも見られた大家族は次第にその姿を消していったが、現在では、核家族の存立さえ危うくなっている。家族の規模はさらに縮小され、単身者の世帯が増えている。そこには、高齢化が関係し、高齢の単身者世帯が増加し、孤独な生活を強いられる人々が増えている。

兄弟姉妹の数も減り、未婚率も高まることで、結婚しない若者たちが増えている。結婚年齢も上がり、高齢での出産が増え、それも少子化に拍車をかけている。新たな家族をもたないまま生涯を終えることになる人々が増え、家族制度そのものの存立が揺らいでいる。

こうした絆の弱体化は、伝統的な習俗にも影響を与えている。たとえば、ごく最近、わずか数年のあいだに、媒酌人をまったく立てない結婚式が一般化した。その波は葬儀にまで及び、葬儀の参列者の数が減るとともに、家族だけで葬儀を済ませてしまう「家族葬」が増加している。さらには、家族葬さえ行わず、病院から火葬場に直行し、葬儀をまったくしない「直葬」という形式も増加の気配を見せている。墓に埋葬しないで、山や海などに遺灰を撒いてしまう散骨も、すでにかなりの広がりを見せている。

一般的に考えれば、結婚式や葬式にまつわる習俗は、それほど短期間に大きく変わることはない。というのも、習俗が生まれるにあたっては、それを生み、支える基本的な社会制度が存在するわけで、その基本的な社会制度は、そう簡単には変化しないからである。その点で、現在の日本社会は、急激な早さで、これまでとはまったく違う時代に突入しようとしているのかもしれない。

葬儀をめぐる習俗の変化は、これからの仏教のあり方に対して、大きな影響を与える可能性がある。それは、檀家離れをいっそう促進することにもなるであろうし、葬儀の規模が縮小されていくことは、仏教寺院の経営基盤にも影響を与える。地方では過疎化が進行するなかで、寺院を維持することが難しくなっているが、都市でも墓地の無縁化ということは深刻な問題を投げかけている。墓地の整理には面倒な手続きと時間が必要であり、たとえ墓地に対する需要があったとしても、簡単にそれに答えることはできない。高い戒名料に対する批判があるのも、寺院の側としては、葬儀の際に戒名料という形で多額の布施をしてもらわなければ、その経営が成り立たないからである。

ただし、一方では、仏教に対する関心は衰えていない。仏教ブームが続き、有名な寺院を訪れる人々はあとを絶たない。写経や仏像の鑑賞、あるいは四国遍路などに関心が集まっている。その傾向は、今後、老齢化が進行していけば、さらに強まっていく可能性がある。そうしたブームに乗ることができる有名な寺院は経済的な安定をはかることができるが、そうでない寺院はブームの恩恵をこうむることは難しい。

それに、仏教がブームであるとは言っても、仏教を信仰する人間の数が増えているわけではなく、教団による組織活動への関心は低い。一部では仏教の社会参加ということが主張されてはいるものの、それは僧侶を中心とした仏教の社会化の試みであり、日本の仏教が在家中心主義で発展してきたことを考えると、その影響は限定的である。

神道の場合にも、神社神道を支えてきたのは、地域社会であり、その地域社会が崩れてきたことは、神社を支える社会的な基盤が失われていることを意味する。仏教の場合と同様に、大規模な祭りを催し、多数の観光客を集めるような有名神社は経営基盤が安定しても、それができない地域の中小神社の場合には、維持することが難しい事態も生まれてくるかもしれない。

新宗教、あるいは新新宗教の教団の場合にも、人々が組織に魅力を感じなければ、多くの人間を集めることはできない。創価学会の強みは組織活動にあったが、その強みが発揮されるのは選挙のときだけで、会員たちは、日常的な組織活動を嫌うようになってきている。とくに、親たちは、これから組織を担う子どもたちに対して、創価学会の活動をするよりも、勉強させることに熱心になっている。

オウム真理教の場合には、グルとしての麻原とその弟子である信者との縦のつながりは強かったものの、信者同士の横のつながりはほとんどなく、教団とはいっても、信者個々人が個別に修行を進める場に過ぎなかった。そこには、宗教に対して関心をもつ人間でさえ、強固な組織の形をとる集団に期待しなくなっている現状が示されている。

近世から近代にかけて、日本の社会を発展させる上でその基盤となってきた共同体が崩れ、人と人とのつながり、絆は相当に弱いものになっている。現在の日本社会が繁栄を謳歌できたのも、日本人全体が一致団結して、経済発展をめざしてきたからである。人と人とを結びつける絆が弱くなれば、規律のある組織的な行動をとることが難しくなる。しかも、最近では、社会的な格差の存在と、その固定化が指摘されるようになってきた。これまでなら、豊かになろうと頑張りさえすれば、その努力は報われた。しかし今や、努力しても報われない状況が生まれ、将来に対する希望を抱くことさえ難しくなろうとしているのである。

こうした状況のなかで、これからの宗教はどういった役割を果たしていくことになるのだろうか。遍路などの仏教ブームに見られるように、癒しとしての役割は期待されるであろう。しかしそれも、必ずしも宗教そのものへの期待とは言えない。有名寺院を訪れる人々にしても、手入れの行き届いた庭を眺め、ひとときのこころの平安を求めているだけかもしれないからである。

このまま行けば、世俗化の方向はより徹底され、宗教離れが進んでいくに違いない。とくに先祖崇拝の観念が希薄化していくことは決定的な影響を与えることになるであろう。

ただ、これまでの歴史を振り返ってみると、徹底した世俗化への反動として、宗教が復興し、ふたたび力をもってくることは決してあり得ないことではない。イスラム教の復興も、最近の出来事である。果たして、日本人の宗教はこれからどういう姿をとっていくのか。今、新しい段階に入ろうとしていることは間違いない。

第7章　現代日本人の宗教を考えるためのヒント

1　国家と宗教

西欧からの見方

幕末維新期に日本で活躍したイギリスの外交官にW・G・アストンがいる。かれは将軍徳川慶喜をはじめ名だたる大名たちとの間に立って通訳の任にあたり、やがて在日イギリス公使館の書記官になった。だが明治二十二年（一八八九）に引退して、故国に帰った。

それからのアストンは、こんどは日本学のエキスパートとして蘇る。非凡な日本語の語学力をあやつり、在日中に収集した膨大な文献を活用して、次々と日本研究の成果を発表していった。『一外交官の見た明治維新』の著者アーネスト・サトウは同僚であり、『日本史』の著者サンソムは後輩である。そのアストンが右のサトウやサンソムと違うところは、かれが『日本書紀』の研究と翻訳を通して、日本の精神文化の本質に迫ろうとした点にある。そしてその成果が明治三十八年に、『神道』（安田一郎訳、青土社、一九八七年）となって実ったのである。

このアストンの『神道』(Shinto-the Way of the Gods) は、刊行後今日まで九十年を経過しているところからすれば、そこに創見と並んで偏見が、そして新鮮な発想と並んで古色蒼然たる観念が見出されるとしてもいたしかたのないことである。しかしそれにもかかわらず、本書の全体を通して比較宗教史的な方法と体系的な叙述が一貫して追求されている点は、やはり評価する必要があるだろう。そこには十九世紀ヨーロッパの精神が、まことに鋭く、鮮やかに発現しているのである。

たとえば日本のカミの一般的特徴を、自然の人格化と人間の神格化という類型に分けて論じている観点にそのことがうかがえる。そしてその背後に、宗教の発展を多神教から一神教へのプロセスとみる進化論的な図式が横たわっていることはいうまでもない。お祭しの通り本書の方向舵的な導き手は、社会進化論者のハーバート・スペンサーなのであるが、そのため神道パンテオンが未開宗教に近い座標軸にすえられているのは、いたしかたのないことであった。

だがそのことと並んでわれわれの目を驚かせるのは、アストンがフレーザーやマックス・ミュラーの視点をかりて比較宗教史的分析を展開している部分ではないだろうか。その視野は聖職者、礼拝、儀式、道徳、呪術、占いなどの多方面に及び、啓蒙期人類学の知見が縦横に活用されている。今日における「神道」研究の水準がこのアストンの問題提起をどれほど超えているのかどうか、なお一考してみる余地はありそうである。ちなみに付言すれば、このようなアストンの発想が柳田国男のそれに近いのも関心をそそる点ではないか。

伊勢神宮の近代的変容

アストンの「神道」研究にもみられるように、明治の政治改革を契機に外部世界から日本の精神風土に注がれたまなざしは、直截的で簡明率直なものだったと思う。ヨーロッパの上昇期にある啓蒙主義と近代的な諸観念が結びついて「封建ニッポン」の伝統思想にゆさぶりをかけ、システムの変更を迫ってきたからである。そしてそのような外部世界からの活発な動きにたいして、周知のように日本の側からおこなわれた政治的対応もまた素早いものであった。

ことはむろん、政治・経済・軍事の領域にとどまらなかった。宗教政策の面においても急激な制度改革をひきおこしたのである。たとえば日本の神々の命運がそのとき百八十度の転回を強いられたことは、とくに記憶されなければならないだろう。とりわけ日本の神々の運命にとって、伊勢神宮の「神」がたどった転変の軌跡は特筆に値する。なぜならその転変の軌跡には、日本近代における日本の神々の受難と転生のあとが典型的な形で刻みだされているからである。

そこでここでは、この問題に焦点をあてて考えてみることにしようと思う。

伊勢神宮は、先にも述べたように明治維新を境にしてその姿を一変させた。性格が根本的に変えられてしまったのである。伊勢はもともと、伝統的な神道の重要な拠点の一つであった。天照《あまてらす》大神《おおみかみ》（内宮）と豊受大神《とようけのおおみかみ》（外宮）を祀る伝統神道の中心地であった。

内宮の天照大神は太陽神であるとともに、皇室の祖神として尊崇されてきた。それにたいして外宮の豊受大神は食物を司る神として祀られてきた。つまり内宮は先祖神、外宮は穀物神として祀られてきたのである。先祖の魂と穀物の魂を祀る神社であったといってもよい。伊勢神宮は、その両者をかねそなえる神社であったわけだ。

先祖の魂を祀る神社は、日本全国のいたるところにある。氏神がまずそうであり、御霊《ごりょう》神社の系統や生魂《いくたま》神社の系統もそれに属する。そのほか名もない鎮守の社で先祖を祀ったものがすくなくない。北野天神社や豊国神社などもその部類に入るだろう。

同じように穀物の魂を祀る神社も、数えきれないほど全国に分布している。稲の霊を祀った神社の総本家はいわずとしれた京都の伏見稲荷社であるが、その分社が全国の津々浦々にたてられている。日本の神社は、とくに数えたわけではないが、先祖を祀るのと穀物の神を祀るのを合わせただけで、ほとんど過半をこえるのではないだろうか。

そういう、全国のどこでもみられる氏神（先祖神）と穀物神の総本家、というのが伊勢神宮のほんらいの性格であった。それだからこそ全国の各地から、多くの人々が伊勢をさして参拝にやってきたのである。観光と慰安の旅をかねて、伊勢の神域にみなぎる荘厳の雰囲気にふれようとしたのである。近世になって伊勢参宮、伊勢詣での巡礼行動ができあがったのも、うなずける。

だから伊勢への参拝は、村の鎮守や氏神にお詣りするのと性格的にはそれほどへだたりのあるものではなかったといってよい。

それが、明治維新によって一変してしまった。それまでの伊勢神宮のあり方が百八十度転換し、神の性格までが不思議な化学反応をおこすようになったのである。

いったいどうして、そんなことになったのか。これにはいろいろな原因が考えられるが、まず一つは国内の問題があげられる。内側の原因である。そして第二が外国からの影響、すなわち西欧諸国による外圧の問題である。そしてあえていえば、後者の外圧の問題がよりいっそう重要であったと私は思う。

当時、日本は開国したばかりであった。一刻も早く近代国家の軌道にのせ、国際社会の仲間入りをはたさなければならないときにあたっていた。明治政府は次から次へ新しい施策を実行に移していったが、そのなかの最重要の課題が宗教政策であった。伊勢神宮は、その宗教政策の要ともいうべき地位を占めていたのである。

伝統神道の国教化とキリスト教化

いま私は、伊勢神宮は明治政府による宗教政策の大転換によってその性格を変えるにいたったということを述べた。なかでも「外圧」の問題が重要だと指摘したが、その外圧のなかにキリスト教の衝撃があったことはいうまでもない。

この点を考えるとき、二つの問題が浮かびあがってくる。第一が神道国教化の政策であり、第二が神道祭祀を宗教から分離しようとする政策である。流れからいえば、まず神道国教化が過熱化し、やがてそれが挫折して、次に祭祀と宗教の分離という折衷案が採用されることになったということだ。

第一の方からいうと、明治元年（一八六八）にはやばやと神道を国教にする政策が打ちだされた。キリスト教が禁止され、神仏の分離が推進されると、全国的に排仏毀釈の運動がまきおこった。その動きのなかで明治二年、明治天皇が都を東京に遷し、行幸の途中に伊勢神宮を参拝している。この天皇による神宮参拝は前例のないことだった。ついで同四年には、全国の神社の公的な性格が定められ、総本家の伊勢神宮では天照大神を祀る内宮が上位にランクされ、国家の直接の指揮下に組み込まれていった。伊勢神宮を中心に祭政一致の態勢がととのえられたのである。神道の祭りと国家の政治が一体化され、文字通り政教一致のシステムができあがった。

だがこの神道国教化政策は、まもなく政府の文明開化の路線が軌道にのり、西欧列強による働きかけもあって頓挫する。明治四年の廃藩置県を境に排仏毀釈の嵐も鎮静化し、同六年にはキリスト教の布教も黙認されることになった。とりわけ西欧の宗教事情に通じた森有礼《ありのり》や島地黙雷《もくらい》らによる信教自由の論が政府を動かし、神道国教化政策は撤回されるにいたった。それは一面で、政教一致の路線から政教分離路線への政策転換を意味していた。

しかし細かく検討してみるとき、この新たな政教分離の政策はきわめて中途半端なものだった。なぜならその政策は、神道の内容を宗教的部分と非宗教的部分に分けて、宗教的部分だけをとりだして政治の領域から切り離す、というものであったからだ。つまり、神道のなかから冥界信仰、葬儀、教化といった宗教機能を切り離し、神まつりの祭祀機能だけが非宗教的な機能であるとして、それを国家による直接の管理下におこうとしたのである。これを一般には、神道における祭祀と宗教の分離、という。いわば国家に直属する神道から宗教色を抜くことで、非宗教的な祭祀と国家の統合は政教一致ではないという説を立て、形式的な政教分離を主張したのだ。

こうして伊勢神宮は、皇室の祖神を祀る聖地であるにもかかわらず、非宗教的な国家祭祀の拠点とみなされるようになった。その結果、穀物神を祀る外宮の地位が低下し、それに代わって、宗教と脱宗教という二重の性格を付与された天照大神（内宮）が新たな祭神として誕生することになったのである。

ところで明治になって、一方では新しい国家の行方を定めるために、憲法の制定が急がれていた。その最高の責任者になったのが伊藤博文である。

かれは明治二十一年、総理大臣を辞して枢密院議長に就任し、憲法制定の準備に没頭していた。その伊藤が当時次のような演説をしている。

――ヨーロッパの憲法政治は千年の歴史をもち、人心を帰一させる機軸としてキリスト教が絶大の力をもってきた。それにたいして日本ではどうか。仏教や神道がはたしてそのような宗教としての力をもっていたのかといえば、否というほかはない。わが日本において西欧のキリスト教に対抗できるような「国家の機軸」をみつけるとすれば、それは「皇室」をおいてほかにはないだろう……。

この伊藤博文の判断がやがて、帝国憲法第一条の「大日本帝国ハ万世一系ノ天皇之ヲ統治ス」になって実ったことは、周知の通りだ。かれは、仏教も神道も宗教としての力をすべて失ってしまっていると考えた。したがって仏教も神道も、国家の基盤を支える精神原理としてすでに時代遅れになっているという。かれはヨーロッパを視察し、西欧社会におけるキリスト教の役割をつぶさに調査して、そのように結論づけたのである。それはむろん、かれだけの個人的な意見ではなかった。明治国家の建設に参画した開明的な政治家たちの共通の認識だったといってよい。

しかしここで問題になるのが、おそらく「国家の機軸」ということの内容であった。右の帝国憲法第一条にあるように、その国家の機軸とはすなわち「万世一系の天皇」を指していた。その機軸こそが、西欧社会におけるキリスト教の威力に対抗しうるただ一つの精神原理であると考えられたのである。

万世一系の天皇とは、いうまでもなく神武天皇から今上《きんじょう》天皇にいたる、とだえることのない天皇家の系譜のことだ。そしてその神武天皇の系譜をさらにさかのぼっていくとき、われわれは天照大神の原点にまでみちびかれる。天皇家の、いわば神話上の始祖としての天照大神である。こうして万世一系の天皇系譜は、神話と歴史をつらぬく中心理念として新しい解釈をほどこされ、明治国家の「機軸」とみなされることになったのである。

その結果、天皇家の祖神が近代国家の祖神と一体視されるようになったといってよいだろう。あえて誤解をおそれずにいえば、天照大神が西欧社会における神（ゴット）と対比しうる聖なる権威の源泉とみなされるようになったということだ。そしてそれと並行して、伊勢神宮の地位が上昇していった。

私はそこに、伝統神道のキリスト教化のあとをみることができるのではないかと思う。神道の西欧化といってもいいし、神道の一神教化の試みであったといってもいい。記紀神話において天照大神は最高神の一つにすぎなかったが、それが急激な地位上昇の気運にのって、唯一至高神の高みに祀りあげられるようになったのである。

伊勢神宮は、先にも述べたように、明治初期の二つの政策によって伝統的な殻を破ることになった。第一が明治十年代の政教分離政策で、祭祀と宗教の分離といわれたものだ。神道のなかから宗教色を抜く試みだった。祭祀の機能だけをもたせようとするもので、伊勢神宮がその中心的役割を演ずることになった。

第二が明治二十二年の明治憲法とともに確定したもので、皇室の万世一系性を国家の機軸にすえるという政策だった。その結果、天照大神は万世一系の原点、すなわち天皇家の祖神（祖宗の霊）として祭祀されることになった。伊勢神宮はその本廟、総本山とみなされるようになったのである。

この場合、伊勢神宮はあくまでも祭祀儀礼をおこなう聖地であって、宗教儀礼をおこなう霊場ではないという建て前がとられた。先に述べた明治十年代の政教分離政策によって制約されたためである。それによって祭祀と宗教の分離という苦肉の策がとられたわけだ。

思えば、明治十年代の政教分離政策は西欧の信教の自由という思想に影響された結果であった。第二の、皇室を国家の機軸とする明治憲法の考えも、西欧流の精神原理を日本の伝統風土に移入しようとする発想からでていた。ともに、その背後にキリスト教の強いインパクト、すなわち西欧化という外圧が働いていた。

しかしながら、このような明治国家の宗教政策には根本的な無理があった。なぜならいくら祭祀と宗教を分離しようとしても、その祭祀のなかには皇室の祖霊を祀るという祖先崇拝の影、すなわち宗教行為がにじみでていたからである。政教分離という外見の底に、政教一致の幻影が映しだされていたのである。

このまことに不徹底な政教分離政策によって、二つの問題がそこから発生したと私は思う。第一は、神道（そして伊勢神宮）は宗教機能を切り捨てることによって、その他の仏教やキリスト教などの諸宗教とは別格の、いわば超宗教的な地位に上昇し、特別の権威を付与されることになったということだ。それが世にいう「国家神道」というものだった。伊勢神宮は宮中祭祀とともにその国家神道の中枢に位置づけられたのである。

第二に発生した問題が、あくまでも祭祀と宗教の分離に反対して、むしろ神道の宗教性を保持しようとする運動であった。すでに明治十年代に、神道系の教団でこのような動きを示す天理教や金光教のような教派が生まれていた。そして伝統神道のなかにも、大国主命《おおくにぬしのみこと》を祀る出雲大社が幽冥界を主宰する祭神の宗教性を主張して、伊勢神宮の行き方とタモトを分ったことがあげられる。神道の宗教性を強調したこれらの神道各派は「教派神道」と呼ばれるにいたった。

伊勢神宮は、日本神話の世界を二分した、もう一方の出雲大社とは別の道を歩むことになったのである。

敗戦と国家神道の解体

さて、昭和二十年の敗戦を機に、占領軍は財閥の解体と国家神道の廃止をきめた。後者においては、世にいう「神道指令」が発せられ、国家神道を国家から分離することが命ぜられた。一九三〇年代から太平洋戦争にかけての時期に、国家神道は軍国主義と超国家主義によって思うままに利用されたからであった。

神道指令のめざしたものは、まず国家神道を宗教本来の道にもどすことだった。それによって、政教分離をはっきりさせようとしたのである。それまでの日本は、国家神道における祭祀と宗教を分離することによって政教分離を実現したのだと主張していた。しかし現実には、国家の政策と結びついた神道祭祀は天皇を「現人神《あらひとがみ》」とする信仰と重ね合わせられ、政教分離の理念を裏切りつづけていた。そのため敗戦を契機に、国家から神道を完全に分離することがふたたび緊急の課題とされるようになったのである。

とすれば、このような時代の激変は伊勢神宮にどのような衝撃をもたらしたのか。

第一に国家神道の解体によって、天皇を神とする思想が否定されたことはいうまでもない。その結果、天皇の「人間宣言」が発布された。そして第二に、国家神道の頂点をなした伊勢神宮が宗教本来の姿に復帰させられることになった。非宗教とされていた伊勢神宮の祭祀に、宗教的な機能をとりもどさせる時期がやってきたのだといってよいだろう。神道指令がそのことを勧告し、政教分離の理念がそのことを要請していたのである。

天皇が「人間宣言」をしたように、伊勢神宮も「宗教宣言」をする時代が到来したのである。そしてこれは、いうまでもなく伊勢神宮がもとの伝統神道の世界に復帰するということを意味した。換言すれば、明治にはじまった神道の一種の近代化、すなわち天皇＝現人神を頂点とする

「一神教化」という路線を脱して、もとの「多神教的」な神道信仰の立場にもどるということであった。

だがその道筋は、今日疑いないものとして定まっているのであろうか。

戦後になって、いち早く神道の宗教化の意義を唱えたのが折口信夫であった。戦前、神道を宗教としてみとめなかったこと、および神道と宮廷の結びつきがあまりに深かったこと――それが神道の普遍化を妨げる障害であったとかれは主張したのである。敗戦直後、折口は日本の神々は破れた、といったが、その折口の嘆きには、神道に信仰の情熱を回復しなければならないとする強い使命感が脈打っていたと思う。

かれがそのような使命感を抱いた背景には、神道が祭祀であって宗教ではないとする考えが国内にひろく行きわたっているという事情があった。明治以降、神道を道徳化しようとする伝統が長くつづいていたからである。

伊勢神宮は今日、あい変わらず神道祭祀の中心であるのか、それとも天照大神と豊受大神をともに信仰する宗教の殿堂であるのか。一神か多神か、伝統か革新か、という問題を含めて、伊勢神宮の存在が今後に投げかける意味は大きいのである。

日本人は無宗教か

耳にタコができるほどきかされてきたことがある。日本人にいったい宗教はあるのか、日本人に信仰はあるのか、と。日本人の宗教や信仰の実態について調査したものをみると、きまってそのような疑問が提出されている。

そのような疑問の背後にあるものを探っていくと、日本のカミははたして宗教の名に値するものであろうか、といった猜疑のまなざしが光っている場合がある。キリスト教の神やイスラームの神にくらべて、宗教性の稀薄な未開なカミではないか、という批判の刺がかくされている場合すらある。

たとえば、日本の人口は一億であるのにたいして、意識調査をすると、その宗教人口が二億を超えるといった数字がでてくる。海外に出る日本の知識人の多くが、あなたの宗教は何かと問われて、さてと考えこみ、迷ったあげくに無宗教とか、神道あるいは仏教とかと答える。なかば自嘲気味に……。そのときかれの胸中には正月に神社へ初詣にでかける自分の姿、日本人の姿が蘇っている。結婚式のときにキリスト教の教会で式を挙げる若者たちの晴れ姿が浮かんでいる。そして最後に、お坊さんの前で神妙に首を垂れている葬式の人々のイメージが立ちのぼってくる。そのカミもホトケも、そして異教の神までが、われわれの宗教風土には滲みこんでいる。いったいどの「カミ」が自分たちの本当の「カミ」なのか。

そういう光景からひきだされてくるイメージは、神道や仏教やキリスト教を、あれもこれもといった形で信じているらしい日本人の無原則の姿である。信仰の何たるかを解さない日本人の知的アナーキズムの姿である。そしていつのまにか、多くの人々がそのことをやむなく肯定的にうけとめ、そこに日本人の宗教の個性があると錯覚するようになってしまった。日本人の宗教を「日本教」と呼び慣らわすようになったのも、そのような傾向を示すものであったといってよいだろう。

しかしこのような自他の認識の仕方は、やはり根本的に間違っていると私は思う。それは偏見によってつくりあげられてきた浅薄な神話ではないかとさえ思う。

さきに述べた宗教調査報告書の類をみればわかるが、どの調査でもたいていの場合、あなたの宗教は何ですか、という設問が最初にでてくる。どの宗教に帰属するのかという問いである。その背後にあるのはキリスト教に属するのか、イスラーム教に属するのか、それとも神道か仏教か、といった問いかけの姿勢である。それは換言すれば一神教に属するのか多神教に属するのか、あるいは汎神教に属するのかと問うているのであって、その裏側には明らかにキリスト教的な信念がよこたわっている。つまりキリスト教的な「神」の観念を前提にして、日本の神々の世界、仏・菩薩の世界の性格を読み解こうとしている。あるいは「神」のイメージをふりかざして「カミ」や「ホトケ」の世界を批判しようとする意図が隠されている。

つまり、たとえばキリスト教の考え方に立てば、一神教と多神教というのはそのどちらかに所属すべきものであって、同時にその両者に所属することができるような性格のものではない。あくまでもあれかこれかの選択を迫る種類のものであって、あれもこれもといった態度をとるような対象ではないからである。

しかしながらこうした問い方自体が、そもそもキリスト教的な世界観に由来している見方であるということに注意しなければならないと私は思う。宗教とか信仰とかは、主体的決断によって選びとられるものだというわけである。その主体性の自覚という側面に、キリスト教は強い力点をおいてきた。キリスト教のなかでもとりわけプロテスタント教がそのことを強調してきた。

それだけではない。そもそも日本人の宗教研究の多くがこれまで、だいたいそのような見方の上に立っておこなわれてきたのである。キリスト教やイスラーム教の歴史をそのような見方で分析したり、解説したりすることは、あるいは許されるかもしれない。しかしそのような見方で日本人の宗教を眺望しょうとするとき、日本人の宗教のもっとも大事なものはおそらくみえてはこないのではないだろうか。

同様にして、あなたは信仰をもっていますか、という問いかけのなかにも、右に述べてきたのと同種の見方や信念が投影されている。何を信仰しているかを問うことは、その信仰が日常の自覚的行動とどのようにリンクし、生活上のどのような指針を具体的にあらわしているのかと問うこととほとんど変わらないからである。問われる側はそのように受けとり、問う側もそういう前提に立っている。

問いを投げかけられた日本人の多くが一瞬たじたじとなって、自分の心の奥底をあらためてのぞきこむような気持ちになるのがそのときだ。なぜならその問いには、自分と絶対他者（カミもしくはホトケ）とのあいだの、一種の主体―客体関係を問う緊張がみなぎっているからである。その緊張感に気押されて、そのようなものは「無い」と思い直し、「ありません」という、心にもない返答をする仕儀になる。このような問いかけのなかにあらわれる考えもまた、いかにもキリスト教本来の世界観を彷彿とさせる。とりわけプロテスタンティズムのものの考え方を思いおこさせるのである。

しかしながら私は、日本人の宗教観の根本にあるものは、宗教をそのような自覚的意識や主体的な選択行動ととらえるような性格のものではないと考える。それとは逆に、むしろそういうものの一切を消却していくところにこそ信仰の究極があると考える傾向があったと思う。日本人の神道や仏教においては、多くの日本人がそのように信じてきたのである。それにたいして特定のセクトに排他的に帰属することこそ、むしろ本質的には非宗教的な態度であるとする世界観に立っていたのではないだろうか。そういう日本の文化伝統を完全に無視した宗教調査が、これまで大手をふってまかり通ってきたのである。

日本人の多くは明治以降、キリスト教徒でないにもかかわらず、キリスト教の目で自分自身の内面に問いかけてきたという、笑うに笑えない事態がそこからは浮かびあがってくる。キリスト教の「神」のまなざしを借りて、それを唯一の尺度として日本人の「カミ」や「ホトケ」の宗教世界を分類したり性格づけたりしてきた。キリスト教的な世界観に立って、非キリスト教的な日本人の心の内景を眺め、イエス・ノーと条件反射的な返答をしてお茶をにごしてきたのである。

いわばわれわれは、外国人の宗教観のまなざしで日本人の心の奥をのぞきこみ観察しようとしてきたのだ。もっともこのような滑稽な認識の倒錯は、かならずしも宗教観の問題のみにとどまらない。明治以降の日本人は、そのような自己認識のアクロバットを多かれ少なかれ強制されてきたのである。

しかし、われわれはそろそろこのような偏見、人工的につくられた浅薄な神話から解放されるべきときにきているのではないだろうか。そしてそのためには、まず「日本のカミ」について、その性格や機能を外国産の理論の色眼鏡をかけずに明らかにすることが必要である。

学問における神仏分離体制

日本のカミの運命は、すこしでも歴史を辿ってみればわかることであるが、ホトケの運命の展開・変容と切っても切れない関係にあった。カミを語ることが同時にホトケについて言及することと、ほとんど表裏の関係にあったことを忘れてはならない。そこから一般に日本人における「神仏信仰」ということがいわれるようになったのである。その歴史的な展開や特質については、本書でくり返し明らかにされている通りである。

しかしながらこの日本人における「神仏信仰」の伝統は、明治維新によって一時的に否定される運命におかれた。「神仏分離」の国家の政策がいわば上から強制されたからである。「神仏信仰」という日本人の宗教の根本問題に、近代化という名のもとに「神仏分離」という西欧流の理念が注入されることになったのだといってよい。このとき日本のカミは、外圧による重大な挑戦をうけることになったのである。

「神仏分離」というのは、伝統的な神仏信仰の相互連関性を、教義・儀礼の面だけでなく組織や運動の面でも徹底的に分離切断しようとするものだった。ここで、あえて誇張をおそれずにいえば、明治国家の成立から昭和二十年（一九四五）の敗戦にいたるまでの約八十年間は、この神仏分離の強制施行のために、わが日本宗教史の上ではまさに例外的ともいうべき特異な時代ができあがったといっていい。なぜならこの時期、当時の伝統教団や新宗教教団は、神仏分離の強制とそれにもとづく「国家神道」の成立にともなって、神仏信仰の伝統的な相互連関性を一時的に棚上げしなければならなかったからである。

のちに東京帝国大学教授になった辻善之助は、周知の『日本仏教史』（第一巻）のなかで、仏教の初伝以来、日本人は神と仏を歴史的にしだいに調和させる方向にむかったのだということを力説している。そのテーマは、氏の壮大な『日本仏教史』という仕事の全体をつらぬく重要なタテ糸でもあった。

また氏は、師の村上専精および僚友の鷲尾順敬とともに、大正十五年（一九二六）から昭和二年にかけて『明治維新・神仏分離史料』上中下三巻を刊行した。ここで注目しなければならないのは、この三人による仕事の本来の目的が、神仏分離政策によって混乱した宗教界の状況を、分離以前の状態――すなわち神と仏が調和、統合されていた状態へと復元しようとすることにあったという点である。

こうしてもはや明らかなことであるが、辻善之助による『日本仏教史』の試みと『神仏分離史料』の作成という仕事は、近代日本がその政治的自立のために支払った試行錯誤（神仏分離・排仏棄釈・国家神道）にたいする内在的な批判を意味していたといわなければならない。神仏分離の錯誤によって抑圧された感情の代償行為、という性格をもっていたのである。

しかしこの辻善之助の試みと提言は、その後の学問的世界では無視されることになる。なぜなら明治に始まる新しい学問の趨勢は、日本宗教史の最大のテーマであった神道と仏教の研究を、一方の神道学ないし国学、そして他方の仏教学ないし印度学という学問上の二大カテゴリーに分断してしまったからである。こうして「カミ」の研究と「ホトケ」の研究が、それぞれに引き離された研究領域と学問方法のなかで排他的に純粋培養されることになった。カミとホトケにかんする学問が、神仏信仰という日本人の宗教意識からしだいに遊離しはじめたのであるといってよいだろう。それはある意味で、明治の神仏分離政策および国家神道の成立という事態に対応するところの、学問世界における神仏分離体制であったということができるであろう。

この学問世界における神仏分離体制を代表するのがやがて早稲田大学の教授となる歴史学者の津田左右吉《そうきち》であり、その一連の研究であったと私は思う。繰り返していえば、さきの辻善之助によれば、神と仏は日本の思想的土壌の上に「調和」の花を咲かせ、共存の実を結ばせたという。ところがこれにたいして津田左右吉の学問的出発は、神と仏の接触は人工的作為にもとづく接合であり強制である、とする点にあった。そしてその両者の人工的な移植のあとを検証しようとするところに、かれの学問方法の力点がおかれていた。

津田左右吉の考え方の根本には、中国やインドの文化や思想と、日本のそれとを原理的に区別しようとする傾きがあった。氏の歴史学的方法の特徴であったといってよい。その結果、日本における神と仏の交渉は、もともと調和しないもの同士が無理に同居というパターンを押しつけられることで生じた結果なのだという。学問世界における典型的な神仏分離理論が、こうして津田左右吉の方法のなかに発芽することになったのではないだろうか。

そして実をいえば、こうした津田左右吉の方法は、研究領域と問題関心を異にしつつも、基本的には柳田国男や折口信夫における学問の方法と共通する性格をもっていたと私は考える。なぜなら柳田国男によって創始された日本民俗学の伝統は、日本人の固有信仰と外来宗教としての仏教信仰をあらかじめ区別することをもって、その方法的前提としていたからである。神仏習合や神仏混淆のさまざまな現象のなかから仏教的要素を洗い出し排除して、その基底や背後に「固有」の信仰を探りあてようとしたのである。そしてこの点において日本民俗学は、明治国家の神仏分離イデオロギーの反照をうけていたといわなければならないのである。

　このようにみてくるとき、さきの津田左右吉の歴史学的方法と柳田・折口の民俗学的方法が、時代の衝撃をまともにうけて共通の特色を示していたということが明らかになるだろう。すくなくとも日本人における伝統的な神仏信仰というテーマに焦点をしぼるとき、右の両者の研究方法がほとんど表裏一体の関係を示しているということが判然とする。そしてこの歴史学的方法と民俗学的方法が、さきに述べた辻善之助の仏教史学的方法と真っ向から対立するものであったという図式が自然に浮かびあがってくるのである。

　さて、もしもそうであるとするならば、津田左右吉や柳田国男などの方法は、今日なお日本人の宗教の性格を解明するうえで有効な方法であるということができるであろうか。日本人のカミやホトケにたいする宗教意識の根本を理解するうえで、はたして十分に有効な方法といえるのであろうか。

私はそれは、もはや十分に有効ではないと考える。なぜなら日本人の宗教は今日なお、その多くの部分はカミ信仰とホトケ信仰のいちじるしい「シンクレティズム」を示していると思われるからである。その現実の民衆の宗教行動を観察するかぎり、その両者の濃厚な「コンプレックス」をあらわにしているからである。したがってまた明治の神仏分離以前の状態への復帰、すなわち神仏の調和、共存へのつよい志向性を明らかにしているように私にはみえるからである。

ところでしかし、私はここで、津田左右吉の歴史学や柳田国男の民俗学にたいして、たとえば辻善之助の仏教史学の優位性をことさらに主張しようとしているのでは、かならずしもない。それというのも、辻善之助の仏教史学が結局は仏教を中心軸とする一種の神仏統合論であり、そのかぎりにおいて日本宗教の構造と機能を客観的に把握する方法としてなお不十分であると考えられるからである。

こうして現下におけるわれわれの緊急事は、一方で津田左右吉や柳田国男におけるような方法としての神仏分離理論からの離脱をはかることにある。そして同時に、辻善之助にみられる牧歌的ともいえるような神仏統合理論をも相対化することが不可欠である。そしてそのためには、冒頭にふれたようにキリスト教徒のまなざしをもって自己の内面を見つめてきたような自己認識の方法からまずもって自由になることが必要となるのではないかと思う。

2　世界の中の日本宗教

ブッシュ大統領によるダビデ王の言葉

ワシントンとニューヨークを襲った9・11「自爆テロ」で私の胸をつらぬいた衝撃は、つぎの一事である。事件の当夜、ブッシュ大統領がテレビ演説で犠牲者を追悼し、遺族にむかって旧約聖書の詩篇第23を引いて、忍耐と勇気の回復を呼びかけたことだった。

やはりそうか、と思ったのである。国家の心臓部が瞬時に打ちくだかれ、多くの市民の生命が無惨に奪われてしまったとき、そしてまた自己の生命すらが重大な危険にさらされようとしていたとき、大統領が一個の人間として最後の心の拠りどころにしたのが旧約聖書だったということだ。とすれば、この地球そのものが全面崩壊の危機に脅かされるようになったときにも、おそらくかれは旧約聖書を開き、そこに登場する預言者や詩人たちの言葉にすがりつくにちがいない。

その九月十一日の夜、ブッシュ大統領が引いた旧約の言葉は預言者や詩人たちのそれではなかった。それは紀元前十世紀にイスラエル国家を建設したダビデ王の言葉だった。

死の陰の谷を行くときも

わたしは災いを恐れない。
あなたがわたしと共にいて下さる。
…………

これはユダヤ教徒の葬儀にもしばしば朗唱される言葉だったというから、ニューヨーク市民の耳にもよくなじんだ一節だっただろう。つけ加えていえば、この巨大な都市には世界貿易センタービルの住人たちをはじめとしてユダヤ教徒が多数居住している。

そのようなことを、いまわれわれはことさらに強調して指摘すべきではないのかもしれない。民族の対立はもとより宗教の対立をきわ立たせるような言説はつつしむべきなのかもしれない。しかし、である。私がいまブッシュ大統領と旧約詩篇との関係にふれているのは、本当のことをいえば、わが身を振り返るためであった。かならずしもアメリカ国民、ニューヨーク市民のみに関わる問題としていったのではなかった。あえていえば日本国民、日本市民の一人としてその問題を考えてみなければなるまいと思って、そのことに言及したのである。

具体的に、率直にいってみよう。もしもわが国の首都・東京のどこかがあのような激烈なテロに見舞われたとき、われわれの首相ははたしてブッシュ大統領の旧約にかかわる聖典をもっているのか。聖典、とまではいうまい。国家の心臓部、そして自己自身の生命がテロの標的にさらされたとき、最後の心の拠りどころとして頼るべき何ものかをはたしてもっているのだろうか、ということだ。

むろん、事柄は一国の首相の問題にとどまらない。それは日本国民の一人ひとりにも向けられている問いでもあるからだ。われわれはそのようなとき、どのような態度を決するかということである。それは私自身の心の内部の空白を衝く問いでもある。

そういう危機的な状況のなかでそれに対応するような強い「言葉」をわれわれがもっていなかったことは、すでにあの九五年の阪神大震災のときに証明ずみだった。というのも、われわれの多くはあの当時、大量死の災害に対処しその悲しみをのりこえるために、ほとんど「ボランティア」としてしか事にあたることができなかったからである。被災の現場におもむいてブッダの「諸行無常」を説く宗教者がいただろうか。親鸞の「地獄ぞ、一定《いちじょう》すみかぞかし」という人間がいただろうか。同じようにして「悲しむ人は幸いである。その人たちは慰められる」というキリスト者がいただろうか。あのときは宗教家ですら、宗教家であるよりはむしろ一人のボランティアとして悲惨な現場に立ちつくすほかはなかったのだった。いくら「聖書」や「仏典」の言葉をとり出してみても、それらの言葉の断片が苦難の中に打ちひしがれている人びとの心にとどくとはもはや誰も信じてはいなかったからだ。

そのようなことを想起するとき、私は「アメリカ」の強さをあらためて思わないわけにはいかない。それに対して「日本」の弱さを無念の思いを込めて噛みしめないわけにはいかない。彼我のあいだに横たわる歴史の記憶のあまりに大きな亀裂の深さに、つい長嘆息が出てしまうのである。

これについてはもう一つ、つけ加えておきたいことがある。いまからほぼ十年前の湾岸戦争のときだった。クウェートを侵略したフセイン大統領のイラク軍にたいして、ただちにアメリカを中心とする多国籍軍が戦場に投入された。このときアメリカ戦車隊員の一人ひとりはその内ポケットに、旧約聖書の詩篇（第91）から抜いた預言者モーゼの言葉を印刷したものを忍ばせていたのだという。そのモーゼの言葉とは次のごときものだった。

あなた（神）は獅子と毒蛇を踏みにじり
獅子の子と大蛇を踏んで行く。
…………

モーゼの時代、ここでいう「獅子と毒蛇」はむろん異教徒を意味していた。が、湾岸戦争時においてはそれが、フセイン大統領のイスラーム軍を指していたことはいうまでもないだろう。だがこの話にはもう一つ、後日談ならざる前日談があった。ときは第二次世界大戦の末期、北アフリカ戦線での出来事だった。こんどはイギリスの戦車隊員が右の旧約詩篇に出てくるモーゼの同じ言葉を朗唱して、ナチスの戦車隊員に立ち向かい、これに大勝したというのである。因果はめぐるというほかない、よくできた話ではないか。

このようにみてくるとき、9・11の同時多発テロにさいしてブッシュ大統領が、その悲痛な心の苦しみを押し殺すように旧約のダビデの言葉を引用したことの歴史的背景がみえてくるであろう。精神に加えられた突発的な衝撃を和らげ、その一瞬の空白を埋めるための深層の観念装置がいかなるものであったかがわかるはずだ。われわれ日本人がこれまでみずから目隠しをしたまま見ようともしないできた世界である。ただうわべだけ「近代」の衣裳をまとったまま、封印しようとしてきた「前近代」の暗渠《あんきょ》、すなわち目くらましをかけられてきた闇の映像である。

兵士たちが心に刻む覚悟

あらためて思いおこそう。同時多発テロが発生したのが九月十一日だった。そして米軍によるアフガニスタン空爆が開始されたのが十月七日。日本ではその三週間後の十月二十九日になってテロ対策特措法と改正自衛隊法が成立した。その法案にもとづいて十一月九日、情報収集を目的とする海上護衛艦三隻が長崎の佐世保を出港し、インド洋に向かった。

テロ発生以降、日本政府がとった行動を、私は基本的に支持したい。窮境に陥ったアメリカをできうるかぎり支援しようとする日本国家の政策を、そのやり方がたとえ拙速のそしりを招くようなものであったにしても、支持しなければなるまいと思っている。理由は何も難しいものではない。日本は戦後半世紀のあいだ、アメリカとのあいだに結ばれた日米同盟によって一国の平和と安全を保証されてきた。そしてそのおかげで経済の繁栄を享受する、すくなくとも大きなチャンスを与えられてきた。その恩義だけは忘れるまいと、自分自身にいいきかせてきているからである。いま、おかげを蒙り、恩義を蒙ってきたといったけれども、いってみればそれは一宿一飯の恩義である。その道徳的緊張感を忘失するとき、日本は日本でなくなる。日本人は日本人でなくなる、その結果日本人はその最良の倫理感覚を宙に放り投げてしまうことになるだろう、と考えているからである。

そこで、ふたたび海上護衛艦の問題にもどる。十一月九日のことだ。若い海上自衛隊員たちをのせた護衛艦が米軍の軍事行動を支援するために佐世保を出港していった。報道によれば、そのコースはマラッカ海峡を抜けてインド洋に出ていくとのことだった。マラッカ海峡といえば、その日と鼻のさきにみえてくるのがシンガポールである。そのシンガポールを眼前にみて、若い自衛隊員たちを搭乗させた護衛艦が戦場に向かって通り過ぎていく。その光景を思い描いたとき、それに重なるように自然に私の脳裡に浮かんできたことがあった。それがやがて意識にぴったり固着して、離れなくなった。

シンガポールは周知のように、太平洋戦争の緒戦において日本軍が大勝を博した記念すべき戦場だった。そして敗戦、その地はこんどは暗転して屈辱のスポットに変じた。多くのBC級戦犯がその地で裁かれ、処刑されたからだった。その忘れがたい屈辱の記憶を今日になお生々しく伝えている記録が、日本戦没学生の手記『きけわだつみのこえ』（岩波文庫）にでてくる。このシンガポールのチャンギー刑務所で刑死した一人のBC級戦犯の遺書がそれである。

その刑死した犠牲者の名が木村久夫。昭和十七年四月、京都大学経済学部入学。同十月一日入営。昭和二十一年五月二十三日、シンガポールのチャンギー刑務所で戦犯刑死。陸軍上等兵、二十八歳だった。

遺書が、最後まで愛読していた田辺元の『哲学通論』の余白に書かれていた。俘虜虐待という無実の罪によって囚われの身につき落とされたのだった。上官の罪を一身に背負ったのである。彼はそこで「私は何ら死に値する悪をした事はない」と告白し、つぎのように書いている。

日本の軍隊のために犠牲になったと思えば死に切れないが、日本国民全体の罪と非難とを一身に浴びて死ぬと思えば腹も立たない。笑って死んで行ける。

「死」との対話が、そのあとにつづく。怒りと不安と諦観にみたされた重苦しい文字の連鎖である。そしてみずから慰めるように書きつけている。「自分の不運を嘆く事よりも、過去における神の厚き御加護を感謝して死んで行きたい」と。そしてまた、死後、仏（ホトケ）となった墓前にはダリヤやチューリップなどの華やかな花を供えてほしい、といいのこしている。

神仏の世界を信じて死地に赴こうとしていたことが、ここからわかるだろう。理不尽な運命にもてあそばれ、非業の死につこうとする若き学徒兵に、最後の安らぎを与えるものが神々の加護であり成仏することへの祈りであったことが、今あらためて私の胸を打つ。それはおそらく木村久夫陸軍上等兵にだけみられるものではなかったはずだ。戦場に赴く若者たち、兵士たちが等しく心に刻んだ覚悟のようなものではなかったろうか。

斎藤茂吉の叫びと祈り

その木村久夫の運命を思いおこすとき、ふと蘇ってくる忘れがたい記憶がある。「銃後」の日本にいて、自己のなすべきことを思い悩み、考え抜いていた斎藤茂吉のことだ。若者たちを戦場に送らなければならない状況におかれたとき、彼はいてもたってもいられない気持ちになっていたのであろう。それが真っ正直な形で歌の調べとなってほとばしりでた。

昭和十九年、遠く近く敗色の報が耳に入ってくるころだった。

新聞の社説きびしくなりまさり
神のいきほひ今うごかさむ

茂吉も新聞の報道に一喜一憂していた。マスコミの情報を通して自己の立脚地を定めようとしていたのではないか。いつでも外部からわれわれの意識に突然侵入してくる、情報や報道の圧倒的な威力である。その威力にたいしてわれわれはいったいどのように対処したらよいのか。身構えたらよいのか。その情報の洪水にたいしどのように自己を保つのかということだ。茂吉はその情報の洪水に立ち向かうように、神の勢いよ、おこれ、と歌っているのである。「神」は、万葉以来の神のことであったにちがいない。蒙古来襲のときの「神風」の神だったかもしれない。その神よ、動け、という。ひたすら神の加護を祈る調べである。それは同時に、若者たちの生命を守ろうとし、かつまた祖国の防衛を祈るための叫びでもあっただろう。

そのような茂吉の叫びと祈りを、戦後の長い期間、戦争を讃美する「戦争詠《えい》」として告発してきた歴史を、われわれはもっている。けれども、「戦争」の進展に応じてはげしく身もだえし、肝を震わせている茂吉が、そこにはいたのである。そういう茂吉を責めつづけてきたのは、今にして思えばやはり倫理的にあまりに浅薄な仕打ちだったのではないか、そう思わないわけにはいかない。「神風よおこれ」は、ほとんど「平和よきたれ」と、きびすを接する叫びであったにちがいないからである。

だがしかし、新たなアフガン戦争がはじまった今日、マラッカ海峡を抜けてインド洋に出ていくわが海上護衛艦にむかって、「神風よおこれ」の声はどこからもきこえてはこない。今日、戦場における後方支援は、金力・財力によるよりも、よりいっそう人力による貢献の重大性が説かれるようになっていることは周知の通りだ。精密な科学兵器による支援よりも、血と涙と汗の結晶による人力の貢献の必要性が主張されるようになっている。そのような世界状勢の急転回の中で、しかしその「人力」を送り出す側に究極の心の支えになる言葉が見出されてはいない。戦場に赴く若き支援者たちの心のうちに、その支柱ともなるべき倫理の灯りがかならずしもともってはいないのである。送る側に一人の茂吉もいなければ、前線に出かける側に一人の木村久夫もいない。そしてそれよりも何よりも、悲劇の奈落につきおとされたとき、ブッシュ大統領の口をついて出たあの旧約聖書詩篇の言葉にあたるものが、皆目われわれの側に存在していないのである……。

国家にたいする献身

はじめてワシントンに行ったときのことを、私は思い出す。あの無名戦士の墓地がひろがるアーリントンの地に、ペンタゴンの近代城砦が建っているのをみた。こんどの同時多発テロの標的になった政治・軍事上の中枢、国防総省の建物である。そのポトマック川をはさんだ目と鼻のさきに、リンカーン記念堂が建っていた。南北戦争をたたかった奴隷解放の英雄、しかしやがて凶弾に斃《たお》れたアメリカ合衆国第十六代の大統領を顕彰する記念堂である。見上げるばかりの大理石の殿堂だった。

彼が暗殺される直前、戦場となったゲティスバーグでおこなった演説のことは誰でも知っている。その最後のところに、「人民の、人民による、人民のための政治……」という言葉がでてくるからである。戦後、わが国の学校教育においてまっさきに教えられたのが、その「言葉」だったのではないだろうか。民主主義教育の出発点として教えられ、記憶に刻みつけられた「言葉」だったといっていい。

そのリンカーン記念堂には、自由と平等のシンボルとされるリンカーンの坐像が、文字通り大理石の殿堂に祀られていた。否、それは大理石の殿堂というより、ほとんどギリシァ建築を模したパルテノン神殿そのものだった。なぜならそこに刻まれた銘文によれば、リンカーンはその殿堂に「神として祀られていた」(enshrined) からである。そのわずかな言葉のなかに、当時のアメリカ合衆国人がリンカーンを神のごとく崇め奉っていた心意を、私はかいまみる思いがしたのである。

その殿堂のなかでリンカーンは、がっしりした椅子に坐って前方を見下ろしている。その坐像の高さは約六メートル。私はふと、東大寺の大仏の姿をそれに重ねていた。もっとも大仏の方は坐高が十六メートルもあって、ちょっと比較にはならない。しかしながらそこには、昂揚期にある国家の熱気のようなものが共通に感じられ、その両者の比較にひとときを過ごしたのだった。

この記念堂には三十六本のドーリア様式の円柱がはめこまれているが、その内側の南壁に右にふれたゲティスバーグの演説の全文が大きな文字で刻まれていた。いちばん下の最後のところに、例の「人民の……」という文字がみえる。何気なくそれを目で追っていて、おやっと思った。

そのわずかな文章のなかに「献身」を意味する言葉が何と八回も出てくるではないか。わずか十分たらずで終わったはずの演説のなかに「デディケイト（献身する）」が六回、「ディヴォーション（献身）」が二回という頻度で出てくる。はじめに献身ありき、かくてアメリカ国家なれり——演説はそのようにくり返し主張しているようにみえたのである。

献身とはむろん国家への奉仕を意味していたであろう。そして場合によっては、血の犠牲を——。リンカーンの語る献身が奉仕であり犠牲を同時に意味していたであろうことはほぼ疑いない。その血の犠牲のつみ重ねによってアメリカ合衆国ははじめて成立することができたのだといって、彼は神に感謝を捧げているのである。神の加護を祈っているのである。

このゲティスバーグの演説にかんしていえば、その前半の主題をなしていたはずの神への祈りと献身・犠牲にかんする部分は不思議なことにほとんど私の記憶に刻まれてはいない。「人民の、人民による、人民のための政治」というフレーズだけが、それこそ耳にタコができるほどきかされ、教えられてきた結果、神と献身にかんする主旋律の方はまったく身につくことがなかったのかもしれない。私は、その今さらながらの不明をワシントンで気づかされ、恥じ入るほかはなかったのであるが、しかしながらそのような受容の仕方がひょっとするとわが国における戦後民主主義教育の基軸となっていたのだろう。神という主題抜きの民主主義国家、献身という主題抜きの国民的政府の建設、ということが夢見られていたのである。

その五十年後のツケが、今ようやく廻ってきたのかもしれない。戦後はじめて戦場に護衛艦を送り出すにあたって、神の加護を祈る声が国会審議の場からは一つもきこえてはこなかった。献身と犠牲を引き受けて旅立つ若き自衛官たちにたいする励ましの言葉がごく自然な形でほとばしることもなかった。否、それは国会審議の場からきこえてこないだけではなかった。国民のあいだからも、そのつぶやきすらがきこえてくることはなかったのではないだろうか。自衛隊派遣に反対する側からも賛成する側からもきこえてはこなかったように思う。

われわれはいったい何かできるのか

私は九五年十月にエルサレムに行った。そこから帰国して三日後、イスラエルのラビン首相暗殺のニュースに接したときの驚きを今でも忘れることができない。

そのエルサレムの心臓部に、ユダヤ教の神殿の丘があった。紀元七十年、ローマ軍によって破壊され、以後いくたの戦いで多くのユダヤ人が殺された。わずかにのこされた外壁の一部が「嘆きの壁」として知られている。

ところがこの神殿の丘の中央に、黄金のドームをもつ八面体の建物がみえる。イスラーム教の装飾がほどこされ、その内部にムハンマッドが昇天したと伝える大きな岩が祀られていた。イスラーム教徒たちの聖地である。

神殿の丘の北側に目を向けてみよう。するとそこに、イエスが十字架を背負って歩きはじめたといわれる最後の巡礼路がみえ、その先にイエスの遺体を葬ったとされる聖墳墓教会が建てられている。世界のキリスト教徒を吸引してやまない至上の聖地である。

ユダヤ教徒の「壁」、キリスト教徒の「墓」、そしてイスラーム教徒の「岩」がエルサレムの地に共存して、危うく聖都の均衡を保ってきたのである。世界史上に栄光と苦難の足跡をのこす三つの一神教が、壁と墓と岩によって互いをへだて、その類いまれな棲み分けのシステムをつくりあげてきたといっていいだろう。

そのように考えるとき、この砂漠の上に建てられた神聖都市は、人類が生き残るためのほとんど最後の砦のようにみえる。だが現実には、この神型都市をとりまく俗界においては血で血を洗うテロの嵐が連日のように吹きまくっているではないか。それがついに、米国の中枢を襲う自爆テロとなって暴発するにいたった。

この、目には目を、歯には歯をの報復の応酬があとを絶たない世紀においてなお、聖都エルサレムには、満たされることのない祈りがいたるところに充満しているように、私にはみえる。絶望と紙一重の祈りである。しかしその祈りを手放そうとするものは、おそらくどこにもいないだろう。むしろその祈りを現実のものにしようとするあまり、理不尽なテロが発生する。その悪循環をいったい誰がとめるのか。壁と岩と墓がそこに存続するかぎり、聖都はそれでもなお世界に平和と均衡のメッセージを発信しつづけることができるのであろうか。

「信ずる宗教」と「感ずる宗教」

じつは一九九五年の秋に、はじめてイスラエルを旅した私は、イエス・キリストの活動した地域を歩いてきた。イエスが少年時代を送ったナザレの地、伝道活動をしたガリラヤ湖、そしてイエスが洗礼を受けたヨルダン川、――それらの地域を旅していて、行けども行けども砂漠、砂漠、砂漠の景観にびっくりした。

そして最後に、終着点の聖なる都、エルサレムに入った。さきにふれたように、その地のゴルゴダの丘で、イエスが十字架にかかって殺された。その聖都・エルサレムが、まるで廃墟の上に建てられた都市のようにみえたのである。それをとり巻く周辺が、これまた砂漠、砂漠…だったからだ。

そのイスラエルの、砂漠、砂漠の地域をバスで旅しながら思ったのは、この国の地上には頼るべきものが何一つない、ということだった。天上の彼方に唯一価値あるもの、絶対的な神を想定せざるをえなかった沙漠の民の精神的な願望というものが、理屈をこえて胸に迫ってきたのである。

一神教が成立する風土的な背景といっていいだろう。そしてそのような風土において天上の唯一の神は、それを信ずるか信じないか、それ以外には考えようのない存在に思えたのである。そういう意味では、イスラーム教も同じようにこの「信ずる宗教」に属しているように私は思う。

そのような経験をして日本に帰ってくると、日本の風土の豊かさに自然に目が洗われるような気がしたものだ。緑したたる山と森、清冽な川、海の幸、山の幸に恵まれたわれわれの自然である。この豊かな風土は砂漠の世界から帰ってきた者の目にはまるで天国そのもののように映ったのである。何も、天上の彼方にまで唯一の価値あるものを追い求める必要はない。絶対的な価値は天上にあるのではない、この地上の至るところに存在しているのではないか、と思ったのだ。これもまた、理屈をこえた私の偽らざる実感だった。多神教的な宗教が発生する風土的な基盤、といってもいいのではないか。

それだけではない。そのような日本の豊かな森の中、自然の中に入っていくと、その森の中、自然の中から神《かみ》の声がきこえてくる。仏《ほとけ》の声がきこえてくる。そして人の声、ご先祖さまの声までがきこえてくるような気がする。自然そのものをこのように受けとめてきたのが、日本列島に住む人々の日常的な感覚だったのではないだろうか。神や仏の気配を感じて身を慎み、毎日の生活を送るようになったということだ。日本列島における「感ずる宗教」が、このようにして誕生することになったといっていいだろう。

一神教世界の巡礼

いま、イスラエルの聖都・エルサレムにふれて、そこに世界の三大一神教の聖地が集中していることに言及した。ユダヤ教の聖地である「嘆きの壁」、キリスト教の聖地の「聖墳墓教会」、そしてイスラーム教の「黄金のドーム」である。そのためこのエルサレムの聖都には、毎日のようにたくさんの信徒が参拝するためにやってくる。ところが、そのかれらの巡礼行動をよくみていると、ユダヤ教徒は「嘆きの壁」だけにお詣りして帰っていく。キリスト教徒も教会にだけ参拝し、またイスラーム教徒は黄金のドームにだけ詣って帰途についているのがわかる。それぞれ自分たちの聖所にだけお詣りして帰っていくのであって、他の一神教の中心を巡り歩くことはしない。

つまりかれらの巡礼行動は、それぞれの聖地の「中心」とのあいだの往復運動になっている。

ユダヤ教徒はキリスト教の「教会」やイスラーム教の「ドーム」にはお詣りしないし、キリスト教徒もまた「嘆きの壁」や「ドーム」にまで足をのばすことがない。

なるほど、一神教世界の巡礼というものが往復運動から成り立っていることが、ここからよくわかるであろう。じつはこのような、わが仏《ほとけ》だけを尊しとするような直線的な巡礼行動のなかに、今日パレスチナ問題として知られる非寛容な宗教対立の種子がまかれているのである。

「神仏和合」の巡礼

これにたいして、わが国における聖地巡礼のあり方はどうだったのか。たとえば西国三十三観音霊場巡りや四国八十八札所巡りをみればわかるように、われわれの霊場における巡礼行動ははじめから円環運動にもとづいて成り立っていた。この西国巡礼や四国のお遍路巡りは、今日でこそ主として寺々を巡り歩くものと理解されているけれども、しかし伝統的には寺から寺へのルートをたどる途中、野のなか森のなかに祀られている名もない神々の祠にも敬虔な祈りを捧げながら歩く、というものだった。

また神々への巡礼ということになれば、むろん誰でも知っているお伊勢詣りをあげなければならない。伊勢神宮とそれをめぐる神々へのルートは、全国の各地から多くの巡礼者を集める中心的な霊場群だった。西国観音霊場や四国札所の巡礼、遍路道が「ホトケの道」であったとすれば、この伊勢神宮への巡礼路は「カミの道」を代表するものだったといっていいだろう。

それだけではない。ここでとくに注意しなければならないのは、日本列島の各地からやってくる巡礼者たちが、いまのべたホトケの道からカミの道へ、そしてまた逆にカミの道からホトケの道へと、相互に乗り入れる巡礼行動を自然につくりあげていたということだ。伊勢参宮の道からさらに熊野詣での世界に入っていく人々の流れができ、そこからまた西国三十三観音霊場へと足をのばしていく人々の流れがつづく、という具合だった。

また、お伊勢詣りと善光寺参詣の旅をセットにして巡り歩くルートも開発されていった。カミの道からホトケの道へ、ホトケの道からカミの道へ、という重層的な庶民の参詣ルートが、いつのまにかこの日本列島を毛細血管のようにはりめぐらすことになった。小さな巡礼の円環運動がしだいに螺旋形を描いて大きな円環運動へとつらなっていく。その相互乗り入れ的な巡礼の円環運動のなかに、日本人の寛容にあふれた「感ずる宗教」そして柔軟な宗教心が育まれていったのではないだろうか。そしてこのような「神仏和合」の巡礼行動のなかにこそ、じつは日本のこころ、日本人のこころが美しく映しだされていると、私は思っているのである。

［著者略歴］

【はしがき・第７章】

山折哲雄（やまおり・てつお）

1931年生まれ。岩手県出身。東北大学文学部インド哲学科卒業。東北大学文学部助教授、国立歴史民俗博物館教授、国際日本文化研究センター教授、同所長を歴任。専門―宗教学、思想史。主著―『親鸞をよむ』（岩波新書）、『親鸞の浄土』（アートデイズ社）、『悪と往生』（中公新書）、『近代日本人の宗教意識』（岩波書店）、『近代日本人の美意識』（岩波書店）、『死の民俗学』（岩波書店）、『神と仏』（講談社現代新書）。

【第１章・第２章】

鎌田東二（かまた・とうじ）

1951年徳島県生まれ。國學院大學文学部哲学科卒業。同大学大学院文学研究科博士課程神道学専攻修了。京都造形芸術大学教授。文学博士。NPO法人東京自由大学理事長。石笛奏者。神道ソングライター。著書に『神と仏の精神史』『思想の身体　〈霊〉の巻』（編著、春秋社）、『神道のスピリチュアリティ』『平田篤胤の神界フィールドワーク』『霊性の文学誌』『霊的人間』（作品社）。『宗教と霊性』（角川書店）。URL：http://homepage2.nifty.com/moon21/

【第３章・第４章】

大角　修（おおかど・おさむ）

1949年兵庫県生まれ。東北大学文学部宗教学科卒。出版社勤務をへて地人館代表。著書に『すぐわかる日本の仏教』（東京美術）、『ひらがなで読むお経』（角川書店）、『図説　法華経大全』（学研）、『名僧の漢詩を読む』（佼成出版社）、『日本人の死者の書』（NHK出版）などがある。

【第５章・第６章】

島田裕巳（しまだ・ひろみ）

1953年東京生まれ。文筆家・宗教学者。東京大学大学院博士課程修了。著書に『日本の10大新宗教』（幻冬舎新書）、『慶應三田会』（三修社）、『公明党vs.創価学会』（朝日新書）、『中沢新一批判、あるいは宗教的テロリズムについて』（亜紀書房）、『創価学会』（新潮新書）、『オウム』（トランスビュー）、訳書にエリアーデ『世界宗教史』（ちくま学芸文庫）など多数。

日本人の宗教とは何か

—その歴史と未来への展望—

2008年 2 月20日　第 1 刷

［編著者］
山折哲雄

［発行者］
籠宮良治
［発行所］
太陽出版
東京都文京区本郷4-1-14　〒113-0033
TEL 03(3814)0471　FAX 03(3814)2366
http://www.taiyoshuppan.net/
E-mail　info@taiyoshuppan.net

企画＝重松英樹
装幀＝中村浩(セイエ)
［印刷］壮光舎印刷 ［製本］井上製本
ISBN978-4-88469-554-5